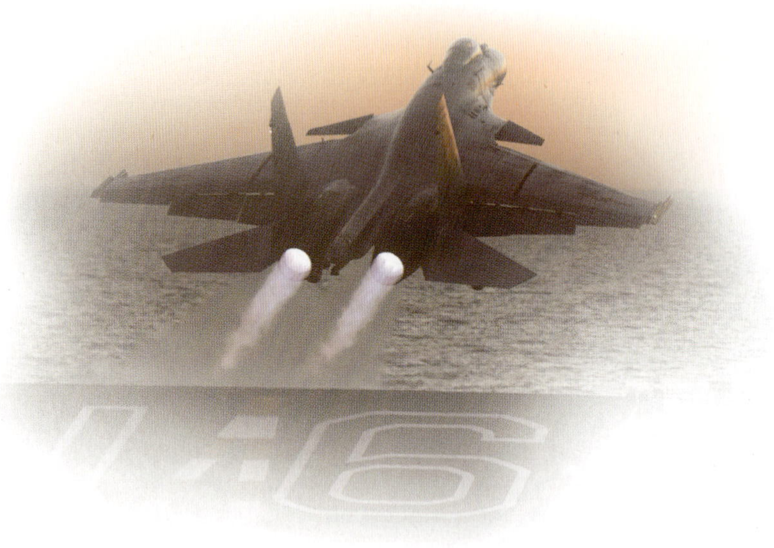

—— 庆祝中国共产党成立 100 周年 ——

共和国脊梁

沈阳国防工业人的故事

《共和国脊梁——沈阳国防工业人的故事》编委会 编

东风一号

北方联合出版传媒（集团）股份有限公司
春风文艺出版社
·沈阳·

图书在版编目（CIP）数据

共和国脊梁：沈阳国防工业人的故事 /《共和国脊梁——沈阳国防工业人的故事》编委会编. — 沈阳：春风文艺出版社，2021.6（2022.2 重印）
ISBN 978-7-5313-5987-6

Ⅰ.①共… Ⅱ.①共… Ⅲ.①报告文学—中国—当代 Ⅳ.①I25

中国版本图书馆 CIP 数据核字（2021）第 084856 号

北方联合出版传媒（集团）股份有限公司
春风文艺出版社出版发行
http://www.chunfengwenyi.com
沈阳市和平区十一纬路 25 号　邮编：110003
永清县晔盛亚胶印有限公司印刷

责任编辑：张玉虹	责任校对：于文慧
助理编辑：余　丹	封面设计：琥珀视觉
版式设计：谦　谦	幅面尺寸：165 mm×235 mm
印　　张：21.5	字　　数：400 千字
版　　次：2021 年 6 月第 1 版	印　　次：2022 年 2 月第 2 次
书　　号：ISBN 978-7-5313-5987-6	
定　　价：58.00 元	

版权专有　侵权必究　举报电话：024-23284393
如有质量问题，请拨打电话：024-23284384

共和国脊梁
——沈阳国防工业人的故事

全国劳动模范 尉凤英

全国劳动模范 飞机设计大师 顾诵芬

"中国航空发动机之父" 吴大观

全国优秀共产党员 革命烈士 罗阳

全国劳动模范 阎德义

全国五一劳动奖章获得者 孙聪

歼-15舰载机

"太行"发动机总设计师 张恩和

全国劳动模范 赵霞

全国劳动模范 王刚

全国五一劳动奖章获得者 方文墨（左三）

全国劳动模范 李志强

全国劳动模范 洪家光

航空工业 沈飞

中国航发 黎明

「东风一号」导弹

1921-2021

全国劳动模范 王阳

末敏弹研发团队

FL-62风洞建设团队

C919大型客机研制团队

神七舱外航天服电源保护装置研制团队

谨以此书献给

中国共产党成立一百周年

编委会

共和国脊梁——沈阳国防工业人的故事

主　　　任：刘传甲

副　主　任：徐冬青　樊喜武

编委会成员：王仁泽　赵　正　赫姜令　王明峰
　　　　　　冷维杰　张忠福　王　军　孙近近
　　　　　　王伟红　张吉波　关　捷　孙文成

主　　　编：徐冬青

副　主　编：崔宇生　关　捷

编　　　务：原录余　刘　丹　王　爽

前　言

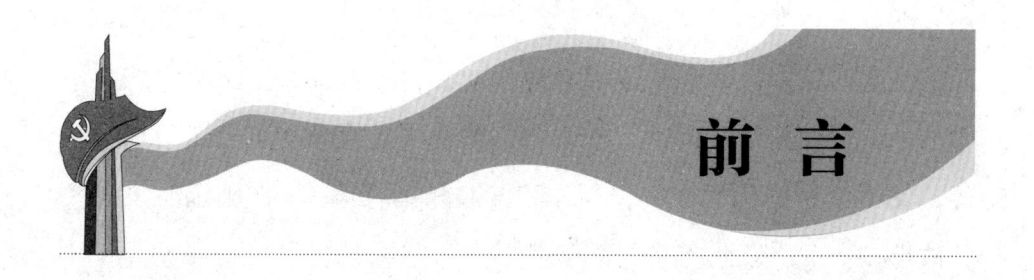

　　劳动模范是民族的精英、人民的楷模，是共和国的功臣。2020年11月24日，习近平总书记在全国劳动模范和先进工作者表彰大会上发表重要讲话，高度评价了工人阶级和广大劳动群众在中国特色社会主义伟大事业中的重要地位和作用，充分肯定了全国劳动模范和先进工作者的卓越贡献和崇高精神，对紧紧依靠工人阶级和广大劳动群众开启新征程、扬帆再出发提出了明确要求，为我们做好新时代劳模工作提供了理论指导和行动指南。

　　沈阳作为共和国工业长子，是新中国工业的摇篮。沈阳国有军工企事业单位肩负着建设强大国防的战略任务和光荣使命。70多年来，沈阳国防工业战线的广大职工自力更生、艰苦奋斗，开拓创新、奋发图强，在航空航天、兵器制造等领域中创造了辉煌业绩，为我国国防工业发展壮大做出了突出贡献。

　　今年是"十四五"开局之年，中国共产党成立100周年。记录辉煌、宣传典型，大力弘扬劳模精神、劳动精神、工匠精神，激励产业职工为国防工业改革创新发展再建新功、再创佳绩，是工会组织义不容辞的责任和使命。为此，沈阳市国防及中省直企业工会邀请辽宁省传记文学学会的优秀作家，创作了《共和国脊梁——沈阳国防工业人的故事》一书，以此向建党百年献礼。

　　本书是沈阳国防工业建设发展历史画卷的缩影，记述了"毛主席的好工人"尉凤英、国产歼-8Ⅱ战鹰的总设计师顾诵芬、中国航空发动机之父吴大观、魂系海天的航空工业英模罗阳、"光"耀蓝天的大国工匠洪家光等不同时期国防工业战线上的劳动模范、大国工匠的奋斗历程和先进事迹。他们立足本职、不懈追求、矢志创新，始终把党和国家确定的奋斗目标作为自己的人生目标，自觉把人生理想、家庭幸福融入强军报国的伟业之中，在平凡的工作岗位上创造了不平凡的业绩，充分彰显了以爱国主义为核心的民族精神和以改革创新为核心的时代精神，影响带动一代代国防产业职工为实现"强军梦、强国梦"而不懈奋斗，在全国产生了重大影响，无愧于共和国脊梁的称号。

　　这部作品思想深刻，意境开阔，情感饱满，文笔雄健。20多位作家积极克服严峻疫情等诸多困难，在较短时间内完成了采访、写作，同样体现了劳模精神、劳动精神、工匠精神，本书编委会谨向他们表达敬意。

　　本书在编辑出版过程中，得到了中共辽宁省委宣传部的大力支持和沈阳市总工会的具体指导，也得到了沈阳市国防及中省直企业工会各基层单位的鼎力配合，特别是在辽宁省传记文学学会的周密组织和春风文艺出版社的高效工作下如期出版，编委会一并予以诚挚感谢。

前 言

期待本书的推出，能够在产业工会系统形成尊重劳动、崇尚技能、鼓励创造的浓厚氛围，激励产业职工尤其是青年职工坚定创新超越、产业报国的远大志向，以昂扬的主人翁姿态奏响劳动光荣、创造伟大的时代强音，奋进新征程、建功新时代，为实现中华民族伟大复兴的中国梦贡献智慧和力量。

本书编委会

2021 年 4 月 23 日

目录

最美奋斗者 …………………………………………… 李东红　1
　　——记全国劳动模范　尉凤英

大国飞翔 ……………………………………………… 关　捷　15
　　——记全国劳动模范、飞机设计大师　顾诵芬

为战机装上"中国心"的人 ………………………… 于　勤　38
　　——记中国航空发动机之父　吴大观

海天英雄也柔情 ……………………………………… 顾　威　52
　　——记全国优秀共产党员、革命烈士　罗　阳

"焊接大王" …………………………………………… 陈凤军　77
　　——记全国劳动模范　阎德义

辽宁舰飞起歼-15…………………………………………原　昌　91
　　——记沈阳飞机设计研究所孙聪院士和我国首型舰载
　　　机研发团队

只愿此身长效国，不为名利报国恩……………………刘冬梅　108
　　——记中国航发动力所"太行"发动机张恩和和他的
　　　研发团队

为了浩渺蓝天的宁静　甘愿一生只做一件事…………关　彤　122
　　——记全国劳动模范　赵　霞

山高人为峰………………………………………………刘国强　133
　　——记全国劳动模范、大国工匠　王　刚

国之重器，匠心凝铸……………………………………王　莉　153
　　——记全国五一劳动奖章获得者、大国工匠　方文墨

飞天强国梦，指尖铸传奇………………………………韩　扑　177
　　——记全国劳动模范、大国工匠　李志强

"光"耀蓝天的大国工匠…………………………………盖云飞　189
　　——记全国劳动模范、大国工匠　洪家光

沈　飞………………………………………………………肖世庆　202
　　——中国歼击机的摇篮

目录

黎明巡礼 ………………………………………… 邱长发　227

新光的"东风"时代 ……………………………… 赵秉新　243
　　——我国首台导弹发动机探秘

航天器的"制锁"工匠 …………………………… 崔博淳　259
　　——记全国劳动模范　王　阳

砥砺前行　剑指苍穹 ………………………… 王宏伟　赵秉新　268
　　——记中国兵器辽沈工业集团有限公司末敏弹研发团队

御风而行 …………………………………… 华　勇　郑佳丽　283
　　——中国航空工业空气动力研究院FL-62风洞建设团队

中国民用航空工业的追梦人 ……………………… 王梅芳　301
　　——记中航沈飞民用飞机有限责任公司C919大飞机研
　　　　制团队

从无到有，从有到精 ……………………………… 佟思佳　315
　　——记沈阳兴华航空电器有限责任公司"神七"舱外
　　　　航天服电源保护装置研制团队

后记 ……………………………………………………… 331

最美奋斗者

——记全国劳动模范 尉凤英

◎李东红

一个冬日的早上，我如约敲开了"最美奋斗者"尉凤英家的门。

门开处，一股热风迎面而来；之后敲响耳鼓的是带着暖意的女高音："快进来！"当我站定，看清眼前这位慈祥的老人就是尉凤英时，我刚开口问好，她随即说道："脱外套！"生活在北方的人都知道，从寒冷的室外，进到温暖的室内，若是想让自己立即暖和起来，就得立即脱去避寒的外套。尉老一句简单得不能再简单的话语，却透着对人的深切关爱。尉老见我脱了外套，紧接着说道："摘口罩。"

入冬以来，全国几个地方相继出现了本地新冠感染病例，况且我

们又不是生活在真空里，非常怕给老人带来不必要的麻烦，但是时间又不允许我们拖延，我是带着忐忑的心情造访尉老的。她老人家的一句话，让我感动，也卸掉了包袱。

当我刚立定，尉老就紧紧地拉着我的手，领我参观她的工作室，看她的收藏。这一举动是我万没想到的，尉老像待女儿一样待我，那感觉，如同久别归家，根本就不像是采访者与被采访者的关系。我的心立即暖了起来，我太幸运了，幸运地走进了曾13次被开国领袖毛泽东接见的全国劳动模范尉凤英的家。

尉老指着墙上的照片，一一向我介绍："这是建国40年党和国家领导人接见全国劳模代表，这是建国50年接见全国劳模时的合影，这是建国60年与劳模代表们的合影，还有去年，建国70年时国家领导人与劳动模范代表的合影，我还没装镜框呢。这是去年颁发的'最美奋斗者'奖牌和证书……"

听着尉老娓娓道来的讲述，我的眼前仿佛出现了一位美丽的青年女工在机床前，全神贯注地工作着的身影……

一、毛泽东主席的好工人

1953年初，一个浑身洋溢着青春气息、高高的个子、大大的眼睛的20岁女孩进入东北机器制造厂，被分配到了冲压车间，她就是尉凤英。

她来到车间的头一句话就是："师傅，您分配我干啥都行，我有力气，不怕脏，不怕累。"师傅望着充满活力的尉凤英说："我相信你，只要说到做到，就会有出息。"

当时，车间里的车床大多数是皮带车床，开工前，要给车床挂皮带、注机油。尉凤英天不亮就到车间，做好开工前的准备工作。在生产过程中，她仔细观察老师傅的每一个动作，不懂就问。下班后，还要回忆一天的所学，直到弄懂、记牢为止。

入厂三个月的尉凤英，就以自己扎实的基本功，赢得了车间领导的认可，批准她独立操作。

要知道，这里是军工企业，生产的产品都是炮弹，对工艺要求都是极高的，如果一个操作不慎，制造出不合格的产品，可能要发生炸膛事故，轻则自己伤亡，重则后果无法估量。

在尉凤英入厂的那年，正值抗美援朝战争的关键阶段，工厂的任务十分繁重，全厂上下干劲十足，加班加点是常事。当时，尉凤英使用的是日本人留下的旧皮带式车床，加之操作技术还没有达到熟练的程度，她无论怎样加班加点地干，都赶不上老师傅的进度。

那时的工序是生产流水线，每人一道工序，有几次还因为尉凤英的缘故，影响了小组的进度，拖了下道工序的后腿。不甘人后的尉凤英心里一急，"吃刀过量"，只听咔嚓一声，刀"打"了，活也废了。尉凤英心里难过得哭了。师傅李玉书见状对她说："你光有猛劲不行，必须想办法找窍门。"并帮她找出了效率低的原因：一是卡活慢，二是从铝末里挑活费时间。最后还说了句"贯口"："窍门满地跑，看你找不找。别看窍门小，找着就是宝。"

也正是这"窍门"二字，让尉凤英开了窍。自那以后，她走路想、吃饭想、睡前想，只要有点时间，不是车床，就是图纸，有时吃饭还会用筷子蘸上菜汤在桌子上画图……功夫不负苦心人，经过长时间的苦思冥想和细心观察，尉凤英终于从簸箕簸黄豆、建筑工人用筛子筛沙子，以及门弓子反弹中受到启发，找到了窍门，做成了模型。这一切，都是她利用业余时间干的。因为白天不能耽误正常的生产任务，所以模型试验只能是在班后进行，往往是边干边改进，不知不觉间，天就亮了。

开始时还回职工集体宿舍，有时回去得晚，尉凤英怕打扰姐妹们的睡眠，便坐在门口睡了半宿。后来干脆就不回宿舍了，困极了就在车间找块砖头当枕头，睡上一小觉。面对这样一位玩命苦干的青工，老师傅们是看在眼中，赞叹在心里，最终在老师傅们的帮助下，搞成了半自动扳把和自动分料器，提高生产效率80%，提前118天完成了1953年的全年生产任务。

1955年春暖花开季节，尉凤英留下了一个终生难忘的记忆。那是同车间的一个姐妹张淑荣，她在送料时，一个不当心，手指被冲床轧断了一节。当时，车间里尚有不少车床都是手工送料，稍不留意，就会发生断指的事故，因此，手工送料车床被人戏称为"老虎口"。女青工都十分害怕，效率难以提高，自然常常完不成任务。尉凤英在难过的同时就想，要是做一个自动送料器就好了。

说来也巧，当天，车间工会主席就通知她，第二天去参观沈阳市技术革新展览会。展览厅里，一台自动化机床吸引了她的目光，她围着机床看了一遍又一遍，直到肚子咕咕地叫了，才想起早已过了饭点。最后，她恋恋不舍地离开了展会。就此，她满脑子都是自动车床，就像走马灯一样，一遍遍地转……

从展览会回来后，尉凤英向车间的党支部和工会提出研制自动送料器的建议。车间党支部和工会给予大力支持，专门开会讨论她提出的建议，并找经验丰富的老工人来帮助她研制。

说干就干。她从绘制图纸到做模型，将全部的心思都用在自动送料器上，有时睡到半夜，也会突然爬起来，从床底下拿出模型，呆呆地看上一会儿。

那个年代搞技术革新，是不能耽误正常生产任务的。由于没有多余的设备，技术革新也只能利用下班后的时间，将用于正常生产的机床拆开，安装上改进的模型。就这样，尉凤英在失败中不断地改进着，最后她发现，关键是卡在不能自动打拐上。

为解决这一症结，她就从生活中观察具有相似原理的物件。下班后，她去观察运动中的火车头，中午去捉跳跃的螳螂，甚至连猪蹄的弯曲都要琢磨一阵子。正是它们灵活自由的屈伸，给了尉凤英启发。

就这样，经过5个多月前后11次的紧张试验，自动送料器终于安装到了冲床上。姑娘们再也不用提心吊胆地工作了，她们仅用了21天，就完成了全年的工作量，并确保了生产安全。

在第二个五年计划的前夕，工厂接到一项新的任务——制造当时具有国际先进水平的"纱锭轴承架"。尉凤英承担其中的"保持架切口"项目。对尉凤英来说，这"牛刀再试"，无疑是一次新的挑战。

这项任务对产品精度的要求极高，使用的却是陈旧的设备，因而开始生产时废品率竟然达到10%以上。面对这一糟糕的状况，尉凤英是边干边寻思，并与老师傅们讨论着，业余时间进图书馆查资料。心灵手巧又善于开动脑筋的她，凭着对车床的熟悉，大胆地将旧机床原有的单刀切削改制成四把刀切削，日产构件一下子由800个提高到1.2万个。不仅产量上去了，更主要的是质量也有了保证，为国家节约了宝贵的外汇。

尉凤英从亲身经历中悟出一个道理，那就是必须发挥集体智慧，她提出，要建立革新小组。这一想法刚提出来时，有关心她的人说："那么做，出了成绩算谁的呢？"而尉凤英想的却是：一个人搞革新，只能是单枪匹马，组织起来才能力量更大，智慧更多，效果更好。她的想法得到了车间党支部书记的大力支持，1957年在车间成立了红专小组，此后，类似的小组如雨后春笋般在工厂纷纷成立，先后成立了130多个红专技术革新小组，有千余人参加。

1958年，共青团沈阳市委书记张鸿钧建议把红专小组改为"尉凤英红专大队"。队伍扩大了，成果也随之增加。1957年至1965年，红专大队进行技术革新和设备改造共707项。他们的事迹一经公布，到工厂来求教取经的，以及请他们到兄弟工厂考察的，络绎不绝。后来，红专大队被市、省、团中央等授予多个先进集体荣誉称号。他们还用几年来所得的奖金，为厂里购买了科研材料，并分出一部分资金购买了技术书籍，在车间办了一个小型图书室，供职工们学习。此外，又分出一部分钱，救助那些生活困难的职工。他们所做的公益活动，赢得了广大工人的赞许。1964年，尉凤英被评为工人工程师，后被任命为工程师。

粗粗算来，1953年至1965年这12年间，尉凤英共实现技术革新177项，其中重大革新58项，她仅用了434天就完成了第一个五年计划的工作量，又用四个月完成了第二个五年计划的工作量。

1953年，入厂的第一年，尉凤英就被评为厂模范徒工；1954年4月25日，光荣加入中国共产党，同年，被评为沈阳市劳动模范；1955年被评为全国青年建设社会主义积极分子；1956年、1959年，两次被评为全国劳动模范；两次被评为全国三八红旗手；1965年4月被党中央命名为"毛泽东主席的好工人"，并先后13次受到毛泽东主席的接见。

二、苦难的童年

访问尉老之前，有个疑问一直在我的脑海里转：是什么让她的眼里只有国家、集体而没有自己呢？

尉老一语中的："我没别的，就是报恩，报共产党的恩。没有共产党，就没有我尉凤英。"

尉凤英出生于抚顺一个煤矿工人家庭。她的童年正值日本侵占中国东北三省时期，那时的亡国奴生活，给小凤英留下了深深的屈辱和仇恨。她的父亲在日本人经营的矿山工作，积劳成疾，在她3岁那年，撒手人寰。41岁的母亲，带着三个未成年的孩子，苦苦挣扎着，靠打零工和乞讨度日，后来不得已，将14岁的长子送到煤矿，给日本人挖煤。

那时他们住的是四面透风的油漆房，夏天暑气蒸腾，暴晒后，油漆顺着棚顶缝隙往下滴。冬天寒冷异常，没有棉裤，天冷的时候，母亲就用旧棉絮连缀了一个套裤，出门的时候，穿上它御寒。到了春暖花开时，再将破棉絮拿出来，放在热水中煮一煮，算是消毒，晾干后，以便来年冬天再用……

那时也没有棉被，盖的都是破烂的麻袋片，母亲搂着她，她的小指头一伸就出去了。穿的是更生布；母亲捡了双鞋子，孩子们也舍不得穿，经常光着脚；没有吃的，就吃橡子面、高粱糠、稻糠、捡羊铁叶子（野菜）、杨树吐叶前的噜嘟糊口。母亲时常牵着年幼的小凤英四处讨饭，见到日本人居住区还要绕行，如果不慎进入，日本人就会放狼狗咬人。

人常说，穷人的孩子早当家。小凤英从懂事的时候起，就知道穷人的日子艰难，她总是随着大一点的孩子去捡煤核，上山拾柴；后来力气稍大点，背上的柴火捆也就越来越大。一天风大，小凤英刚背起柴火就被吹倒，她随着柴火一直滚落到山下。母亲看着一脸血痕的女儿，心疼得直掉泪。

屋漏偏逢连雨天，小凤英不幸得了伤寒，很想吃水果，但是哪有钱呢？只能远远地看着日本小孩吃。母亲疼在心里，出去揽了份担水的活，换回点芝麻酱，小凤英就用筷子蘸一点，解解馋。

无论日子怎样苦，三十儿晚上的年夜饭都是必不可少的，那是一家人团圆的日子，年夜饭更是一家人盼了一年的盛宴。可尉凤英家却是空空如也。母亲看着三个年幼孩子期盼的目光，含着眼泪，冲进寒风中，在夜色的掩护下，到日本人的垃圾箱中翻找着可食之物。在孩子们的期待中，母亲带回三个鱼头，放上盐，煮了一锅汤，看着三个吃着很香的孩子，偷偷地抹着眼泪……

直到今日，尉老讲起这段苦难时，眼里还是噙着泪花。她说："我现在一看见日本旗，我就那个气呀，日本人，太狠了！七二四厂东门就是日本人的狼狗圈，望花地带都被日本人圈上了，写着'中国人与狗不许入内'。"

日本投降后，国民党来摘桃子，那时钱毛哇，尉凤英的哥哥背着一个月挣来的半面袋钱到北市场，才买回来半块儿豆饼。

1948年11月沈阳解放了。尉凤英说："我家分到了100斤高粱米，还得了10元钱补助，终于吃上了饱饭，是共产党让我过上了好日子。"

这么多年，在尉凤英的意识里，就两个字——感恩。尉老说："是党和毛泽东主席把我从水深火热中解放出来，翻身做了主人。"

1952年8月，尉凤英到东北机器制造厂进行入厂前的学习，1953年1月27日，成为厂里的正式工人。

入厂前，母亲嘱咐她："上班后，你要好好跟师傅学，要嘴稳、手稳、腿勤、手勤，人品端正，不能给爹妈丢脸。你要记住，你是穷人家的孩子，要永远报答共产党和毛泽东主席的恩情。"

正是这种报恩的思想，让她忘我地工作着，再苦、再累、再难，她都义无反顾地向前。

三、家和万事兴

20世纪50年代流行这样一句评价女同志的顺口溜："一恋爱，下坡儿快；结了婚，事缠身；生了孩子懒出门儿。"大部分人认为，女同志是"半截子革命者"。尉凤英把这三个问题概括为"过三关"，即"恋爱关、结婚关、生育关"。这看起来是生活中的小事，却直接关系女性的事业与前途。

尉凤英与卢其昌经过了四年的"马拉松式"恋爱，终于修成正果，于1958年1月1日，在工友们的祝福声中开启了新生活。

新中国成立初期的年轻人有点犯"傻"，只知道一心扑在工作上，尉凤英更是如此。一次卢其昌约她看场电影，还让她给忙忘了。那时节，她和同事们正在攻克一项技术难关，本来已经完成了，不想当天却遇到了一个新问题，对于取得的新成果，不能功亏一篑，结果一忙起来，她就把约会看电影的事给忘记了。

电影开演了，卢其昌还不见她的身影，又急又恼地跑到研制车间来找尉凤英，看到大家都在忙，他二话没说，也参与工作中，与大家一同干了起来。在尉凤英的心里，只要是工作上了，其他的一切事都可以忽略不计。

甚至连二人的婚期，也是经她精打细算选定的。那天凌晨，她下夜班，时间刚好是1958年的1月1日。日子好记，更有意义。从小家来说，这是尉凤英新生活的起点；从国家来讲，是第二个五年计划的开始。

婚礼仪式简朴，但气氛热烈。大家吃着喜糖，聊着开心的话，在车间领导的贺词与工友们的祝福声中，拍了一张集体照。人生大事就这样在简单得不能再简单的仪式中完成了。

丈夫是厂里的技术人员，对尉凤英全身心地投入工作是理解和支持的，因为这是他们爱情的基础。尽管荣誉是尉凤英的，但背后更有夫君的坚定支持与奉献。

居家过日子，少不了柴米油盐酱醋茶，但是工作和技术革新占去了尉凤英绝大部分时间，有时发面蒸馒头忘放碱、炒菜忘放盐，甚至煮饭忘放米……都是常有的事。她的工作伙伴，谈起她生孩子的事，至今还当笑话说。那天，医院给车间打来报喜电话，说："尉凤英生小孩了。"大家都愣住了，"昨天还看她推料呢，怎么今天就生孩子啦？"原来，尉凤英怀孕后，为了不让大家照顾她，就做了件又肥又大的衣服。经过她巧妙的装扮，躲过了工友们的眼睛，直到小孩呱呱坠地，大家才知道。后来大家看望她时，打趣道："你是先生孩子后怀孕。"

那时产假是 56 天，但尉凤英等孩子一满月就上班了。在这 30 天的产假里，她的脑海中还是车间、机床自动化的革新，一上班，便提出了 6 项技术革新建议，其中一项，由原来的机械化加工改成自动化加工，提高生产效率 7 倍，用 31 天完成了 252 天的生产任务。

人们常说，"男主外，女主内"，突出了女性在家庭中的重要位置。如何处理家庭关系，凭的就是女人的智慧。尉凤英本着与长辈、与爱人必须互相关心、互相体贴、互相尊重、互相谅解的原则来处理家庭琐事，她十分看重亲情。一次，因为革新项目不顺利，回到家后，情绪不高，这让婆婆有了误解。尉凤英发现后，便跟婆婆耐心解释，用她的诚心，消除了老人的误会。此后，每到外地开会，她都会给婆婆和自己的母亲带一样的礼物，两位老人家在她的心里同等重要。尉凤英的两个孩子都是婆婆给带大的，那时为了工作，减少孩子对自己的依恋，大热的天上街，也不给孩子买冰棍，以致孩子回家后向奶奶告状："我妈真狠，这么热的天，也不给我买根冰棍吃。"

尉凤英把所有的时间都用在了工作上。三年经济困难时期的 1961 年，尉凤英因病住院做大手术，手术很成功，但是术后的恢复也十分重要。那时主副食不仅定量，而且量还不多。丈夫背着尉凤英，去大地里捡菜叶，口挪肚攒地给她留了 50 多斤粮，患难见真情。在今天来说，50 多斤粮实在算不上什么，可是，在那艰难时日，可谓性命攸关。每当想起这件事，尉凤英都感恩不尽。

晚年的尉凤英回想起这些事来,不禁感慨地说:"我虽然是个不合格的儿媳、不合格的妻子和不合格的母亲,但我是一名合格的共产党员,是个问心无愧的劳模。"

尉凤英常说,人活在世上要有所追求。共产党员,尤其是共产党的干部,追求的是为老百姓办事,为社会发展、为企业发展多做贡献。

四、奋斗不息

1976年后,尉凤英多次向中央请求回基层工作,1977年,她终于得偿所愿,从北京回到沈阳。先后在辽宁省妇联、省总工会工作,1980年又到了新阳机械厂任副厂长、工会主席。

当回忆起过往的经历时,尉凤英记着的不是给大家做了什么,而是大家对她的关爱。她说,到工厂上班的第一天,厂领导就给她分配了房子,后来全厂职工还选她为皇姑区人大代表。虽然有许多年不在工厂工作了,但是工人没有与她疏远,无论她走到哪儿,都有人热情地与她打招呼。当年,她是可以坐专车上班的,但她始终坚持骑自行车上班。一天,自行车坏在了上班路上,就有同志主动过来将自己的自行车借给她,然后推着她的坏自行车去修理。下雨天,同志们又借给她雨衣,至今回想起这些事来,她的心中总是满怀着感念之情。

大家之所以敬重尉凤英,还是因为她为大家办实事,真正为大家解决实际问题。到工会后,她"约法三章":对所有职工一视同仁;小事当天答复解决,大事三天之内予以答复;还制定了工会工作循环流程示意图。她为自己定下一个守则,坚持每天为职工办成一件事。

尉凤英还带领工会同志开办了装潢公司、技术服务部、游泳池、旱冰场等。她关心群众疾苦,反映群众呼声,大家都说:"尉凤英这个人没变质。"

尉凤英说："我是为群众办事的，老百姓信得过我们，选我们当代言人，我们不办事算什么领导？不仅要想事、办事，而且要成事。"她从不骄傲自满，始终与同志们保持良好的关系。

为此，沈阳市总工会和国防工业工会先后评选尉凤英为"模范职工之友"和"为推进改革搞活企业做出突出贡献的优秀领导干部"。

时至今日，同志们有事还愿意向尉凤英倾诉。采访结束前，就有一位老工友因为干家务累了，生了老伴的气，打来电话找她倾诉，尉凤英三两句话，就解开了她心中的结。

奥斯特洛夫斯基有句名言："当他回首往事的时候，不因虚度年华而悔恨，也不因碌碌无为而羞愧。"这句话用在尉凤英身上，是再贴切不过的了。

2009年，尉凤英被全国总工会评为"时代领跑者——新中国成立以来最具影响的劳动模范"。2014年被评为辽宁省关心下一代"五老"志愿者标兵，同年11月被中宣部和全国老龄办命名为"最美老有所为人物"。

2015年8月，尉凤英被中国关心下一代工作委员会、中央精神文明建设指导委员会办公室授予"全国关心下一代工作先进工作者"荣誉称号。

2019年4月28日，在庆祝中华人民共和国成立70周年的辽宁省劳模大会上，尉凤英再次获得"劳模纪念证书"和奖章。同年9月25日，她又被中央九部委授予"最美奋斗者"称号。并成为新中国成立七十周年阅兵式中群众游行第三方队中的一员。

每项荣誉的背后，都凝结着尉凤英奋斗的汗水。她不仅是新中国成长壮大的见证者，更是新中国建设的奋斗者。她的汗水不仅流在她的车床旁，也洒在人民大会堂的建设工地上。

退休后的尉凤英做起公益事业，经常到政府部门、企业、部队、学校和社区，去讲传统教育课，讲劳模精神、工匠精神，对青少年进行社会主义核心价值观和爱国主义教育。她不但在省内做报告，还应邀赴北京、杭州、深圳等地做报告。几十年下来，做报告千余场，听众达30万人之多。

为传承劳模精神，辽宁省总工会和沈阳市总工会先后安排尉凤英收了四个徒弟。这是她晚年生活中一件意义非凡的大事，也是她得以将劳模精神传承下去的一个新途径。能为社会尽绵薄之力，就是她人生最大的快乐。

说到最大的快乐，尉凤英津津有味地忆起了2018年赴延安观光的事。这原本是她多年的热望，但时年她已85岁，怕女儿放心不下，加以阻拦，便说是去本省的朝阳。在飞往陕西的飞机上，尉老得知陪同的人有身孕，于是决定此行一切从简，什么秦始皇陵、乾陵墓都不去看，只去延安参观毛泽东主席当年工作过的窑洞。

上宝塔山时，正值尉老腿痛，登山受限。不服输的她想的是：来都来了，死了也值了，上！于是默念着："下定决心，不怕牺牲，排除万难，去争取胜利！"就这样，上去了。她说："我干啥来啦？非得上去看一看，实现心中的夙愿。""一看那窑洞，当时生活太苦了，毛泽东主席穿的衣服都是破的，到处是补丁，看得我直流泪，今天的生活太幸福了。"

尉老对毛泽东主席的情感，至真、至纯，她至今还保留着一个习惯，每逢自己的生日、毛泽东主席的生日，都吃面条，长寿面。我去的那天是12月11日，但是，尉老就已经将切面准备好了。

尉老还给我讲了一件事，就是她姓的这个"尉"字。她的姓，原本是复姓"尉迟"，她这支是尉迟恭的后代。后来被人叫白了，也就剩下一个单字"尉"。1955年第二届全国人代会上，周恩来总理就曾问她是哪个"尉",她说是军官大尉的"尉",总理说:"你应该姓复姓'尉迟'吧,让大家叫白了吧?"总理又说,"看你这么高个子,那就叫你大尉好了。"就此,她又有了一个新名字:大尉。

尉凤英成名以后,好多没见过她的人都想看看她,就像今天的追星族。一次,有人听说尉凤英来了,于是走上前去问,你贵姓?尉凤英调侃道:"姓尉(音'玉')。"那人自言自语:"姓尉(玉)呀!"就失望地默默离开了。求真的尉老对我说:"我这也不是骗人(意思是:尉迟原音就是'玉迟'),对吧。"

生活中的尉凤英,求真,风趣,快人快语,她至今还坚持着两个原则:当天的事当天完,工作不留尾巴;凡事有计划,就连做个沙发套,也是有计划的。

听着尉老急如风火似的话语,看着她干练、洒脱的动作,看不出一点点87岁高龄惯有的老态。她所做的一切,都是为别人着想,采访中尽力为我提供方便。她就像邻家的奶奶、阿姨,全没有闻名全国的名人范儿,彼此情感交融,完全没有距离。临行时,尉老说:"抱一下。"那感觉就像母亲与自己的女儿道别。我正是在与尉老的拥抱中,结束了这次永生难忘的对话。

大国飞翔

——记全国劳动模范、飞机设计大师 顾诵芬

◎关 捷

北京城，北苑2号院里有座普通的二层小楼，这是中国航空工业集团有限公司科技委的办公楼，这也是顾诵芬院士工作的地方。

老人家气质儒雅，目光柔和，微笑里面深藏睿智。

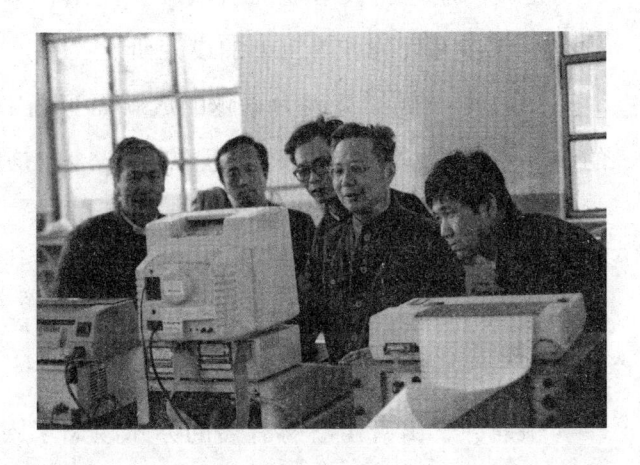

一个从万水千山那边跋涉过来的人物。

91岁了，他仍然坚持到办公楼来。1986年，他离开工作了35年的飞机设计岗位，从沈阳来到北京，担任航空工业部第二届科技委副主任。从那时到现在，每个工作日的早晨，他都要从500米之外的家走到这里，只是当年他只需走三五分钟，现在他要走十多分钟。他是每天早晨第一个到办公楼来的人。

书柜上，有5架飞机模型列队摆放。最右边的一架歼-8Ⅱ型战机，总设计师正是顾诵芬。作为我国第一架具备超视距空战能力的歼击机，歼-8Ⅱ是我军长期的主战装备。它的前身，是我国自主设计的第一款高空高速歼击机——歼-8。

安静地坐在椅子上，老人家开始翻阅中外飞机设计理论书籍。空中偶有飞机飞过，他的目光会习惯性地发亮，然后，思索，然后，微笑。

顾诵芬，1930年2月出生。诵芬，父亲为他选用这两个字为名，有两层含意，除按家族排辈的"诵"字之外，还取了"咏世德之骏烈，诵先人之清芬"之意，这是西晋陆机《文赋》中的名句。

他是新中国著名飞机设计大师，是我国飞机气动力设计奠基人之一，是我国航空科技事业的引领者。他先后参与和主持了歼教-1、初教-6、歼-8和歼-8Ⅱ等机型的设计研发。

1991年，顾诵芬因为卓越的成就而当选中国科学院院士，三年后的1994年，他又当选中国工程院院士。他是第六、七届全国人大代表，第八、九届全国人大常务委员会委员。

一

顾诵芬，出身于赫赫有名的苏州顾氏家族。远祖顾雍为三国时代吴国的丞相，曾以贤达闻名天下。从那个时候开始，读书就成为顾家世代相传的良好家风。到了清代，康熙曾盛赞顾家为"江南第一读书人家"。祖父顾元昌，原为清末的四品官员，后来辞官做书法教师。父亲顾廷龙，著名书法家、一代国学大师。毛泽东晚年看的大字本古籍，封面题字多为顾廷龙所写。有一次，毛泽东指着一本注译本的封面说："这不是顾廷龙写的。"可见，他对顾廷龙的书法是多么熟悉和喜爱。

母亲潘承圭，出身于苏州著名的"彭宋潘韩"四大家族的潘家，是当时为数不多的知识女性。族兄顾颉刚，著名的历史学家。

在顾诵芬的记忆里，当年经常到他家里来的有顾颉刚、张元济、胡适等人。

1935年，顾诵芬5岁，父亲顾廷龙应邀去燕京大学任职，全家迁往北京蒋家胡同，住在顾颉刚的大院子里。

两年后，就是1937年，顾诵芬正在燕京大学附属小学读二年级，七七事变爆发了。7月28日那天，日军疯狂轰炸二十九军的营地。那个地方，离顾家不到2000米。

那天早上，7岁的顾诵芬被从睡梦中炸醒。他扒着窗子向外面看，天空中，日军的飞机列队向西飞去，一边飞，一边疯狂投掷炸弹。爆炸所产生的火光和浓烟，仿佛近在咫尺，地动山摇，玻璃窗被冲击波震得粉碎。

北京城，顿时变成一片火海。

这个惨烈的场面，对幼年的顾诵芬刺激特别大，也因此决定了顾诵芬今生唯一的选项。他暗暗在心中立下"航空报国"的志向，"长大以后，我要让中国的飞机上天！"

1939年，顾诵芬随父母来到上海，在父亲的指导下，他开始编写古籍索引。但顾诵芬心里一直想着造飞机的事。

1940年2月，顾诵芬10岁，做物理教师的堂叔顾廷鹏似乎看明白了他的心思，生日那天，特意给他买了一个杆式机身航模作为生日礼物。

这个礼物太珍贵了，顾诵芬如获至宝。可是，由于是用橡皮筋做动力，撞了两次，航模就坏了。

父亲见他如此迷恋航模，就带他到一家航模店，买了一架舱身型飞机模型。这在当时，是一般的小朋友难以想象的。

玩的次数多了，这个航模也不免要损坏。这时候，顾诵芬就尝试自己修理。一时买不到胶水，他就找来废弃的电影胶片，用丙酮溶解后充当黏合剂。修好了，再去试飞。有时候，框架撞坏了，他就用火柴棒代替轻木，重新加固起来。然后，再去试飞。

每次看到自己修好的航模重新飞起来，他都十分欢快。他的心与航模一同在天上飞，他走进了一个新世界，一个飞翔的新世界。

航模，让顾诵芬着迷。在美国通俗科学杂志《流行科学》上面，他发现世界最先进的航空模型制造方法。但是，受当时的条件限制，他做不了。

1945年，父亲从开明书店为他买到一批苏联航模制作技术书，顾诵芬认为家里的条件可以做成。

家里和爸爸工作的图书馆，门前都有一处开阔地，都可以在做好模型后试飞。他当时做的航模，至少在上海的青少年当中是高水平的。反复的航模飞行训练，让他的航空知识一天一天丰富起来。

1947年，顾诵芬从上海南洋模范中学毕业。经过考试，浙江大学航空系、清华大学航空系、上海交通大学航空工程系都同意录取他，他最后选择了上海交通大学航空工程系。

1949年4月初的一天，胡适来与老朋友顾廷龙告别。他在顾家吃了午饭，席间，胡适问顾诵芬："你在大学里学什么专业？"顾诵芬答："我学的是航空工程。"胡适说："这是实科，不像现在报上写文章的那些专家都是空头的。"顾诵芬从这句话里感受到了激励。

在上海交大，顾诵芬成为系主任曹鹤荪博士的得意弟子，并因此逐渐成为交大的高才生。1951年8月初，顾诵芬以优异的成绩毕业。曹鹤荪早已明确表示，请他留校当教师。

早在1939年，哥哥因病不幸去世，从那时起，母亲更加疼爱顾诵芬，舍不得他远走，他也不忍心离开母亲。父母都特别希望他留在身边工作。

这年春天，我们国家发生了一件大事。1951年4月17日，为了形成抗美援朝的空中战斗力，中央人民政府革命军事委员会和政务院宣布成立航空工业管理委员会，不久，成立航空工业局，局址在沈阳。

在这样的背景之下，上海交通大学接到命令，这一批航空工程系的毕业生都要另行分配，到位于沈阳的航空工业局报到。顾诵芬被选中。

8月24日下午，顾诵芬离开上海，父母送他到火车站。母亲对儿子千般不舍。

在沈阳，21岁的顾诵芬遇到徐舜寿、黄志千、叶正大等当时中国最权威的飞机设计专家和航空科技人才，他从他们身上学习到了好多精粹的东西，这对他后来从事飞机设计事业产生了巨大的影响。

此后的五年里，顾诵芬和同事们的主要工作就是修理苏联支援的各型飞机。通过这些工作，他和大家一步步走近飞机，走进飞机的自行设计制造领域。

这一天，终于来到了。

二

1956年8月15日，航空工业局发布命令，成立新中国第一个飞机设计室。设计室接到的首项任务，是设计一架亚声速喷气式中级教练机，临界马赫数0.8，定名"歼教-1"。

设计室迅速组建，有近百人的队伍，平均年龄22岁。徐舜寿为主任设计师，黄志千、叶正大任副主任设计师。陆孝彭、顾诵芬、屠基达、管德为骨干力量。

26岁的顾诵芬担任气动组组长，人们叫他"小顾"，据说是因为他长得比实际年龄小，又经常呈现天真的微笑。当时，相关的资料和设备都极其匮乏，办公场所也异常简陋，整个设计室只有临时腾出来的几间办公室。

他们所面对的，几乎全部是困难。

顾诵芬和一群年轻的同事，在设计室主任设计师徐舜寿和副主任设计师叶正大、黄志千的率领下，着手研制歼教-1教练机。

歼教-1的设计制造和新机试飞，都是新中国飞机设计制造史上伟大的第一次，它是我国第一架自主设计的喷气式教练机。而这架飞机气动布局的设计任务落在了顾诵芬头上，他的压力也就特别大。

顾诵芬双眉紧皱，一张爱笑的娃娃脸变得严肃起来。

歼教-1的特点是两侧进气，要让出机头来置放雷达。然而，对于只学习过螺旋桨飞机设计基础课程的顾诵芬来说，这是一个全新的领域。他要重新学，而且是自学。

顾诵芬最不怕的就是学习，艰苦的学习又开始了。

那段时间，顾诵芬在晚饭后，大部分时间要在办公室里继续工作，找资料、看书、摘抄，回到独身宿舍的时候，已经很晚了。每次回来后，他都先拿暖水瓶到茶炉间打一瓶开水。然后，冲一杯奶粉放在旁边的小桌子上。剩下的热水倒在脚盆里，这样，他就一边泡脚，一边看英文书。书看得差不多了，他拿起杯子一饮而尽。然后，进入休息状态。

飞机设计，那时在国内是一张白纸。可这次设计又是高标准，它要求平直机翼飞到0.8马赫，这就更是一个难题。

没有条件请外国专家来指导，顾诵芬只能咬紧牙关，自己慢慢摸索。

为解决机身两侧进气的难题，他专程来到北京，住进航空工业局驻京办事处的单身宿舍，然后到北京航空学院图书馆查找资料。

那个时候，北京航空学院正处于草创时期。白天，图书馆都是学生在使用，他只能晚上去。从宿舍到学院的路还没有修好，更没有三环路。他只能从黄亭子绕过去，晚上也没有路灯，雨天满路是泥泞。他借了一辆自行车，来来回回跑了一个星期。当他还车的时候，他才发现自行车的前叉已经开裂了。

终于，他找到了一篇总结进气道设计的文章。

那时没有复印机，为了尽可能准确，他自己动手"影印"。他就买来描图纸、三角板、曲线板，把相关的图都描下来。

顾诵芬把所能搜集到的信息加以整理、汇总，最终形成了可以进行气动力设计计算的一套方法，圆满完成了翼型、翼身组合形式选择与计算、进气道参数确定和总体设计所需数据的计算。

歼教-1的气动力设计一步步走向成熟。

可是，验证的方法又是个大问题。没有梳状测压探头，国际上倒是有，但人家对我们实行封锁。

绞尽脑汁，顾诵芬与南航首届毕业生胡同一起想出了办法。"来，跟我来！"他这样说罢，就带领大家找来二四二医院的废弃针管，把不锈钢的针头焊在铜管上，然后，在外面用薄铁皮做个整流罩。就这样，他们做成了符合要求的梳状测压探头，试验总算可以进行了。

那个时候，甚至连像样的风洞也没有。顾诵芬就去哈尔滨军事工程学院，找到个一米五口径的小风洞，在那里做。

白手起家，就是除了困难，几乎再也没有什么。做试验还需要一种鼓风机，当时市场上根本买不到。怎么办呢？上级说："小顾，你设计一台吧。"顾诵芬听了一愣，但他还是接下了这个任务。

顾诵芬根本没学过鼓风机专业，赶鸭子上架，硬着头皮也要上。几经周折，他在哈尔滨外文书店找到了鼓风机参考书，根据这本书，他设计了一个鼓风机。然后，安排在实习工厂加工出来。

终于，在一个月过后，他们搞成了试验。

1958年7月26日，中国第一架自行设计的喷气式飞机歼教-1首飞。

那天，叶剑英光临沈阳，元帅要为首飞仪式剪彩。

全体机务人员在检查完歼教-1后，在飞机旁列队。组长跑到试飞员于振武面前立定，敬了个军礼，报告道："准备完毕，飞机良好！"

空气越发沉寂，大家的表情严肃而又充满期待。现在，人们是与重大历史事件面对面，是的，一段重大历史即将在这里实现转折。

到此刻，于振武对这架飞机只熟悉不过两周而已，这在世界试飞史上很少有过。顾诵芬和试飞站的同志对他的飞行技术充满信心。于振武1951年毕业于空军航空学校，在飞米格-17的时候，飞直线平飞，在记录仪的蜡纸上画出的就是一条直线。飞行技术一直是高人一筹。

于振武很镇定，他走到登机梯的前面，看了看这架银白色的战机，在地上蹭了蹭鞋底上的泥土，然后，毅然登上飞机。

啪！啪！指挥台上升起绿色的信号弹。

歼教-1启动，它在跑道上加速，一眨眼，它飞上了天，越飞越高，甚至还灵活自如地画了一圈。然后，它飞回机场方向，绕场一周后，轻轻松松地下滑进入着陆航线。

歼教-1稳稳地停了下来。

歼教-1凯旋。

机场上一片欢呼。于振武微笑着走下飞机，徐舜寿快步上前，与他紧紧拥抱，顾诵芬热泪盈眶，人们把于振武抛了起来。

作为试飞英雄，于振武后来屡次晋升，1994年担任空军司令员，1996年晋升上将军衔。

从设计到首飞成功，这架歼教-1只用了一年零九个月的时间，其速度之快，在国外也是相当罕见。

那一年，顾诵芬年仅28岁。

鉴于当时复杂的国际环境，这则特大喜讯没有公开报道，新华社只发了条内部消息。

周恩来总理知道后，托人捎话过来，他说："告诉这架飞机的设计人员，请他们做无名英雄。"

8月1日，为庆祝八一建军节，歼教-1飞机在沈阳于洪机场做了一次飞行表演。

8月4日，在沈阳召开庆祝大会。叶剑英元帅、刘亚楼上将出席。

10月，两架歼教-1飞机从沈阳飞往北京南苑机场，接受中央领导检阅。

毛泽东主席也观看了歼教-1模型。

在这之后，顾诵芬又成功完成初教-1（后改为初教-6）飞机的气动力设计任务。在国外严密封锁的前提下，顾诵芬白手起家，和同事们一起创造性地完成了我国第一架喷气式飞机（歼教-1）。从此，中国航空工业迈入了自主研制的新纪元。

三

1961年，国外敌对势力对我国领空制造了新的威胁，空军和海航部队急需高空高速歼击机，以此来拦截那些入侵的敌机。

于是，国防部第六研究院第一设计研究所成立，对外简称六〇一所。三年后，六〇一所承担的歼-8歼击机的研制工作正式启动。

1964年，歼-8设计方案敲定。黄志千任总设计师，34岁的顾诵芬担任副总设计师。

1965年5月20日，总设计师黄志千在出国购买试飞测试设备的途中，飞机失事不幸遇难。

形势一下变得危急起来，王南寿率领蒋成英、顾诵芬、冯钟越、胡除生等临危受命,接过帅印。

这年8月14日,国务院副总理兼国防工业委员会主任贺龙元帅来到沈阳,他接见了顾诵芬等人。

顾诵芬跟随所领导向贺龙元帅汇报新机情况,贺龙听了,特别高兴,他说:"歼-8我同意,歼-8要早日搞出来,成功后要大大庆祝一番,我要来。……就是要走中国自己的路,搞自己的东西,不要怕失败,100次、200次,失败了可以再来,总会成功的。飞机上天,党、军队和人民都会感激你们的。"顾诵芬听了元帅的这番话,他的精神为之一振,同时,也感到肩上的责任重大。

在歼-8飞机之前,虽然有过歼教-1、东风-107的研制经验和教训,但是完全自主研发功能强大的新一代歼击机,这对于刚刚起步的中国航空工业来说,困难简直太多了。对顾诵芬个人来说,更是前所未有的严峻考验。

越是先进的东西,各国越是注重保密。顾诵芬他们几乎找不到任何公开资料。为了得出最精确的结论,顾诵芬夜以继日地查找资料,不断地计算载荷。

在那段特殊的岁月里,顾诵芬的心理压力特别大。

1969年3月,顾诵芬从学习班回到了歼-8飞机身边,他兴奋不已,步履加快。

1969年7月5日,我国自行研制的第一架高空高速歼击机——歼-8在沈阳首飞。

这一天,试飞场上的人们屏住呼吸,注视着跑道一端的歼-8飞机,顾诵芬手持秒表,准备测算滑行时间。

9时38分,根据空军副司令员、航空产品定型委员会主任曹里怀的放飞命令,首飞指挥员苏国华大声下令:"起飞!"

两颗绿色信号弹凌空而起,歼-8飞机长啸一声,风驰电掣地从人们眼前滑过，它抬头、拉起、爬升，最后，飞向了天空深处。

天从人愿，秒表测得的数据与计算完全相符。

20分钟后，歼-8飞机在3000米高空盘旋三圈，开始返航，最后落在地上，滑行一段之后，平稳停下。

歼-8飞机首次试飞大功告成。从这一天开始，中国不能自行研制高空高速歼击机的历史结束了。

观看的人群一片欢腾。

顾诵芬泪水滂沱。那段历程实在是太艰难了。还有让顾诵芬更难过的，就是贺龙元帅在一个月前已经被迫害致死，他没有看到歼-8上天。他不能来喝庆功酒了。

曹里怀异常激动，这位开国中将说："快，快向北京发电，向毛泽东主席报喜。"电报发出几天后，北京回电："毛泽东主席看了歼-8飞机上天的消息很高兴，提出要看看歼-8飞机的模型。"

当天晚上，沈阳一一二厂的工人赶制了有机玻璃包装盒，把歼-8飞机模型装进去，连夜送到北京。

首飞虽然成功，但歼-8在跨声速的飞行试验中还是出现了问题，这就是抖振。在此后九年的试飞中，抖振的问题一直没有得到解决。

飞行员的描述特别形象，他说："就好比一辆破公共汽车开到了不平坦的马路上……"顾诵芬听了这话，陷入痛苦的思索中。最后，他大胆提出了一个土办法。

试飞小组的人买来红色毛线，把毛线剪成20~25厘米长，粘贴在机尾罩的前后，围绕机身，按毛线的长度一排一排地分布在其表面，就像穿上了一条红裙子。

顾诵芬决定乘歼教-6飞机上天，直接跟在歼-8试验飞机的后面，观察歼-8飞机的飞行流线谱，观察毛线条的扰动情况。

黄志千空难之后，顾诵芬的夫人江泽菲与他有个约定，就是"从此不再乘坐飞机"。然而，解决抖振问题刻不容缓，现在，他必须违约了，他别无选择。

这一次的危险系数很高，他乘坐的不是安全系数高的民用飞机，而是危险系数高的歼击教练机。更危险的是，要求他所乘的歼教-6与歼-8距离在5米左右，甚至还要更近。这样的距离，稍有不慎，很可能就要两机相撞，酿成大祸，直接危及他与飞行员的生命。

然而，顾诵芬顾不了那么多，他心里只想着飞机抖振的事。

"48岁""从未接受过飞行训练""万米高空的飞行"，在这样的条件下去飞行，这实在太危险了。领导起初说什么也不同意。顾诵芬说："我不上去，问题就解决不了。歼-8高于一切呀。"领导只好请示更高一级的领导。

最后，经过航空部和空军司令部的特别批准，顾诵芬的请战顺利通过。上飞机前，要吃一个月的"空勤灶"来补充营养。顾诵芬担心引起夫人的怀疑，晚上的那顿"空勤灶"他不敢吃，要骑20分钟的自行车回到家里吃。

1978年夏，顾诵芬连续三次随歼教-6上天，与歼-8飞机后机等速度飞行，在不同高度、不同方位上，他用望远镜、照相机观察、拍摄飞机的飞行状态。试飞员鹿东鸣看了，内心特别震动，那么大的年纪，不顾生死，眼睛一眨也不眨地盯着对面的歼-8飞机。这是世界现代飞机研制史上罕见的壮举，这是什么精神哪？

第一次没有发现问题，第二次也没发现问题，顾诵芬又第三次上了飞机，终于，这回他发现机尾根部的锐角区毛线全部被气流撕掉了，因而造成气流严重分流，导致抖振。

抖振的问题根源，就在这里。

回到地面以后，顾诵芬对飞机后机身整流包皮做了修形设计。这回试飞之后，果然，抖振消失了。

1979年12月30日，歼-8飞机定型。

31日下午，在工厂食堂，顾诵芬与参与研制、试飞的同志们一起喝庆功酒，那天，他们用的是大碗。

从来不喝酒的顾诵芬也和大家一样用大碗，他喝成了平生仅有的一次酩酊大醉，醉得人事不省。

有什么比这样创世纪一般的成就更让人兴奋的呢？

歼-8飞机，是我国首架自己设计的高空高速歼击机。它的成功研制，满足了我军对高空高速、大作战半径的歼击机紧迫需求，结束了我国歼击机完全依赖引进的历史，初步建立了歼击机设计体系，开了我国自行研制歼击机的先河。

1985年，歼-8飞机获国家科技进步奖特等奖。在获奖者的名单上，顾诵芬的名字排在第一位。

四

1980年初，有关部门开始酝酿歼-8Ⅱ，顾诵芬受命担任研发主帅。

4月13日，顾诵芬主持讨论设计方案。在会场，他被黑板架绊了一跤，面朝前摔倒了。他觉得很疼，勉强站了起来，但这时没有了知觉，身体再一次摔倒，头部重重地撞在水泥墙壁上。同志们把他抬上救护车，在车上，顾诵芬不断呕吐，同事李明用他的棉手套接住，他就往这只手套里吐。到了医院，经过紧急抢救，顾诵芬总算醒了过来，他的夫人在旁边万分焦急，他却没有理会，而是对同事杨凤田说："今晚，你必须去北京向部里汇报我们的方案，我去不成了，你乘车去北京。你去……"说罢，又昏迷过去。

顾诵芬这一跤摔得不轻，他被确诊为脑震荡。

空军副司令员曹里怀听了非常着急，特别批示，让顾诵芬住进了大连空军疗养院。在住院期间，顾诵芬仍然坚持办公，听取杨凤田的汇报，并形成技术文件，上报给各级领导，然后耐心地等待审批。

1980年9月4日，歼-8Ⅱ正式立项。

1981年4月，顾诵芬光荣入党。1981年5月，国防工业办公室副主任邹家华宣布任命顾诵芬为歼-8Ⅱ型飞机型号总设计师的命令。他是我国第一位国家任命的型号总设计师。

在歼-8Ⅱ飞机设计研制中，我国第一次使用现代系统工程管理方法，取得了举世瞩目的成就。

在他的引领下，呈现一派火热的劳动场面。大家白天紧张忙碌，晚上加班加点继续作业。

速度惊人，很快，他们发图纸3.9万多张，到1983年3月，发完全部飞机结构图纸，提前完成了发图任务。

在整个过程中，顾诵芬一直在现场指挥。他每天都与大家碰头，研究进展状态，哪里出现差头，他就出现在哪里，每天都要工作到深夜，星期天也从不休息。对于工作效率，他特别关注，分配下去的工作，都要限定时间完成。由他负责审核的报告、签发的文件，他都会及早办完。为了按时完成任务，他多次放弃出国考察的机会。在一年多一点的时间里，顾诵芬带领大家完成了所有地面模拟试验和试飞准备，然后一一进行了评审。歼-8Ⅱ飞机研制周期之短，创造了国内的奇迹，在国际上也是先进的。

1984年6月12日，上级决定："歼-8Ⅱ首飞！"

那天早上，人们来到沈飞试飞站。在人们寻找顾诵芬的时候，神奇的事发生了，顾诵芬骑着自行车飞奔而来。

除了所里同志之外，这超出了现场所有人的想象。保卫部的同志惊讶地问："顾总怎么能骑自行车来呢？出了事怎么办，所里要派车呀。"顾诵芬说："油这么紧张，要车干吗？还是给国家节省点油吧。"顾诵芬身边的人都知道，多少年来，他的主要交通工具就是这辆传奇的旧自行车。

6月12日中午11时，首席试飞员曲学仁走进机舱，开车检查之后，他报告飞机一切正常，指挥员王昂下达命令："起飞！"

11时14分，瞄向万里高空，歼-8Ⅱ终于一飞冲天。飞机飞至高1500米、速度500千米/小时。曲学仁报告说："飞机、发动机及其他系统工作正常，飞行感觉良好。"顾诵芬听了这句话，满脸都是笑意与光芒。

飞机在完成规定任务后，王昂下达命令："返场着陆！"11时28分，歼-8Ⅱ安全着陆。

地面上，一片山呼海啸，机场上的人们狂欢起来。

歼-8Ⅱ飞机的成功，树立了我国航空发展史上一座新的丰碑。歼-8Ⅱ飞机，是我国第一型具备超视距空战能力的歼击机，是我国当时作战性能最好、唯一能和周边主流战机相匹敌的先进战机。这项成果，获得国家科技进步奖一等奖。

歼-8和歼-8Ⅱ型飞机的实践，建立了简捷、高效而实用的飞机气动设计计算方法，顾诵芬因此成为中国飞机空气动力学的主要奠基人之一。

1989年，歼-8Ⅱ飞机参加世界上历史最悠久、规模最庞大、最有影响力的巴黎航展。歼-8Ⅱ一亮相，世界同行起初以为是日本造的，当他们确信是中国自主生产之后，脸上除了尴尬，还有惊讶。那一天，歼-8Ⅱ飞机是展览会上的骄子，它代表中国傲视业界群雄。

顾诵芬始终强调团队精神，他说："这是一个团队的劳动成果，从设计师到试飞员，以及厂里的技术人员和工人师傅，每一个人都为飞机出过力。"

歼-8Ⅱ的常务副总设计师陈嵩禄的贡献比较突出，顾诵芬和夫人代表工会到陈家去看望，为了表达谢意，他还将父亲从上海带来的茶叶送给陈嵩禄。看到陈嵩禄的住房困难，他回去后，立即与班子成员讨论，与工会讨论，最后分给陈嵩禄一套新房。

顾诵芬常常说起歼-8Ⅱ的功臣，他想着他们，记着他们的名字：管德、李明、陈嵩禄、解思适、杨凤田、潘凌阁、吴正勇、黄昌默、肖默何、宁树权、钱家骝、骆长天、张权等200多人。

五

那么，顾诵芬到底是怎样一个科学家呢？或者说，他到底有着怎样的传奇呢？

60多年来，除了研究飞机，他几乎没有任何嗜好，他不抽烟、不打牌、不看戏……他是个距离世俗烟火很远的人，只与飞机融为一体。顾诵芬天生就属于飞机。

1961年，顾诵芬的上级黄志千将妻妹江泽菲介绍给他。

恋爱的时候，两人偶尔在星期天到公园走一走。结了婚以后，顾诵芬对妻子说："我可真是没有那么多时间陪你了。"妻子默默答应，公园去不上，商场总是要去的。每到星期天外出采购的时候，顾诵芬都与妻子约定好，兵分两路，妻子去商场，他去书店。大约三个小时后，妻子到书店来找他会合，然后，两人一起回家。

20世纪80年代初，江泽菲作为访问学者到挪威一年五个月。那段时间，顾诵芬的食谱上，就是挂面、面包、压缩饼干和军用罐头，再没有别的。

多少次，同事到他家汇报工作，都看到他一边吃压缩饼干，一边看书。妻子回家的时候，一看，全明白了，顾诵芬这段时间基本上没开伙，只是偶尔做点白菜炖肉。

顾诵芬对吃饭的理解，仅仅是填饱肚子。他对科技人员上街买菜做饭很不以为然，他曾经说："像我一样买点罐头、吃点面包多省事，有时间应该多学点东西。"人们听了，偷偷笑他。

顾诵芬在担任六〇一所所长期间，有些职工向他反映食堂饭菜做得不好。他听了，特意到食堂里里外外走了一圈，做了一番细致的调研。然后，他说："我看，还不错嘛！"职工们说："你自己吃得太简单了，看到食堂有热的饭菜，当然就很满意了。"为了这事，他受到不少职工的批评。直到后来，大家才认识到："顾总是看到我们的航空工业落后于欧美，他心里着急呀，他不想在吃饭上浪费时间。我们错怪他啦。"

是的，他不是不爱同志们，他特别爱同志们。离开六〇一所以后，他的谈话常常讲到好多他一直想念的人。

听说技术人员孙新国和爱人相继去世，丢下两个正在读书的儿子，他多次写信给所里，希望照顾这两个孩子。所里只要有人到北京看望他，他都要委托他们给孩子带上一笔钱。

他念叨做出过重大贡献的去世的工程师邝厚全，他念叨那个去世在工作岗位上的钳工师傅……

顾家的客厅，陈设十分简约。

一套枣红色的老式橱柜，沙发上罩了一个白布缝成的罩子，其他装饰，也都是20世纪七八十年代的风格。

80年代中期，他家的电视机依然是一台黑白小9英寸的。顾诵芬多次出国，却从没有为自己买什么高档家用电器。每次给的补助，他回来都要上缴。有人建议他买一台好的电视机，他说："我哪有时间看电视呀，任务这么重，我没时间哪。"

顾诵芬确实没有时间看电视，更谈不上追剧。

1985年夏，他与同事出差到西安看歼-8Ⅱ试飞。在西安去试飞场的路上，同事与司机聊天，司机说："路太远了，今晚的《女奴》可能要耽误了。"《女奴》是当时风靡一时的电视剧。同事问司机："你喜欢伊佐拉，还是喜欢莱昂休？"伊佐拉是剧中美丽的女奴，莱昂休是庄园主的儿子，两人热烈相爱。坐在后排座的顾诵芬突然问道："莱昂休是哪个单位的？"同车的人一听，忍不住哈哈大笑，而他自己却一时摸不着头脑。

他的椅子是60年代的木椅。工会关心他，特别送他一把转椅，他认为这与周围同志的椅子不一样，心里不得劲儿，最后，还是让人搬走了。

顾诵芬那辆"只剩一个车把的自行车"，也很特别。这辆德国"钻石牌"自行车，他买得比较早，来到沈阳，就成了宿舍里的公车，他也不上锁，谁都可以骑。后来，车把摔断了一个，自行车成了"独角龙"。修了几次也没修好，索性就不修了。他长年累月地骑着这辆破旧自行车，上班、到试制车间、到沈飞现场办公，当他骑着这辆"只剩一个车把的自行车"跑来跑去的时候，没有人会想到他是一个科学家……

对物质生活，顾诵芬没有什么追求。对名利，他依然淡泊。

1987年7月，中共中央办公厅发请柬，请他到北戴河度假。

7月20日上午，83岁的邓小平亲切接见了度假的众多科学家。不久，《人民画报》刊登了邓小平与顾诵芬握手的照片。照片下面的说明是：邓小平于7月20日，在北戴河亲切接见了六〇一所原所长兼总设计师顾诵芬。

对于这个荣誉，他给所里写了一封信。在这封信中，他这样说："自己受到邓小平接见是代表全所同志的，这个荣誉属于全所的同志。"

2009年3月，有关部门向上级提交了一份"关于祝贺顾诵芬院士八十华诞活动的请示"，建议在2010年2月他生日的时候，开展一系列活动。上级批准了这个请示。

然而，顾诵芬却婉言谢绝了。他在致领导的信中说："集团公司拟宣传我的事迹，要拍电视片，还要为我80岁生日祝寿，我听了非常不安，两夜未能安眠。回顾参加航空工业以来，也像大多数航空人一样，在党的领导下，在老专家的引领下，做了一些力所能及的工作，不值得突出宣传。……真诚希望您们理解我的心情，千万不要拍成电视片和祝寿！"最后，集团公司总经理等领导只好接受了他的意见。

2011年，为纪念顾诵芬工作满60周年，中航工业集团特意为他颁发了终身成就奖，奖品是一块定制的金镶玉奖牌。这块奖牌具有重要的纪念意义和极高的收藏价值。

两年以后，有关部门要对奖牌拍照存档。结果，摄影师来到顾家的时候，顾诵芬找了半天也没找到，他带有几分歉意说："对不起，我不知放在哪里了。"

然而，转过身去，当他投入工作之中的时候，他却能精确到最细微之处，处处体现标准劳动模范的精神，一个大国工匠的形象。

上下班的时候，人们常常会看见顾诵芬夹着一本书，从家走到办公室；下班时，他还夹着一本书，从办公室走到家。他家距离办公室并没有多远，手不释卷为的是随时辅助他一直处于运动状态的思路。即使出差在宾馆里，他每天晚上仍然在看书。因此，他才会有身怀绝技的故事。

在研究所里讲课，顾诵芬经常会在黑板上随手写下一串长长的复杂的气动力数学公式，而这根本不需要看书，全凭对书的记忆。

六〇一所的一位专家说："如此神奇的记忆，我只在大学里听钱学森先生讲课看到过。在以后的工作中，我所见到的工程技术人员中，就只有顾总可以做到。"

每当有学生请教问题，顾诵芬随口就能举出国内外相近的案例。而且，他还能说出国际上相关领域的最新研究成果。如果有谁提到哪一篇最新发表的学术文章,他略一回忆,就能说出基本内容,有时甚至连页码也能记得八九不离十。

20世纪90年代,我国与俄罗斯进行合作,顾诵芬常到莫斯科出访。在莫斯科,只要一有空闲,他就拉着李明去书店。李明对莫斯科的书店一点也不熟悉,他惊奇地发现,顾总竟对那里的书店了如指掌,甚至他还知道到哪里能找有用的书籍,只要是需要的,掏钱就买,从不问价钱。他对李明说:"作为一名总设计师,必须掌握国外航空科学技术发展的前沿信息,这样才能满足国防安全和军方的需要。"

作为专业带头人,顾诵芬不仅熟知国内本专业的现状,还时时跟踪本专业的国际先进成果,并能针对飞机研制工作中的难点,找出国外研究报告用以参考,指导攻关。

在飞机设计方面,尤其是气动力设计领域,他对美国、西欧等航空工业先进国家和地区的研究报告文集,如NASA、NACA、AGARD、AIAA等,每期都要仔细阅读,对针对性强的技术报告,他都能熟记在心。

有一次,在讨论完歼-8飞机在马赫数0.86时的振动问题后,他对同事姜作范说:"走,我带你到资料室看看,你也开开眼界。"在资料室,他向姜作范介绍了哪篇技术报告是什么内容,发表在哪个刊物的哪一期里,全都说得准确无误。

姜作范在惊讶的同时,意识到顾诵芬在攻关会上谈到的某些技术见解,都是来源于常人所难以企及的苦心钻研。

1986年,顾诵芬离开工作35年的飞机设计岗位,从沈阳来到北京,担任航空工业集团科技委副主任。

离开了一线,但他的心始终在一线,他的眼睛始终盯着天上的飞机。

顾诵芬的研究涉及通用航空、大飞机、轰炸机、高超声速飞行器、无人机、教练机、轻型多用途战斗机、外贸机,从北苑2号院的两层小楼里,他送出了关于中国航空工业发展的数十份研究报告、咨询报告和建议书，还有中国先进战机的发展方案、大飞机的发展建议……

这个时候，他将主要精力转向了飞机的主动控制技术研究，以及推动国产大飞机的发展上。

"我们国家要有自己的大飞机呀，一定要有！"那些年，他天天在心里念叨的就是这句话。

2001年6月，由16名院士、9名资深研究员组成大型运输机发展战略咨询课题组。已经71岁的顾诵芬上阵了，他带领课题组远赴上海、西安等地调研。数次争论之后，顾诵芬的观点开始逐渐被人们接受。

2002年，中国航空工业第一集团公司完成了国家重大项目ARJ21支线客机的多项重大技术决策。在这个过程中，顾诵芬带领专家组对研制工作及设计方案进行评估，提出重要的咨询建议。

2006年7月的一个周末，顾诵芬接到国防科工委的通知，请他到中南海参加一个大飞机高层会议，并让他准备书面发言。顾诵芬就写好了《关于我国发展大型客机的几点想法》。在这个会议上，他就我国发展大飞机谈了自己的想法。

2007年2月26日，温家宝主持召开国务院常务会议，批准大型飞机研制重大科技专项立项，同意组建大型客机股份公司。这项重大国家决策，吸收了顾诵芬建议的核心内容。

顾诵芬踌躇满志。2009年国庆60周年，他应邀登上天安门观礼台，看到成队的战机凌空而过，心中充满无限的欣慰。他的思想有如飞机的翅膀，辽阔而坚强。

在住院期间，他叮嘱资料室的工作人员给他送外文书刊，看到有用的文章，他会嘱咐同事推荐给一线设计人员。他说："我现在能做的也就是看一点书，翻译一点资料，尽可能给年轻人一点帮助。"

2015年11月29日，首架ARJ21支线客机飞抵成都，交付成都航空有限公司，正式进入市场运营。

半年后，2016年6月，首批大型运输机运-20交付部队。

一年后，2017年5月5日，运-20催生的国产大飞机C919首架机在上海首飞成功。12月17日，第二架C919大型客机在上海浦东国际机场完成首次飞行。

2018年10月，水陆两栖飞机AG600完成水上首飞，向正式投产迈出重要一步。这些国产大飞机从构想变为现实，与顾诵芬的艰辛努力密不可分。在他的建议和主持下，"2020年航空科技发展战略研究""2030年航空科技发展战略研究"为长远规划提供了强有力的技术支撑。

如今，尽管不再参与新机型的研制，但顾诵芬仍关注航空领域。

每天，他都要在互联网上浏览最新的航空动态。这样做的目的，他说得很明确："学习是应该伴随一生的，有点时间就用来看书、看学术刊物、查阅资料，我不会放过跟飞机相关的任何有用的信息，找到这些信息，可以及时提供给一线。"

作为《大飞机出版工程》主编，顾诵芬已出版6个系列、100多种图书。全书共计100多万字，各企业院所近200人参与。每稿完毕，顾诵芬都要审阅修改。这个出版工程，对我国国防建设和航空武器装备体系发展，同样也是重大贡献。

顾诵芬十分重视人才培养和学术传承，培养出以一位科学院院士、三位工程院院士为代表的一大批航空科技领军人物，还有强大的支撑我国第二、三、四代战斗机发展的技术队伍。

他对年轻人充满期待，他说："我国航空事业发展需要年轻人才，他们是祖国的明天。我只想对年轻人说，心中要有国家，永远把国家放在第一位。多读书，多思考，努力学习，认真做好每一件事。

未来我们的飞机,要具备很强的隐身能力,电子和火控系统要做好,要有好的发动机,因此,你们要比我辛苦,你们的路还有很远……"

坐在办公室里,倾听来自空中的那些铁蝴蝶的飞翔声音。这声音,在顾诵芬听来,就如听贝多芬的《英雄交响曲》,中国的英雄交响曲,中国航空人的英雄交响曲。

1951年,新中国航天事业从"0"起步,在抗美援朝的烽火硝烟中逐梦起航。今天,新中国航天事业通过一代代人的不懈努力和艰苦奋斗,实现了历史性的跨越,我国航空武器装备全面进入"20"时代。新中国的航空工业历经了从无到有、由弱变强的70年。

70年丰富多彩的故事,他历历在目,每当回忆起来,都如一部长长的大片。

"我实现了航空报国梦吗?中国人要有自己的飞机,是的,我实现了!"他这样问自己,这样回答自己。

然后,他温和地笑了,就像小时候在家门前的草坪上看放飞的航模那样开心地笑……

为战机装上"中国心"的人

——记中国航空发动机之父 吴大观

◎ 于 勤

你多半没有听说过这个人的名字,他不是明星,因为他一生默默耕耘。然而,只要你曾在电视里观看过国庆阅兵式,只要你关注过国际航模大会,当你仰视蓝天上呼啸而过的我国威武战机,并为其神勇的表现激动不已,你就应该对这位了不起的人油然而生敬佩——他倾其一生只做了一件事情,那就是做一颗"心",一颗装在战机上的"中国心"!

奋斗历程，和航空事业的多个"第一"相连

吴大观，原名吴蔚升。1916年出生，扬州中学毕业；西南联大读书期间从机械系转读航空系。

20世纪40年代在贵州大定的深山里研究发动机；1944年赴美学习。1947年回到祖国。10年前潇湘电影制片厂拍摄的故事片《吴大观》真实地展示了这个当年的海外赤子归来的全过程：

1946年，美国威廉斯堡，中国留学生吴大观与好友龙一知激烈争吵，龙一知气喘吁吁地说："大观，别说国内正在打仗……就是不打仗。中国也不可能设计和制造飞机发动机，国情不可能。我们学的这些东西只有在美国才能发展……"吴大观没有回头。内战烽火正酣，吴大观携妻女投奔解放区。年轻的他怀揣报国之志和满腹才华，义无反顾地回归祖国怀抱，开始了在航空发动机研制领域的奋斗生涯……

生活中的吴大观与电影里的"吴大观"一模一样。回国后，吴大观先到北京大学工学院机械系任讲师；1948年，从国统区辗转来到解放区，受到聂荣臻司令员接见；1949年11月加入中国共产党，任重工业部航空筹备组组长，参与新中国航空工业筹建工作。

1956年，赴沈阳黎明发动机制造厂（四一〇厂）组建发动机设计室，领导研制我国第一个喷气发动机型号——喷气教练机用的喷发–1A发动机。

1961年，到国防部第六研究院航空发动机研究所（六〇六所）任职，参与领导研制涡喷7甲（815甲）、涡扇5（61F）和涡扇6（910）发动机。

1978年初，调任西安发动机制造厂（四三〇厂）副厂长兼设计所所长。主抓涡扇9（斯贝）发动机的专利生产。

1982年8月以后，在北京航空工业部（后为航空航天工业部、航空工业总公司、中国一航集团公司）任科技委常委、顾问。参与编制多项发动机通用规范，参加航空发动机发展战略研究和许多重大科研项目的论证。

吴大观曾任第三届全国人民代表大会代表，是中国人民政治协商会议第五、六、七届全国委员会委员，中国航空学会理事、动力分会委员，辽宁省航空学会理事长，中国工程热物理学会常务理事、荣誉理事。

1991年作为发展我国航空工程技术事业做出突出贡献的专家，受到国务院表彰。

1992年，航空航天工业部授予有突出贡献专家称号。

2009年3月18日，吴大观在京去世。在吴大观93年的生命中，有68年与航空工业相伴随。

2009年7月，中共中央组织部做出决定，追授吴大观同志"全国优秀共产党员"称号，号召广大共产党员向吴大观同志学习，努力实践共产党人高尚的人生价值，努力创造无愧于时代、无愧于人民的业绩。

2009年9月10日，在中央宣传部、中央组织部、中央统战部、中央文献研究室、中央党史研究室、民政部、人力资源社会保障部、全国总工会、共青团中央、全国妇联、解放军原总政治部等11个部门联合组织的"100位为新中国成立做出突出贡献的英雄模范人物和100位新中国成立以来感动中国人物"评选活动中，吴大观被评为"100位新中国成立以来感动中国人物"。

2011年6月，扬州中学2010级3班由教育部授牌命名为"吴大观班"，该班成为全国首个"吴大观班"。

2019年，为隆重庆祝中华人民共和国成立70周年，经党中央批准，中央宣传部等部门决定在全国范围广泛开展"最美奋斗者"学习宣传活动，热情讴歌中华人民共和国成立以来各地区、各行业、各领域涌现的先进人物。9月25日，吴大观入选"最美奋斗者"名单。

他一生的奋斗历程和新中国航空发动机事业的许多个"第一"联系在一起：组建第一个航空发动机设计机构，领导研制第一个喷气发动机型号，创建第一个航空发动机试验基地，主持建立第一套有效的航空发动机研制规章制度，建立第一支航空发动机设计研制队伍，主持编制第一部航空发动机研制通用规范……为新中国航空发动机事业的发展打下了坚实基础，探索了发展道路。

2011年，潇湘电影集团与中国航空工业集团公司联合拍摄的电影《吴大观》，把这位现实中的英雄人物搬上了银幕，成为感人至深的艺术形象。影片被国家广电总局电影局列为庆祝建党90周年的重点题材影片。这更增添了吴大观的传奇色彩和人格魅力。

如今吴大观离开我们十多年了，共和国的功劳簿上他的名字仍然闪闪发光。鹰击长空，离不开强健的翅膀；战鹰翱翔，不能没有动力强劲的"心脏"。航空发动机被誉为"工业王冠上的宝石"，它代表着一个国家工业发展的最高水平。目前，全世界具有制造航空发动机能力的国家为数不多，中国是其中之一。正是有了吴大观，我国才有了跻身世界航空发动机俱乐部的可能，他是中国航空发动机事业的开拓者和奠基人，被誉为"中国航空发动机之父"，实至名归。

收集昆虫翅膀，飞翔之梦牵引着他走进航空领域

是什么驱使他夙兴夜寐、呕心沥血？是什么让他永远感受着无限满足和幸福？美好的追求，浪漫的梦想，使常人看起来无比艰难的工作充满乐趣，也能让人克服难以想象的困难。

吴大观从年少求学，就得到了善心资助，这使他从小就成为懂得感恩的孩子。吴大观舅舅王鉴人在乡里以乐善好施著称，生前有过很

多善举，他在"教育兴镇"理念的思路下，于家乡镇江头桥镇创办了乡境第一家小学。吴大观就在这所小学念书，后来得以就读著名的扬州中学，也是得到了舅舅的资助。1937年，他毕业后凭借扬州中学的"出身"直接升入长沙临时大学（西南联合大学前身）机械系。

1938年吴大观随校搬迁，进入昆明西南联大学习。求学期间，他目睹日本飞机狂轰滥炸的侵略行径，下决心走"航空救国"之路。读完机械系三年级，便申请转读航空系。当时的航空系主任王德荣先生（后来王先生到了北航，任飞机系主任），看了吴大观在机械系三年相当优秀的成绩单，并没有表态，真正打动他的是这个学生对昆虫翅膀的收集和研究。

吴大观有个爱好，就是喜欢观察昆虫翅膀，双层的，单层的，透明的，多彩的……当时为躲避日本鬼子轰炸，他们经常躲到山野间。吴大观就趁这个机会收集昆虫翅膀，夹在漂亮的日记本里，还编号注释。第二次去找王主任时，他拿出这个本子。应该是从这些翅膀看到了年轻人的梦想和执着，主任这次爽快地答应了。从此，吴大观开始了航空领域的追梦之旅。

吴大观在大学期间，受到刘仙洲、王德荣、金希武等教授的教育熏陶，学习刻苦。抗战期间生活条件实验条件的艰苦是难以想象的，然而他满腔热情乐此不疲。1942年毕业，摆在他面前有两条路，一条是搞贩运做生意，一条是去贵州大定发动机工厂。他毅然选择继续从事自己的专业，实现"航空救国"的梦想。

毕业前吴大观在昆明遇到了扬州中学校友、已经在清华大学做职员的华允娥，他们相爱结婚。当时的清华校长梅贻琦做证婚人，两位主婚人分别是社会学家潘光旦和生物教授陈桢。

吴大观带着新婚妻子来到大定。厂房建在大溶洞里，里面有跳蚤一样的虫子咬人。住的条件更是艰苦，还要面临土匪骚扰。凭着热情与志向，他们日夜学习技术，潜心研究美国莱特公司活塞发动机整套技术资料，掌握了当时比较先进的航空发动机工艺技术。

学成回国，奔向远大目标

1944年，吴大观被选送到美国莱可敏航空发动机厂以设计试验工程师名义进行深造。在该厂学习期间，他从零部件制图到整台发动机设计性能计算，从部件试验到整机试车，经过了系统的学习锻炼，仅用半年就基本掌握了活塞式发动机设计的全过程。他抱着抓紧学习的热望，先后掌握了齿轮工艺、工装夹具、刀具设计及其加工技术。而后，他又在美国普惠航空发动机公司学习。学习期间，他见到喷气发动机离心压气机叶轮和涡轮部件在车间加工，引起他的极大兴趣，当时研制航空涡轮发动机在美国尚属起步阶段。

1946年加入美国自动车工程师学会（SAE）成为该学会会员，他作为业余爱好者，开始研究喷气技术，这给他以后从事航空发动机设计工作奠定了理论基础。在美期间，他广泛接触公司各阶层人员，在技术领导、工程师、车间工人中广交朋友，并借此宣传中国。由于表达能力出众，他两次被当地教堂请去做报告，他讲述了当时中国妇女的抗日活动和中国儿童教育，揭露日本侵略军蹂躏、残杀中国人民的罪行，宣传中国人民抗日的斗争精神。

1947年3月，吴大观谢绝美国有关单位的高薪聘任，毅然回到祖国。吴大观没有带回贵重物品，仅有装满书籍和技术资料的两个箱子。他唯一的愿望是，把在美国学到的航空技术贡献给祖国。吴大观回国后被安排到贵州大定航空发动机厂广州分厂做筹建厂工作。看到当时南京国民政府的腐败，已不可能再搞什么航空发动机行业，不得已他愤然离职。

1948年，吴大观来到北平（今北京市），在北京大学工学院机械系任专任讲师，讲授航空发动机设计及齿轮设计和加工两门新课，颇受同学们的欢迎。在教书的同时他参加了学生的反饥饿、反迫害、罢课罢教运动，参演活报剧，做反蒋反内战的宣传。

1948年冬，在地下党的安排下，吴大观及爱人、孩子和弟弟一家四口人来到解放区石家庄。为了安全，他就是在这时将原名吴蔚升改为吴大观，妻子华允娥改名华国。吴大观从实践中认识到，发展航空事业唯有依靠中国共产党。他到达解放区时，心情万分激动，对爱人和弟弟说："我们现在到了我向往的世界，祖国的航空事业，祖国的繁荣昌盛全靠共产党的领导，我要为它而献身。"此后，聂荣臻亲切接见了他，鼓励他为祖国的航空事业贡献力量。从此，他走上了新的航空救国之路。

当聂荣臻问来到解放区有什么要求时，吴大观郑重说道："我只有一个要求，加入中国共产党。"聂荣臻一句话"新中国的成立指日可待，你一定会大有作为的"，让吴大观终生难忘。

这句鼓励让当时的吴大观兴奋不已，在解放区的和平土地上，身材高大、相貌堂堂、风度翩翩的他搂起妻子，忘情地跳起轻快的华尔兹，即将大展宏图的昂扬与欢畅鼓舞着他，飞旋哪飞旋。接下来的岁月里，吴大观夜以继日，呕心沥血，为了这颗"中国心"鞠躬尽瘁。

迎着彩霞，安装着"中国心"的飞机飞起来

航空工业建设初期，吴大观心里就有一个愿望：一定要为新中国研制出我们自己的喷气发动机！

万事开头难，到底怎样设计发动机？他苦苦思索，决定第一台喷气发动机从教练机起步。他所带领的团队，于1955年研制出了第一台

喷气式发动机。当飞机咆哮地怒指天空，迎着彩霞，飞了起来，所有的人都开始欢呼。

在吴大观20世纪60年代的一本工作笔记的扉页上有这么一行字："什么时候拿出你们的产品献给党。"在他68年的从业生涯里，他一直在摸索，一直在奋斗，为了造出中国人自己的航空发动机。

吴大观先后主持了涡喷5、喷发-1A、红旗2号发动机的研制。1956年，吴大观调到沈阳四一〇厂组建我国第一个喷气发动机设计室。在条件不具备的情况下，开始设计我国第一台喷气教练机动力发动机。1958年10月，装备喷发-1的两架歼教-1飞机，从沈阳飞到北京西苑机场，受到中央首长的检阅。飞机试飞的那一天，叶剑英、刘亚楼专程从北京赶来参加庆祝大会。

吴大观组织改进改型我国第一型涡轮喷气发动机——涡喷7甲发动机，组织改型设计我国第一型涡轮风扇发动机——涡扇5发动机，组织自行研制了我国第一型大推力涡轮风扇发动机——涡扇6发动机。

吴大观曾说："发动机的核心技术是买不来的！发动机研制要上水平、上台阶，必须要坚持自主创新！"吴老是这么说的，也是这么做的。经过18年的研制，涡喷7甲发动机实现设计定型，它的研制成功是我国发动机从仿制到改进改型的成功跨越。涡喷7甲发动机同歼-8飞机一起荣获国家科技进步奖特等奖，扬我军威，壮我国威，成为我国航空发动机史上一个里程碑！

由于十年动乱，涡扇6曾4次上马（立项进行研制）、3次下马（停止研制）、5次转移研制地点，飞机5次更改设计指标。始终，是一种信念在支持着他。涡扇6，这种发动机推力大、省油，对于提高战斗机的飞行战斗性能，具有里程碑式的意义与作用。

1974年5月，涡扇6发动机从设在四川江油的六二四厂转回至四一〇厂，虽然涡扇6已经研制出了整机和零部件，但是大量技术问题却未能解决，身担技术攻关重担的吴大观看在眼里，急在心中。在那段岁月，吴大观与工程技术人员日夜吃住在生产现场、车间，已经成为吴大观生活的常态，至今，当时与吴大观共同攻坚克难的人们还记得吴大观感人肺腑的话语："看不到我国自行研制的发动机，我死不瞑目。"

吴大观的精神感动了所有在场工作人员，也激发了他们攻坚克难的精神与灵感。针对涡扇6发动机的喘振等一些重大技术难题，吴大观带领技术人员查阅大量国外资料，反复进行实验，采用相关技术，彻底攻克了在涡扇6发动机上的三大难题。

1984年，由于配套飞机下马，涡扇6发动机因失去使用对象而中止研制。但是，涡扇6发动机是我国自行设计发动机的一个里程碑。在研制过程中采用的新技术、研制的新材料、采用的新工艺以及先后攻克的114项技术关键，为后来成功进行"太行"发动机研制奠定了良好的技术、材料和人才基础。

20世纪60年代，吴老较早地把斯贝（Spey）发动机介绍给国内同人，后来又主持了斯贝的仿制直至最后成功。离开一线后，吴老还主持完成了我国第一部航空发动机标准规范的编制，使我国的飞机发动机研制生产有规可依，有矩可循。

气冷空心叶片在20世纪60年代是国际尖端技术，被称为"航空发动机王冠上的明珠"。谁掌握了这项冷却技术，就等于拿到了研制现代先进航空发动机的"金钥匙"。当时，这项技术在我国航空领域还是空白，为了攻下这项尖端技术，吴大观决定进行自主创新研制。在一次研制协调会上，吴大观与时任六二一所总师荣科打赌："如果气冷空心叶片研制不出来，就把我吴大观的脑袋挂在六〇六所的门口！"

吴大观在消化吸收国外资料的基础上，集所里精兵良将，夜以继日反复研究、改进、试验、再改进、再试验，在六二一所、沈阳金属研究所等单位的科技人员通力配合下，终于最先拿到这把"金钥匙"，比当时国际航空工业发达国家的速度并不落后。这一重要成果使我国成为世界上少数几个掌握该项技术的国家之一，被国家评为技术进步一等奖。

1977年底，吴大观调任西航担任技术厂长。在西航，吴大观主要负责斯贝发动机引进专利的仿制工作。这是块难啃的硬骨头，光英文图纸资料就有127吨重！

吴大观给技术员下了"死命令"：早上起来补英语，晚上加班啃资料，以半年为限，每个人必须消化自己负责的图纸并形成总结，半年后要一个一个检查！吴大观以身作则，对合同资料，他件件过目，一字一句中英文对照，一遍又一遍验算公式验证定理，头四个月就看了上千份资料，记了几十万字的笔记。

当时吴大观患有冠心病且左眼失明，右眼视力仅0.3，工作起来仍然拼命：早上提前一个小时上班，晚上11点多才回家，一周内除了陪老伴看场三角钱的电影，其他时间都扑在工作上。在他的带动和要求下，整个西航办公楼天天"灯火辉煌，书声琅琅"。经过半年的努力，技术员边收集资料边消化，形成了大量中文资料，为发动机成功仿制打下了坚实的基础。

1979年7月19日，离试车台校准试车仅剩一周，偏巧这时出事了：已经做好的尼龙网进气防护罩因导热性能差。吴大观坚定地说："一定要在试车之前赶出来！"

这是一场和时间的赛跑，吴大观恨不得一分钟掰成两半用。终于试车了，吴大观却晕倒了。"老头儿真玩命！"大家这样说他。

情怀高尚,"人生是施与,不是索取"

吴大观年幼求学时,家境贫寒。为凑足去扬州中学念书的学费,不得不向舅舅借钱。母亲特地烧了当地名菜"淡菜烧肉",一番叮嘱后让吴大观给舅舅送去。吴大观把这碗菜端给舅舅,慈爱而又通晓人情的舅舅便问起外甥升学筹备情况。吴大观说还差四块钱学费,舅舅当即表示资助他读书。就这样吴大观顺利地升入中学。事后,吴大观说,母亲让孩子自己去借学费,是让自己懂得了钱来之不易。吴大观省吃俭用,学期末学校退给他节省下来的一块钱饭费,他交给了母亲。

当年曾为上学和吃饭发愁的吴大观,深深体会到钱的珍贵,深深懂得感恩,也更懂得钱对他人、对社会的价值。乐于助人的秉性,也许正是从接受舅舅的资助开始养成的。而日后的学习和工作中,他的奉献精神更不断升华。

吴大观去世后,人们感动于吴大观的事迹,不断有媒体采访他的家人。2009年7月5日,吴大观的女儿吴晓云做客人民网,回忆了父亲生前的生活状态:"我父亲一辈子生活都是简朴的,从来不要求买什么新的衣裳,一件旧的中山装穿了40年都舍不得扔。我爸爸认为家里条件过得去就可以了,我们不要求得太高,现在很满足了,比以前旧社会好得多,我觉得这种信念支持他,我们在这种条件下,我们艰苦奋斗,挺好。"

新中国成立之初,我国经济和人民生活面临极大困难,但是党和政府珍惜科研领域的专家,特别是吴大观这样的顶尖人才,国家给予很高待遇。1961年处于困难时期,吴大观看到普通员工收入少,孩子们甚至吃不饱饭,而自己月薪很高。这让他非常不安,他两次向组织打报告，坚决要求把自己的工资降下来，未被批准。于是，他决定把自己的一部分工资作为党费上交。1963年参军，被授予上校军衔。从该年起，他每月从200多元工资中，拿出100元交党费，直到生命最后，几十年月月如此，累计多交党费近4万元。有人问他："你为什么这样傻，多交100元的党费，现在哪有人嫌钱多？"可他回答说："我们国家穷，困难多，我作为一名共产党员多交党费，我心里就踏实些，党给我的太多，我给党的太少，实在惭愧呀！"在沈阳的20多年里，他常深入基层了解和关心工人中的困难户，常用三五十元或百元作为私人救济，帮助那些家庭生活困难者，而自己却省吃俭用。

1971年，吴大观补发了6000多元"文化大革命"期间的工资，随即把4000多元交给了党组织。

步入老年之后，在收入不是很高的情况下，吴大观仍然常年坚持交纳大额党费，一生交纳党费21万元，其中生前交纳11.1万元，临终交纳10万元。给希望工程等捐款96670元。

吴晓云说："关于我父亲交党费的事，我认为这就是一个党员对党的忠诚表现，我妈妈也是党员，她坚决执行我爸的要求，爸爸每次交党费都让她事先准备好，他们说这是党员应尽的责任。我爸觉得我们家的条件还可以，而且国家还需要钱的，我们就是尽自己的能力来支援国家的建设，如今我国航空研究也是需要钱的，而且整个社会也是需要钱的，所以我爸尽自己的能力去做。"

20世纪50年代末，为了便于技术人员学习掌握电子技术，吴大观把他从美国带回的收音机拿出来，供他们装拆练习。六院二所成立后，吴大观花了相当长的时间，建立了测试仪表试验室，与试验设备配套使用。在试验基地，他不停地进行大批发动机部件试验，为发动机研制立下了功劳。他反复强调，设计力量、材料工艺技术和试验设备是发动机研制的三大技术支柱,三者缺一不可。

1957年至1965年,吴大观访问了英国、苏联、法国、联邦德国、瑞士等国。在第二研究设计所工作期间,他常常一天工作12个小时以上,没有节假日,以所为家。常年的劳累,使他染上严重的眼疾。在吴大观左眼手术不久,"文化大革命"开始,他又遭受摧残。从那以后,他的左眼永远失去了光明。

1971年,母亲在北京病危,急电催他回北京,当时他刚从"牛棚"里解放出来,得到调试发动机的工作机会,他向组织请求,为了工作暂不回去。他说:"弥补丢失的工作时间尚嫌不够,对母病更难以尽孝。"

1976年6月,吴大观工作过度劳累,他的心脏病复发。在疗养期间仍不停止工作。

这位一生交纳党费21万元的老党员,在他病重入院治疗期间,领导指示要送他到最好的医院接受最好的治疗,吴大观却拒绝了。他说:"不要浪费国家的钱。"

吴大观在自传中回忆道,年轻时读雨果的《悲惨世界》,作品中的名言"人生是施与,不是索取"对自己影响很大,他说:"这句话我记了一辈子,也始终在努力按照这句话去做。"

同样是在自传中,他回忆起自己刚刚为党工作时的情景。航空工业局副局长徐昌裕是延安过来的老干部,他告诉大家:"我们每天到班上,坐在办公桌旁,首先应该想到的是,我们是为人民服务的,为国家工作,责任重大。"吴大观说:"这些话我也是记了一生,获益匪浅。"

吴大观晚年,仍不断学习新技术,充实自己。不懈的求索使他的航空发动机研制技术到了一个更高的层次。他常以"学然后知不足"这一古训自勉。为在有生之年为党和人民多做工作,他年过古稀仍坚持晨起跑步打拳,数十年如一日。他每天工作十一二个小时,每年要出差开会 10 多次,精力充沛。他说:"坚持每天运动,不仅是锻炼身体,而且锻炼一个人的意志和毅力,培养克服困难的勇气。有好的身体才能完成工作任务,才能坚持自我学习,不断增长和更新技术知识。"

  吴大观对党的无限忠诚、对祖国的无比热爱、对航空发动机事业的卓越贡献,为航空发动机研制的后来者树起了一座永远的精神丰碑。他用自己毕生的奋斗,诠释了"人生是施与,不是索取"的高尚情怀。

共和国脊梁 ——沈阳国防工业人的故事

海天英雄也柔情

——记全国优秀共产党员、革命烈士 罗 阳

◎顾 威

引 子

起飞！着舰！起飞！着舰！歼-15舰载机一次次飞向天空，又一次次平稳地降落在辽宁舰平台上。"成功了！"现场参加试验的飞机设计人员和海军、空军指战员热烈欢呼起来。

辽宁舰是我国第一艘航母，歼-15舰载机是中航工业沈阳飞机工业（集团）有限公司研制的产品。歼-15舰载机在航母甲板上成功起降，对我国航母形成战斗力来说，是一个具有标志性意义的重大事件。

这天晚上，沈飞公司准备好隆重的庆功会。可就在这天中午，一切戛然而止——歼-15飞机研制现场总指挥，中航工业沈阳飞机工业（集团）有限公司董事长、总经理罗阳因劳累过度，突发急性心肌梗死，他的生命永远定格在2012年11月25日12时48分，年仅51岁。

悲伤代替了欢乐，噩耗让人扼腕长叹。

"才见虹霓君已去，英雄谢幕海天间！"这是时任中航工业集团公司董事长、党组书记林左鸣为罗阳写下的一首诗中的两句。既是对罗阳献身航空事业的礼赞，也是对罗阳英年早逝、来不及品尝胜利成果的惋惜、叹息。

时任中华人民共和国主席、中华人民共和国中央军事委员会主席胡锦涛嘱中办值班室转达，对罗阳同志不幸逝世表示悼念，向家属表示慰问，送别时请代送花圈。

中共中央总书记、中共中央军委主席习近平做出重要批示："罗阳同志不幸因公殉职，我谨致以沉痛的哀悼，并向他家人表示深切慰问。罗阳同志秉持航空报国的志向，为我国航空事业发展做出了突出贡献，他的英年早逝是党和国家的一个重大损失。要很好地总结和宣传罗阳同志的先进事迹，号召广大党员、干部学习罗阳同志的优秀品质和可贵精神。"

时任中共中央政治局常委、国务院副总理李克强通过秘书打来电话转达对罗阳同志的深切哀悼，对他家属表示慰问，并亲自致函辽宁省委、省政府："我曾多次到沈飞考察，与罗阳同志多次见面，至今记忆尤深，对他的遽然殉职，深感惋惜。请代我向罗阳同志家人和亲属表示沉痛哀悼和深切慰问！罗阳同志一生报国，贡献卓著，是许许多多创业图强、辛勤工作的航空人的杰出代表。希望你们大力弘扬罗阳同志的精神，弘扬航空报国精神，为沈飞创造更好发展条件与环境，为推动国防现代化和国家强盛努力奋斗。"

时任中共中央政治局常委张德江批示:"对罗阳同志英年早逝,表示沉痛哀悼,向罗阳同志的家属表示慰问。对罗阳同志的事迹要认真总结、宣传,弘扬航空工业广大干部职工'航空报国'的爱岗敬业精神,为建设航空工业强国而奋斗。"

2012年11月29日清晨,回龙厅——回龙岗革命公墓最大的告别厅。罗阳的巨幅遗像挂在正前方,告别厅中央,安放着他的灵柩。他安详地躺在中国共产党党旗下,四名仪仗兵守护在他的两旁,四周摆满了花圈和花篮。

中共中央组织部,国务院国资委,空、海军,中华全国总工会,中国人民解放军原总装备部,国防科工局,中航工业,辽宁省委、省政府,原沈阳军区,沈阳市委、市政府等部门领导来到追悼会现场,参加罗阳遗体告别仪式。

原总装备部、海军、空军、国家保密局、河北省政府、总参陆航部、中国红十字学会、北京航空航天大学、中国航天科技集团公司、中国航天科工集团公司、中国船舶重工集团公司、中国船舶工业集团公司、中国商用飞机有限责任公司、辽宁省中医药大学、上海理工大学等纷纷发来唁电和信函,并送花圈和花篮。很多中央国家机关、中央直属单位、军队和兄弟省市的领导,以及罗阳生前同学、同事、好友、职工代表和各界群众纷纷以个人名义发来唁电和信函,送来花圈和花篮。

工、农、商、学、兵社会各界数千人顶着寒风,聚集在殡仪馆前,胸佩白花,泣送英雄。

中央电视台等多家媒体现场直播、报道了追悼大会,全国人民与中航工业各地近万人一道,沉痛悼念人民的好儿子、同事的好兄弟、职工的好领导罗阳。

为一名企业领导举行如此隆重的追悼会,在新中国的历史上不多见。

回龙厅外，参加罗阳追悼会的沈飞职工打起一幅长标语：祖国终将选择那些忠诚于祖国的人！祖国终将记住那些为祖国奉献的人！

让罗总再回家看看，再送罗总一程

罗阳逝世四个小时后，中航工业集团公司董事长、党组书记林左鸣和同事护送着罗阳的遗体，从试验地大连送他回家乡沈阳。按设想，沈飞公司将选派一部分职工代表到高速公路口迎接罗阳，之后将他的遗体送往殡仪馆。可没想到，公司党委书记谢根华不断接到电话，很多职工要求让罗总再回家看看。

沈飞——罗阳的家，他魂牵梦萦的地方。

晚9时许，灵车缓缓驶入，在厂区内环绕而行。北国沈阳寒风刺骨，但是闻讯赶来的数千名职工，一排排站在灵车将要经过的地方，"罗总，一路走好""罗总，我们永远怀念您"……职工打起横幅，目送着缓缓行驶的灵车，向罗阳鞠躬行礼，许多人在抽泣。

沈飞机场跑道两侧，上千辆私家车整齐列队，所有车灯打开，灯光照亮夜空，照亮罗阳前行的路。上千辆汽车喇叭同响，向职工爱戴的罗阳总经理致敬，也是在同唱着一首悼念罗阳的悲歌。

2012年11月29日上午10时，罗阳追悼会将在沈阳回龙岗革命公墓举行。沈飞公司有职工1.6万多名，谁都想再送他们的罗阳总经理一程，然而，因回龙岗革命公墓面积有限，参加追悼会各界代表过多，对公司员工参加追悼会只能限定名额，无法满足每名职工的要求。

沈飞公司表面处理厂分配到15个参加追悼会的名额，当年45岁的保管员康桂茹找到厂工会主席庞昕，再三要求参加追悼会，她一定要亲自送罗阳最后一程。

一提起罗总，康桂茹的眼泪止不住地流下来，她说："罗总对我们家帮助太多了，没有他的帮助，我们这个家早完了。"

康桂茹是个有太多不幸的女人。在沈飞当工人的丈夫刘兴延有精神疾病，住院已经十八九年，所开工资都不够他住院治病。康桂茹家在农村，没有工作，儿子智障。

2002年，罗阳调到沈飞公司担任党委书记兼副董事长，就从这年开始，他和康桂茹家结成了帮扶对子。罗阳担任董事长、总经理了，他们还是帮扶对子。"10年了，我们家不仅月月有补助，罗总年年春节都到我家，一次都没落过，送米面油，送慰问金，今年春节，还给我和儿子一人送了一件棉大衣。每次来都问我生活还有什么困难，还缺什么，他每次来，都让我看到了生活的希望。"

在罗阳的协调下，康桂茹先在一家物业公司做保洁，儿子也跟她一起干，因此有了稳定收入，生活有了保障。2012年，物业实行社会化管理，工作繁忙的罗阳没有忘记康桂茹，在他的协调下，康桂茹被安排到表面处理厂做了保管员。得到这工作，康桂茹心里更踏实了，因为她现在是"沈飞人"了。

为参加罗阳的追悼会，十三厂人称"磨工大拿"的孙阿刚师傅几乎和刘厂长吵起来。这一天，孙师傅加了一晚上班，刚刚回家就听说了罗阳追悼会的事，他又匆匆赶回厂，找到刘厂长："刘厂长，罗总的追悼会我得参加。"

刘厂长回答："孙师傅，罗总的追悼会很多人都想参加，可名额有限。"

"别的事情我可以让，送罗总最后一程的心愿你一定得满足我！"孙阿刚态度坚决，他动情地对刘厂长说，"我和罗总只打过一次交道，只提过一次关于'功勋员工'待遇的意见，可罗总不仅热情地接待了我，还很快解决了这个问题。我要代表'功勋员工'当面向罗总道一声'感谢'！"

沈飞公司有个规定，被评为年度公司劳动模范的员工可享受疗休养待遇，此举体现了公司对先进模范员工的关怀。后来，公司又出台一个规定，累计五年获评公司劳动模范的员工授予"功勋员工"称号，工作始终兢兢业业的孙阿刚获得了这一殊荣。可让孙师傅不解的是，荣誉称号提高了，疗休养待遇却没有了。有人到公司工会询问原因，回答说没有文件规定，他们也不好操作。被评上"功勋员工"的劳模还有好几个，他们都感到取消疗休养这个待遇不公平，于是鼓动孙师傅找罗总提意见。

孙师傅说，他只是一个生产一线员工，对罗阳总经理只是在公司电视新闻上见过面，没有多少了解，直接找他提意见，孙师傅很打怵。然而，荣誉高了待遇却下来了也确实是个问题，而且很多人都有意见。思来想去，孙师傅终于鼓起勇气，决定找罗阳总经理当面反映"功勋员工"的意见。

第二天，孙师傅怀着忐忑不安的心情敲响了罗阳办公室的门。门开了，是罗阳的秘书，他询问孙师傅有什么事，孙阿刚照实回答。秘书进屋只一会儿就出来告诉孙师傅："罗总请你进去。"

孙阿刚一进办公室，罗阳已离开办公桌迎了过来，热情地和孙阿刚握手，示意孙阿刚坐下说。

听完孙阿刚的意见，罗阳说："您的建议很好，我们研究一下。"又叮嘱孙师傅，"您年龄大了，一线工作很辛苦，要多注意身体。代我问候大家。"

关于劳模待遇文件修改了，对"功勋员工"疗休养规定两年安排一次。孙师傅说："我们几个'功勋员工'和当年评上的公司劳模又一同参加疗休养，还被安排去了一趟韩国旅游。"

"罗总心里装着我们工人,这件事我永远都忘不了。"孙阿刚说。

罗总关心员工的故事一串串

2012年7月的一天,19时30分左右,时任沈飞工会主席王恩富正在宾馆接待客人,罗阳秘书打来电话,第一句问的是"喝酒没",王主席回答"没喝","那你赶紧到新机试制部现场,罗总叫你过去。"秘书说。王主席知道,罗阳要求所有干部在职工面前一定要有个良好形象,他严于律己,同时严格要求所有干部。

罗阳刚出差回来,每次出差回来他都先到工厂、到车间转转,之后再回家,这是他多年的习惯。在与新机试制部现场职工闲聊中,罗阳得知因为任务繁重,职工经常需要加班加点,但累了、困了,却只能坐着打盹儿;晚餐就是盒饭,太单调,天天总吃一样的饭菜,职工没胃口;有些职工患个头痛感冒、拉肚子什么的,都是硬挺,基本没人请假休息。了解到这个情况,罗阳心疼了。他知道,没有这些技术工人,工程技术人员再好的设计也只能停留在图纸阶段,技术工人是企业的宝贵财富,怎么能让他们如此工作呢?

王恩富来了,罗阳将职工的情况告诉他,让他想办法弄些行军床,让职工困了、累了能躺下休息休息,还一再嘱咐,一定要配上被褥。罗阳还要求工会再给弄点开胃的小咸菜什么的,并特意叮嘱,有的职工有糖尿病,要照顾他们的特殊饮食需要。

这就是罗总,对职工关心得如此之细。

按照罗阳的指示,王主席立即召开由工会、新机试制部和沈飞职工医院二四二医院等部门领导参加的会议,进一步了解大干职工情况，根据职工的实际需求，将任务具体落实到人，并明确了时间节点。

不到8小时，选购了两台饮水机、30张行军床及被褥，并送到大干现场。不到10小时，又将选购的调剂职工晚餐的"老干妈"辣酱、"六必居"咸菜、曲奇、"雀巢"咖啡、"伊利"和"蒙牛"牛奶送到大干现场，并承诺每周按这个标准配送一次。而这些小菜和牛奶等，患有糖尿病的职工照样可以吃。给所有大干的车间配备了小药箱和常用药，还明确由二四二医院医生每月一次到现场为职工检查身体，送医送药，保证职工患小病可及时解决病痛，患较重疾病及时发现并得到治疗。

这一切都办完了，王主席把工作落实情况向罗阳做了汇报，罗阳脸上露出满意的微笑，又叮嘱王主席把关心职工的工作做得更实、更细、更好，保证职工以更旺盛的精力完成各项科研生产任务。

王主席说，罗阳总经理关爱职工，时刻把职工的冷暖放在心上，因此，工会与罗阳商量如保障职工权益、提高职工待遇的事很少有障碍。而且，经常是工会代表职工提出什么要求后，罗阳还会增加一些。罗阳经常说的一句话就是，要让企业改革发展的成果更大限度地惠及广大职工。

开展工资协商签订集体合同是维护职工合法权益的一项重要制度。每年，工会将代表职工与企业签订集体合同，内容包括职工劳动报酬、工作时间、休息休假、劳动安全与卫生、保险和福利、女职工特殊保护、职工技能培训等。

沈飞工会每年向职工代表征集提案，梳理归类后，与企管处共同组织相关部门实施。民管宣教部部长赵航说，与职工相关的提案落实得最好，因为罗总对职工特别关心，因此，全公司形成了一个关爱职工的好风气。

赵航拿出一本本装订规整的提案册，如数家珍般的介绍着一个个与职工相关的提案落实情况。

沈飞公司有职工1.6万多人，原来，公司有3个职工食堂，但吃饭时仍显拥挤。2012年上半年工会征集提案，职工代表联名提出增建新食堂，解决职工"就餐难"建议。罗阳对这一提案非常重视，专门召开经理办公会认真研究、论证。很快，新食堂地址选好动工了。这个新食堂6600平方米，是栋3层小楼，沈飞公司为此投资近5000万元，2013年8月投入使用。

沈飞有5栋建于20世纪50年代的单身宿舍，很多设施已老旧。沈飞每年招聘新职工六七百人，其中相当一部分是大学毕业生，一些家在外地的大学毕业生需要住单身宿舍。根据职工代表提出的提案，从2011年开始，沈飞公司投入上千万元，对单身宿舍全面修缮、改造，使老旧的单身宿舍变成了现代化公寓，每间宿舍都配有电视、宽带、学习桌。不愿意住单身宿舍想在外边租房子的，每月补助400元。

还有职工洗澡堂改造、高温作业车间安装空调、动力站锅炉房增加通风设施……罗阳等领导将为职工办实事称为"沈飞的民生工程"，只要职工需要，公司就想方设法解决。

在工会工作的同志都知道，"兑现难"是落实集体合同条款的问题之一，但在沈飞公司，王主席并不担心"兑现难"，因为罗阳经常询问一项项条款进展情况，督促有关部门抓紧落实。

不仅集体合同条款项项落实，2011年困难员工帮扶资金又增加了。过去，公司行政每年投入200万元、工会投入100万元，总计300万元作为困难职工帮扶资金。2011年时，经协商，公司行政和工会在2010年基础上各增加50%帮扶救助资金投入，这样，帮扶救助资金就从过去的300万元增加到450万元。这项措施出台后，对困难职工帮扶救助又加大了力度。

从事部装的三十三厂职工至今依然记得罗阳总经理督促安装空调代替老式电风扇的事。由于军工生产任务越来越多，部装厂从年初就开始大干，夏季高温时也不能休息。由于是封闭式作业，车间内温度很高，而降温用的还是老式电风扇。在2012年公司职工代表大会上，根据职工提案，公司决定为这个厂安装空调。2012年6月，罗阳到这个厂了解生产进度情况，发现空调安装进展缓慢，而高温季就要来临。罗阳马上安排专人负责这个项目，明确要求在高温季之前必须完成任务，不能让工人师傅再受高温的煎熬。任务安排下去后，罗阳还多次打电话询问工程进度，督促有关部门加紧施工。8月，高温季来临，厂房里一排排崭新的空调开始运转，为车间送来习习凉风，工人师傅再也不用忍受高温之苦了。

三十三厂的职工还记得，2012年"十一"前，还有10多架飞机没有完成，职工只得放弃节日休息，加班加点突击完成任务。罗阳得知职工这么辛苦，就和三十三厂罗厂长商量，能不能给大家放一天假，让同志们过个节日。当了解到交货期已临近，时间非常紧，抽不出一天时间给员工放假时，罗阳又提出，"十一"这天不要让职工加班了，让同志们按时回家，和家人过一个团圆节。厂里尊重罗阳的意见，在中秋和国庆节这天没有安排加班。可他们知道，罗总让他们休息，自己在节日期间却一天都没休息，亲切看望和慰问节日期间没有休息的生产线上的职工。

四十五厂曾经担任迎审办公室工作人员的孙先夺讲述了一件至今仍让他感动的事。2011年11月，中航工业集团考核组对沈飞公司领导班子进行考核，孙先夺与几位同事负责安排人员接受考核组的谈话。里面谈话时，孙先夺他们就候在外面，随时听候考核组的指示。一站一天，让人腰酸腿痛。罗阳谈话结束后，出门看到站立在外的孙先夺他们，说了声"你们辛苦了"。只过了一会儿，工作人员给搬过来几把椅子，让他们轮流休息一下。"一位一万多人大企业老总，需要想、需要做的事儿多多呀，可还想着我们久站辛苦的小事，一想起来就非常感动。"孙先夺说。

听到罗阳突然逝世的消息，时任部装厂工会主席许育生哭了。他说，作为一名基层干部，和总经理打交道机会不多，可就因为一件事，让他每每想起来就非常感动。

2011年8月1日，沈飞公司在大连举办"厂长书记研讨会"，可就在会议进行的第二天，许育生接到电话，说住在外地的父母来沈阳看望他。三年多没见面了，二老已年过七十，来一趟不容易，许育生多想马上赶回沈阳啊！可会议刚开始，又是一年一度的重要会议，罗总能给假吗？如不给假怎么办？思来想去，他还是鼓足勇气和罗阳说了这件事，让他没想到的是，罗阳当时就说："这是好事。平时工作忙，父母又在外地，难得见面。现在来看你了，赶紧回去吧，尽尽孝道。也代我向他们问好。"又问："票买了吗？"许育生回答"还没买"，罗阳说："这样吧，我让秘书安排一辆会务组的车送你去车站，早买到票早回家。"

由于罗总的安排，许育生买到了当天下午1时的大连到沈阳的最后一张票。

公司工会原副主席付野至今依然清楚地记得罗总因为2008年没有按时为职工办实事而做自我批评的事。2008年，国际金融危机，我国企业生产经营也受到一定程度影响。沈飞公司多年形成了一个惯例，即每年为职工办5件实事。然而，因为2008年这个特殊年份，经费比较紧张，工会与相关部门商量，决定这年就不办了。一般情况下，9月是给职工落实实事的时候，可9月过了，公司并没有办，职工议论纷纷。罗阳出差回来，依然按习惯先到车间转转，自然听到了这个意见。回到办公室，他立即找来相关部门领导，研究补救措施，督促相关部门尽快办好。

这一段时间，罗阳经常出差，并不了解这事，然而，在一次领导班子生活会上，罗阳同志主动承担了责任，做了自我批评。他说，因为企业经济效益受到一定影响才让相关部门感到经费不足、产生今年不再为职工办实事的想法，这是他这个总经理没有把工作做好。

罗阳太忙了——10月，他担任两个重大任务现场试验总指挥，成功完成，随后赶往珠海参加航展；11月17日下午他从珠海飞回沈阳，没有回家，再飞往大连，从机场直接前往试验基地；18日他一早搭乘直升机登上辽宁舰，为歼-15的起降试验做准备。可就是这么紧张忙碌，他还想着在航母进行舰载机试验的职工，给多日在辽宁舰上工作的职工带来45公斤新鲜水果。

罗阳曾多次讲过这样一个故事：有一个技艺高超的钟表匠，他做的钟表不仅精美而且走时分秒不差，他也因此闻名全城。然而，由于受人诬陷被捕入狱。监狱管理者知道他的制表手艺，于是，安排他在监狱制作钟表。然而，这位技艺高超的钟表匠无论怎么努力，做出的钟表也达不到原来的水平。原因很简单，在监狱是在被胁迫和监管的情况下工作，而怀着惶恐和压抑的心情是做不好事的。罗阳用这个故事告诉干部，严格的管理制度可以管住职工，却不能让职工发自内心地努力做好自己的工作。只有真正关心关爱职工，为他们创造良好的工作、生活条件，让职工有一个良好心态，才是提高生产效率，从根本上减少甚至杜绝质量问题的良药。

企业爱他的职工，职工才能爱他的企业，才能努力为自己的企业发展勤奋尽责地工作。

最要感谢的是我们的干部职工

2012年2月3日，沈飞公司六届三次职工代表大会在公司文化宫召开，罗阳做题为《强化管理，锐意创新，全力推进公司迈向科学发展新阶段》的报告。好多职工记得罗总在做报告时那感人的一幕。

回顾2011年工作时，罗阳充满深情地说："按照年初确定的目标，我们以坚定的信念、辛勤的汗水和不屈不挠的意志，攻坚克难，赢取了各项工作的新成绩。在公司各项工作取得成绩和经验的同时，我们不会忘记是上级机关给了我们正确的领导和无限的关怀，不会忘记是驻公司军代表室和试飞大队给了我们密切配合和大力支持，不会忘记是六〇一所及行业内外兄弟单位与我们一起齐心合力、同舟共济，更不会忘记公司全体干部职工一如既往地拼搏奉献和敬业忠诚。在这里，我代表公司向给予公司发展倾心关注和支持，并做出贡献的各位领导、各位朋友，以及公司全体干部职工表示诚挚的敬意和衷心的感谢！"说完，罗阳离开讲台，走到台前，向在场的职工代表深深地鞠了一躬。顿时，热烈的掌声在会场长时间响起。

感谢各方面的支持，尤其感谢公司干部职工，罗阳是发自内心的，他经常说的一句话就是："沈飞发展到今天不是哪一个人的功劳。"

2011年，是沈飞创建60周年大庆，公司决定编辑一本展示沈飞60年辉煌历程的画册——《足迹》。罗阳总经理和党委书记谢根华非常重视《足迹》画册的编辑工作，指示要突出沈飞取得的丰硕成果，突出沈飞的重要事件，突出广大职工等。在公司办公室工作的崔岩是《足迹》的编辑之一，在编辑《足迹》过程中，再一次感受到了罗阳为人的谦虚、低调。

罗阳2002年7月起担任沈飞公司党委书记、副董事长；2007年11月，开始担任沈飞公司董事长、总经理、党委副书记。而罗阳担任董事长、总经理后是沈飞公司取得成就最多、职工收入增长最快的几年。编辑们一再向罗阳总经理强调，企业家的形象就是企业的形象，应该在画册中体现。然而，当设计方案报罗阳审查时，他强调："沈飞的发展离不开党和国家以及上级领导机关领导的重视和关心，是几代人艰苦奋斗、薪火相传、前赴后继共同打造的结果，不是哪一个人的功劳。"他还强调："我的照片不能单独和以特写的形式出现，而且最多不能出现两次。"

根据罗阳的意见，《足迹》画册出版后，职工看到他们的罗总图片仅出现两次，而且都是群像，他只是其中一个。

罗阳担任总经理后，沈飞发展一年上一个台阶，不仅上级肯定，员工高兴，也引起众多媒体关注，多家媒体打电话或发函，要求采访报道罗阳。办公室同志将采访函放到罗阳桌上，或将一些媒体记者电话预约采访的要求报告给罗阳，然而，直到去世罗阳也没答应一家媒体采访他，理由依然是："沈飞发展到今天不是哪一个人的功劳。"

不仅不接受媒体采访，就是评先进什么的，他也坚持向一线倾斜，自己不要。有一次，由于他出差在外，上级机关有个荣誉称号点名让报他，经理办公室同志就直接上报了。他回来后知道了这件事，狠狠地把他们批评了一顿。

"航空工业英模""全国优秀共产党员"、全国五一劳动奖章、"中央企业劳动模范""中央企业优秀共产党员"……这么多荣誉称号都是罗阳去世后中组部、中华全国总工会、国资委等追授的。

罗阳生前留下来的影像资料很少，牺牲后，甚至找不到他近年来一张像样点的照片。他的遗像，还是从他生前参加过的活动中找出来处理过的。

如今，一些领导稍有成绩就要求报纸有名、电台有声、电视有影，而罗阳贡献卓著，这么多媒体主动找上门来却被他一一婉拒，这是多么鲜明的对比呀！

还有一些领导，下属如何辛苦地工作，如何热情地为他做事，都当作理所应当，只要稍不如意就大发雷霆。而罗阳对职工的辛劳、对下属为他做的服务，总是充满感激之情。

2010年11月，接近年终岁尾。为确保完成军机任务，沈飞公司在总装厂开展评选"每日之星"活动，每天评选，每天奖励，以激励职工在紧要关头，发挥最大潜能。在11月的一个晚上，罗阳来到总装厂了解任务完成情况。当得知有些职工为了突击完成任务，连续加班，吃住在厂，甚至父母生病、妻子怀孕、孩子住院都无暇照顾时，罗阳心疼了，他立即给党委相关部门领导打电话强调："从明天开始，不但要继续坚持每天在现场评选表奖'每日之星'，还要写感谢信，由党委牵头会同总装厂将感谢信送到获奖职工家属手上，同时了解职工家中困难，全力解决。"

公司"每日之星"评选活动在总装厂历时22天，共产生48个"生产之星"、18个"服务之星"。66封感谢信送到受奖职工家中，同时，一些职工家的后顾之忧也一个个被及时解决。家属一声声感谢伴着感激的泪水更激发了职工的大干热情，总装任务顺利完成。

在沈飞公司，还有一件令辛勤工作在基层的厂长非常感动的事。罗阳在沈飞公司是出了名的"拼命三郎"，节假日不休息是常态，早来晚走是常态。一个"拼命三郎"带出了一批"拼命三郎"，沈飞公司的干部干得都很辛苦，尤其是直接承担生产任务的各厂厂长。罗阳担任总经理后，沈飞公司一年上一个台阶，生产任务自然年年加码，而组织生产完全靠这些厂长。在企业工作多年的罗阳知道，工作越具体越难做，越辛苦。他的时间和精力全都用在了企业，几乎把家里需要做的一切一切都扔给了妻子，而在一线工作的厂长不更是管不了家吗？公司一个个勤奋努力的优秀干部亏欠了妻子、亏欠了家人哪！每年年底，公司的科研和生产任务完成后，罗阳都要求组织部召开一个"厂长夫人座谈会"，他带领领导班子全体成员出席这个座谈会。座谈会上，罗阳向厂长夫人们汇报公司一年来的工作、取得的成就，介绍厂长们工作的辛劳，每次罗阳都说："正是夫人们对厂长的理解和支持，才使厂长们无后顾之忧，全身心地投入到组织科研和生产任务之中。军功章里有厂长的一半，也有夫人们的一半哪！"会后，罗阳还为厂长夫人们送上慰问品，表达公司对夫人们的感谢。

　　总经理办公室是主要为总经理服务的部门，罗阳忙，他们也忙；罗阳辛苦，他们也辛苦。但无论如何辛苦，也是职责所在，然而，罗阳并没有把他们的辛苦当作理所应当，时常对他们的服务表达自己的感谢。

　　罗阳不抽烟，茶也很少喝，有同学、朋友来看望他，送来了实在推辞不掉的烟、茶，他就送给办公室的同志，对他们说，你们工作很辛苦，困了、累了就抽支烟、喝杯茶解解乏。

　　2007年2月，罗阳要参加中航工业集团公司在北京召开的峰会并发表主题演讲。前一天，按罗阳要求，发言稿又进行了修改，第二天罗阳确认后办公室工作人员开始准备把PPT稿打印出来，可没想到，公司当时仅有的一台彩色打印机出现故障，PPT稿无法打出来，而罗阳出发到机场时间快到了。罗阳说不必打印了，便匆忙赶赴沈阳桃仙国际机场。罗阳走后，打印机修好了，工作人员赶紧打印，在飞机起飞前将稿子送到了罗阳手中。

　　开会发言时，罗阳时而操作电脑键盘，时而在会场舞台上的大屏幕前讲解，而修改后打印出来的PPT稿起到了重要的提示作用，使发言与PPT完美衔接，演讲效果非常好。开会回来后，罗阳特意询问办公室主任是谁最后把PPT稿打印出来的，知道这个人后，罗阳特意把她请到办公室，当面向她表示感谢。

一个国家、军队很关注的项目经过三个半月奋战终于完成，项目负责人李铁军副总经理与孔繁霁副总工程师要宴请八厂研制人员，李铁军副总经理特意对大家说："罗总今天也有宴请，但听说我们今天宴请的是八厂项目研制人员，特意把宾馆最大包房让了出来，一会儿还要过来和大家一起喝酒。"

听说罗总要和他们一起喝酒，参加研制的杜建宁、赵欣戎等又高兴又不大敢相信。所说的八厂不过是沈飞的一个车间，而他们就是普通的员工，即使在研制中做了些工作那也是分内之事呀，一个这么大企业老总会和他们一起喝庆功酒？可只过了一会儿，包房门开了，罗阳满面笑容地进来了。八厂黄厂长向罗总介绍了八厂的员工代表，介绍到工具室主任刘宏晔时，罗总说："老劳模了，沈飞的功臣哪！"介绍到李鹰时，罗总说："我知道，老刘家姑爷子嘛。"杜建宁当时还是个大学毕业后入职时间不长的年轻人，成为沈飞员工后，他还是第一次见到罗总，介绍到他时，罗阳说："小伙子，干得不错，继续努力呀。"

那天，不管胜不胜酒力的，都喝了不少。罗总为他们庆功，他们高兴。

批评人讲理也讲情

罗阳做事一丝不苟，严格执行各项规章制度，同样，也要求所有干部养成一个好的工作作风。他有个规定，在领导班子会和干部例会上，如果谁迟到或在会议进行中手机响起，那就需要起立，一直站到会议结束。罗阳自己也从来不迟到,更不用说在开会期间打手机,他说:"态度就是做好工作的保证,如果我连开会都不能保证按时到,让大家等我,我又怎么能说会把工作做好?"

作为拥有1.6万名职工的大型军工企业,干部职工素质不一,有些工作做不到位,作为公司老总给予批评也是正常的。然而,罗阳的批评也有他的特色,就是讲理也讲情。有一次,公司有一个厂出了一起工伤事故。按照制度规定,出现工伤事故应对相关责任人进行严肃处理。事故发生后,这个厂200多名干部职工联名上书,反映厂长是个好领导,关心职工,尽职尽责,在他的带领下厂里才能取得好成绩,请求公司免予或从轻处理。

罗阳经过一番思考后做出了这样的答复:"这个厂的厂长的确是个好干部,在职工中有很高的威信,公司年度综合评价这个厂也名列前茅;事故发生后,在深知会受到严肃处理的情况下,仍尽职尽责,在妥善处理事故的同时,科研生产任务完成得也非常好。但功是功、过是过,出了工伤事故,作为第一责任人就要承担相应责任,不能因为是好干部就不处理,那样规章制度就失去了严肃性。"

这个厂长虽然受到了相应的处分,但心服口服,罗阳总经理对他的评价让他感到温暖。被处分后,他没有背上思想包袱,工作更加努力。

罗阳在大连医院抢救时,沈飞公司副总经理苗玉华就在急诊室外焦急地等候。当看到抢救医生打印出的最后一页心电图直线时,这个坚强的东北汉子泪水模糊了双眼,心里呼喊着:"罗总,我来晚了!我来晚了!我要是早点来,替你分担些工作,你就不会这么累,就不会离开我们哪!"

在对罗阳的回忆中,苗玉华称罗阳是他的好班长、好兄长、好师长、好家长。在一次班子会上,苗玉华与祁副总因工作上的意见不一致，吵了个半红脸，相互都很不愉快。当时罗阳对谁都没批评。可过了几天，罗阳找苗玉华谈话，讲起电影《南征北战》的故事，强调团队成员间团结协作和密切配合的重要性，告诉他一个失败的团队不会有成功的个人，还耐心地指导他如何解决与祁副总的矛盾。之后，祁副总主动找到苗玉华，告诉苗玉华，罗阳也找他谈了。两人心平气和地交流了对工作的看法，隔阂消除，之后工作上同心协力、相互配合做得很好。

2011年3月，罗阳安排苗玉华等三名副总经理到加拿大庞巴迪公司，学习他们先进的管理方法和先进的制造技术。可当时领导班子成员才五个人，一起走了三个，全公司的重担就压在两名领导尤其是总经理罗阳肩上，他得多辛苦哇。

苗玉华说，在这个大家庭中，罗阳不仅关心他们的工作，还关心他们的成长，创造各种机会让他们开阔视野，增长本领。

罗阳担任六〇一所党委组织部部长时，袁立是六〇一所跟产队队长；罗阳任六〇一所党委书记时，袁立是副总设计师；罗阳调任沈飞公司担任党委书记时，袁立也随后调任沈飞担任副总经理；罗阳担任董事长、总经理时，袁立任副总经理、总工程师。两家又是楼上楼下，逢年过节，两家习惯了凑在一起欢庆，举杯畅饮，给老人祝寿，给孩子们买东西；两人的媳妇以妯娌相称，孩子以兄妹相待，把双方父母也视作自己的爹娘。两家都放有对方的门钥匙，两家处得一家人一样。袁立说，因为对有的工作意见不一致，两人互相指着鼻子吵过，还拍过桌子，可一下班，罗阳依然笑呵呵地来找袁立，相约一起回家，或一起去锻炼身体。袁立说，我真是三生有幸，遇到这么一个心底无私、心胸开阔、有情有义的好领导、好同事、好大哥、好朋友。

罗阳逝世那天晚上，袁立拿来放在他家的罗阳家的钥匙，一个人流着眼泪，默默地布置罗阳的灵堂。"我们是相亲相爱的一家人，可没了你，今年春节怎么过？我们怎么面对以泪洗面的嫂子、正在读书的侄女、身体多病的伯母？罗阳，我的好大哥，我真不知道怎么办了！大哥，我们不要你死，你回来吧。"袁立就这样一边布置灵堂一边在心里哭诉。布置完，向罗阳的遗像深深地三鞠躬。

时任沈飞公司经营部部长邓玉东曾随罗阳一起去加拿大考察，由于日程安排非常紧，考察完离登机回国时间就剩几个小时了，可出趟国，谁不想买点国外的东西给家人、给朋友？因为剩下的时间不多，罗阳很抱歉，对邓玉东他们说："也没给你们留下点购物时间，这样吧，我们一起去附近超市看看买点什么。"

罗阳不抽烟，邓玉东烟瘾非常大。随罗阳出差，遇到可抽烟的地方总不自觉地瞄两眼，又怕让罗阳看见。可令他想不到的是，罗阳对他非常理解，遇到让抽烟的地方，罗阳就主动对他说："给你三分钟，抽一支烟时间够不？"遇到这种情况，邓玉东总是一边笑着点头一边迅速拿出烟，点着狠吸。

在2012年初职工代表大会上，罗阳做工作报告。总结2011年工作，部署2012年任务，这是一个多么严肃的会议、多么重要的报告！可不知道为什么，做报告使用的笔记本电脑突然黑屏，报告做不下去了。这时最紧张的自然是负责会议筹备的工作人员，因为保证会议使用的包括电脑在内的电器设施好用是工作人员事先要做的工作。甚至包括台下的代表也认为工作人员会议准备工作没有做好，肯定得挨批了，代表的目光很自然地聚集在罗阳脸上。可在工作人员紧急调试电脑的过程中，罗阳始终面带微笑。电脑很快正常了，罗阳笑着说："一谈到公司面临的挑战，电脑都有些承受不住了。"一句幽默的话把全场都逗笑了。

"罗总很有人情味""罗总对人很宽容""罗总没有老总架子，很平易近人"……这是与罗阳打过交道的干部职工对罗阳的评价。

他慢待了一个人

罗阳去世后的几天，前去他家吊唁的人很多，看到他的住所后都很感慨："太陈旧了，面积也不大，也没有像样的家具！"

罗阳是大型军工企业的老总，按照他的地位，完全有能力住更好的房子，可他住的房子还是十几年前他在六〇一所工作时分给他的。

到沈飞公司工作后，公司考虑他上班远，几次研究解决他的住房问题，都被他拒绝了。他的妻子王希利几次跟他说："我们不要新房，但是不是把这个房子装修一下？"

"可以，可以。"他满口答应，可直到去世，房屋面貌依旧。

罗阳1998年起就住这套房子，之后再没换过。很多人换了一套又一套，房子越换越大，越换越好，但罗阳的心思根本不在这上面，他的心里装的只有他挚爱的事业。

罗阳不爱麻烦人。家里的窗户漏风，公司有负责房屋维修的后勤部门，只要让秘书和他们打个招呼，他们自然就会来修。但罗阳却自己从商店买了密封胶条，把窗户缝糊上了，没给单位和同事添一点麻烦。

他担任企业一把手以来，一直戴着一块黑色的卡西欧运动手表，表带儿是黑色布制的，边缘已经磨损，还露出白色的线边儿，他就自己用黑色的碳素笔把白线边儿描成黑色，还自赞道："这样也挺好的！"

后来，表带儿断了，身边的人就让他换一块手表。没几天，不知道他从哪儿弄了一个钢制的表带儿，与这块手表很不搭配，他就这样戴着，并不在意表带与表配不配。

邓玉东说，和罗总一起出差，为了节省时间，到吃饭时他总是说，就在附近找个地方，越简单越好。因此，午饭、晚饭经常就是在街边小吃摊凑合一顿。有一次，他们和罗阳开玩笑说："罗总，在这样的地方吃饭也不符合您的身份哪。"罗阳哈哈一笑，说："我是什么身份？我就是一食客。你们是不是想说领导就不要亲自吃了，让你们替我吃了。"说得大家大笑。

2007年，罗阳开始担任沈飞公司董事长、总经理，按说应该换办公室，可罗阳说不用换，在哪办公都一样。一换又要添这添那，造成不必要的浪费。因此，直到去世，罗阳还是在担任党委书记时的办公室办公，用的还是前任用过的那套旧桌椅、旧书柜。

罗阳是个孝子。他的父亲是离休干部，父母生活在干休所里。罗阳结婚后，夫妻俩去干休所看望父母成了生活中的"规定动作"。

"一个只有对父母孝顺的人，对国家才能做到忠诚。"他的妻子很赞赏他这一点。父亲去世后，罗阳只要不出差，哪怕再忙，也要天天回家看上母亲一眼。

罗阳带队去加拿大考察，由于考察时间安排过紧，考察完离登机回国只剩几个小时，但他想着妻子颈椎不好，特意到一家超市给妻子买了有助颈椎病康复的枕头。

罗阳太忙了，几乎没有时间照顾女儿，而少有的一次为女儿开家长会，他拉着女儿的手一同走进学校，让人看到了一幅父女情深的温馨画面。

罗阳非常关心同事和职工的身体健康，他几次给大家讲了"1和0"的关系，他说1就是健康，而职务、荣誉、金钱、地位什么的都是"1"后边的"0"。如果没有了"1"，那就什么都没有了。于是，缩短体检周期、增加体检项目、改善生产环境、强化安全生产……在关系职工健康的事上，罗阳舍得投资，可对自己的健康却忽略了。

常年超负荷工作，健康严重透支，血压高、血脂高，病魔悄悄向他袭来。在一家大医院担任领导的妻子王希利多次提醒他注意身体，多次催他去检查身体，他答应了，然而一忙起来，又把妻子的叮嘱忘到脑后。

妻子王希利作为医生挽救过无数人的生命，却没能留住自己的丈夫，她对没有强制罗阳体检后悔不已，在罗阳遗体前泣不成声："他已经两年没体检了，要是早一点做体检，发现心脏有问题，早做治疗，就不会有现在的遗憾了。"

罗阳对职工好、对同事好、对母亲好、疼爱妻子和女儿，但是他却慢待了一个人，就是他自己。

"老罗，你太累了！"这是非常了解罗阳的妻子多次说的话。

工作拼命，超负荷付出，是因为罗阳知道自己肩负的责任。上任的头几年，是企业最为艰苦的几年，主业产品正面临重要战略转型，科研新机型号多、周期紧、难度高、风险大，批量生产任务5倍剧增……

罗阳更知道，中国的快速发展引起一些国家的敌视，使周边安全局势越来越紧张。要在复杂的局势中占据主动，就必须拿出高质量的军机产品，提高部队的战斗力，而我们的产品与发达国家相比还有很大差距。军机研制是"政治工程""生命工程""责任工程"，关系国本，追赶先进，必须只争朝夕。

他拼了！为了国家的安全，为了党和人民的希望，为了担负起航空人的使命。

在他的带领下，企业科研生产任务连年报捷，全面实现了国家某重点工程二期和"十一五"任务目标，创下了企业近30年来年交付飞机数量最多的新纪录。

他用人生的最后五年，实现了多个型号新机成功首飞，两个型号飞机设计定型，数百架飞机交付部队，企业营业收入破百亿元，出口交付额破 1 亿美元……实现了企业从单一机种向多个型号的转变，从单一国内市场向国际军贸市场的开拓。

他用人生的最后五年，带领企业实现营业收入、工业总产值等主要经济指标跃升 39.5%，利润跃升 61.8%，实现了企业又好又快发展。

就在去世一个月前，他带领公司员工在四天之内实现了两型新机完美升空，创造了航空工业新机研制的奇迹，为我国一跃成为世界上第二个具备同时研制两款四代战机能力的国家做出了重要贡献，托举起祖国歼击机研制生产的"半壁江山"。

罗阳的最后一个生日是在外地出差中度过的，当时同事们无意中知道了他的生日，就匆忙为他订了一个生日蛋糕，为他庆生，大家一同唱起《生日快乐》歌。

吹蜡烛前，罗阳许下一个愿："我今生有幸与公司同月同日生，这个愿望就送给我们的公司，衷心祝愿我们公司越来越好！"

这就是罗阳，一心想的是沈飞，拼命干的是发展我国航空事业。

古人言："人固有一死，或重于泰山，或轻于鸿毛。"罗阳是为了党和人民的事业而死，他的死重于泰山。罗阳英年早逝，让全国亿万与他素昧平生的人感到惋惜，也为祖国有这样的优秀儿女感到骄傲。

2017 年，罗阳被评为"感动中国人物"。颁奖词是这样说的，如果你没有离开，依然会带吴钩，巡万里关山。多希望你只是小憩，醉一下再挑灯看剑，梦一回再吹角连营。你听到了吗？那战机的呼啸，没有悲伤，是为你而奏响！

推选委员陈小川说，战机起飞和英雄陨落，让我们的心灵受到同等的震撼。罗阳是中国知识分子报国情怀的高度凝聚，是"两弹一星"元勋们的精神后人。中国需要更多的罗阳。

罗阳走了。他是几代航空人推动我国航空工业发展的杰出代表和英雄模范，是矢志于中华民族伟大复兴的航空英才。他以自己独特的方式告知世界，中国航空工业的崛起有着50万身负报国强军梦想的勇士，他们始终为着国家利益而战，为着民族利益而战，为着人民利益而战，以切实的行动践行着"航空报国，强军富民"的伟大宗旨，实现着为党和国家努力奋斗的铮铮誓言。

罗阳走了。他敢为人先、开拓进取、居功不傲的崇高精神，敬业奉献、胸怀坦荡、勇于担当的优良作风，谦和恭谨、体察民情、虚怀若谷的优秀品质，诠释了"沈飞骄子"的完美形象，为航空人留下了宝贵的精神财富，激励中国航空人为祖国的崛起而奋勇拼搏，鞭策中国航空人为建设航空强国而努力奉献。

"焊接大王"

——记全国劳动模范 阎德义

◎ 陈凤军

"爸爸,他是谁呀?"站在沈阳劳动公园劳模园阎德义的塑像前,一个小女孩在好奇地问爸爸。

"他是全国劳动模范哪。"

"全国劳动模范是干什么的?"

"他们是为国家做过大贡献的人。我们要记住他们。"

是的,人们永远不会忘了他——全国劳动模范阎德义。

习近平总书记指出,劳动模范是民族的精英、人民的楷模,是共和国的功臣。作为千千万万奋斗在各行各业劳动群众中的杰出代表,他们在平凡的岗位上创造了不平凡的业绩,以实际行动展现了劳模精神、劳动精神、工匠精神,诠释了中国人民具有的伟大创造精神、伟大奋斗精神、伟大团结精神、伟大梦想精神,为全国各族人民树立了

学习的榜样。

厚德至诚，精工至善，创新致远，实干争先。在沈阳成长起来的全国劳动模范阎德义，朴实得就像路边的一石一树，但他为国争光的那股子忘我的精神，成为同事和亲人永远的记忆。

如今，来到阎德义曾经洒下无数汗水的中国航发沈阳黎明航空发动机有限责任公司（以下简称"黎明厂"）的厂区内，就会看到在一片如茵的草坪中，有一座鲜花簇拥的半身人物塑像，时时让路过的员工投去无比敬仰的目光。每逢重大节日，公司领导和职工都会来到这里向塑像献花，以表达对这位英模的怀念和崇敬之情。他就是全国劳动模范，人称"焊接大王"的阎德义。

闻名全国的阎德义，刻苦钻研焊接技术40年，他和技术人员、工人们一起，围绕生产薄弱环节和技术、质量关键，实现重大技术革新40多项，完成技术革新攻关项目100余项。他参加过辽阳化纤厂等50多个单位的技术协作，是第三机械工业部命名的"学大庆先进个人标兵"。

阎德义，1949年10月加入中国共产党。1951年后，任黎明厂焊工。1978年后，连续五年被评为沈阳市劳动模范。1979年被评为全国劳动模范。曾当选为第五届全国人大代表、人大常委会委员，第六届全国人大代表。1978年、1979年、1981年三次被评为辽宁省劳动模范。1983年被评为沈阳市特等劳动模范。

1989年11月11日，60岁的阎德义因心肌梗死猝然去世。阎德义的事迹感动了许多人，为纪念他，弘扬劳模精神，沈阳市总工会等部门在劳动公园劳模广场，为他立起大理石基座的半身雕像。黎明厂也将阎德义的塑像立于厂区最显著的位置，以教育职工更好地向他学习，为国无私奉献。

一、为国争光

勤勉而顽强地钻研，可以使你百尺竿头更进一步。

阎德义，1929年2月4日出生在天津。1942年，年仅13岁的他就进了资本家的天津铁路工厂，当起童工。吃了多少苦，挨了多少打，他已记不清了。他只能默默地将发咸的汗水和泪水咽进肚子里。新中国成立后，阎德义吃上饱饭，穿上了崭新的工作服，当家做主人的自豪感油然而生。

"我要报名，去参加新中国的建设！"1949年1月15日天津解放了，阎德义心中充满了对新生活的渴望。当年3月，20岁的他积极报名，到冲焊厂23车间工作。让他十分骄傲的是，自己成为新中国第一代焊工。

由于工作表现突出，同年10月阎德义光荣加入中国共产党。为更好地为党工作，为国家贡献自己的全部力量，他开始顽强地攀登文化技术高峰，用了短短五年业余时间，学习完小学和中学全部课程，逐渐成长为熟练的焊工大拿——八级焊工。

20世纪50年代初，阎德义所在单位肩负着我国航空发动机研制和生产的历史使命，他积极投身其中，进行大胆改革，采用一层堆焊焊接方式，打破了苏联专家费时费料的两层堆焊法。

当时公司在试制涡喷-5发动机，焊接火焰筒需要在零件尾部凸台堆焊硬质合金块。按照苏联专家的要求，必须堆焊两层，使硬质合金块厚度达到6毫米，然后再磨掉3毫米。阎德义认为，这样加工效率低，又费料。于是，他大胆地进行了改进，采用一层堆焊成功，在保证质量的前提下，此举为公司节约经费25万元。

阎德义就是这样立足岗位，带头钻研技术，练就了一身响当当的绝活，为工厂解决了航空发动机特种材料焊接诸多难题，填补了多项国内空白，并在1957年晋升为工人工程师。他以高度的主人翁精神，刻苦钻研焊接技术，先后参加多型号发动机的试制和批量生产工作。

没有播种，何来收获？没有辛劳，何来成功？

1979年，在试制国产新型歼击机发动机过程中，钛合金机匣的焊接出现氧化、裂璺、变形三大难题。根据国外资料，焊接钛合金要在真空室或者尼龙真空充氩罩内进行，操作十分不便，质量也难以保证。阎德义大胆提出在大气层中焊接的设想并成功实现，书写了中国焊接技术史上的精彩一页，在中国焊接技术史上留下浓重的一笔。

技术高超解难题，不用扬鞭自奋蹄。1980年，阎德义所在的车间接受科研试制任务，为加快研制进度，他自行设计制作了各种"土夹具"30多项，使试制加工的零部件全部达到了工艺标准要求，不仅解决了生产急需，还为产品研制节省资金6万余元。

1982年，在承担某产品试制任务过程中，阎德义面对结构复杂、加工精度要求高、技术标准要求严的部件，在工装不齐、加工条件不到位的情况下，知难而进。为解决环形件焊接加工的问题，他查阅大量资料自制了一个夹具，经过反复试验保证了加工的技术要求。同时，他还制作了一台无级变速焊接加工转具，解决了焊接加工时烧伤零件及焊透不均质量难以保证等困扰生产的关键问题。

党的十一届三中全会以后，阎德义又把先进的军工技术运用到民用产品上，他带领民品承包小组积极承揽生产联邦德国和日本等外国进口的化纤设备备件，年人均创利润高达7.1万元，为引进设备国产化立了新功。

二、攻关克难

1958年2月12日，毛泽东主席视察了黎明厂。阎德义始终铭记毛泽东主席视察工厂时的教导，为多快好省地建设社会主义，不畏险阻，攻关不止。

1976年，毛泽东主席逝世后，党中央决定在北京天安门广场修建毛主席纪念堂。当工程建设中遇到了焊接加工上的难题时，工程指挥部向全国征集解决方案，遍寻焊接专家。这时，阎德义提出的解决方案得到采纳，工程指挥部专程请阎德义到了北京。

"焊接大王"真的不负众望，他解决了用特殊不锈钢板焊接而成的水冷壁板结构的不裂璺、不变形的关键问题，进而解决了水晶棺升降架焊接难题，受到工程指挥部好评。

后来，一说起这件事，阎德义总是满怀激情地说："1976年12月13日，厂党委决定派我代表全厂职工去首都北京敬建毛主席纪念堂，这是我终生的最大幸福，老伴和孩子跟我一样高兴，全家连夜为我准备行装。我激动得一夜没合眼，我想，宁肯掉几斤肉，也要完成党交给我的光荣任务。到了北京之后，我积极地投入了紧张的战斗。经过20多天的艰苦奋战，我和同志们攻破了一道道难关，提前完成了所担负的任务，向工程指挥部报了捷。"

1978年3月13日上午，刚从北京参加完五届全国人大会议回厂的阎德义，满怀激情地向同事们宣传五届全国人大的精神和盛况之后，又马上争分夺秒地投入了新产品试制的攻关战斗。在黎明机械厂三号厂房里，戴上花镜的阎德义，拿着焊枪，一连四五个小时不离岗位奋战着。同志们见他太疲劳了，走过来劝他休息一下。他却说："没事。咱的劲儿足着呢！"

"有人说我攻关着了迷。我总感觉，不着迷也真攻不下啥。"阎德义一直是这样谈他的攻关体会的。

"用心谋事，用心想事，用心做事。"这是阎德义对待工作态度的真实写照。

当党中央吹响了向四个现代化进军的号角时，阎德义便给自己出了新课题，搞现代化不能满足于舍得力气大干，而要向科学技术进军，攀登焊接技术领域的高峰。正在这时，公司开始的一项新产品试制中，钛合金焊接成了重大关键难题。

钛这种金属，具有很强的化学活泼性，与氧、氮、氢等气体的结合力强，工艺性能差，容易氧化，不易成型。国外焊接钛合金，要在真空室或尼龙真空充氩罩内进行，操作非常不便，而且质量也难保证。如果要像国外那样搞一套设备，花很多钱不说，还要影响新产品试制进度。

这时，领导想要到外地求援，阎德义主动请战："咱自己焊。"

有人好心地劝他："焊这东西可不是闹着玩的，没有设备，到时候搞不出来要砸锅的。"

阎德义憨厚地一笑："不怕！咱不是有两只手吗？"他下决心要自己闯出一条新路。

他问技术员："在大气中焊钛合金，外国资料里有没有？"

"没有记载。"

"中国的资料里有吗？"

"更没有！"

阎德义严肃地说："我看有！"

技术员一时不解其意。阎德义憨厚地笑了："咱们一块干！干出来，你把它写进去，中国资料里不就有了吗？"

信心坚定的阎德义，和同志们一起没黑天白昼地奋战起来，关键问题一个又一个地被突破了……

焊接钛合金，需要掌握很多金属学、化学知识，这对阎德义这个在新中国成立前只读过一年半书，新中国成立后才拿到小学毕业文凭的人来说，是多么大的难关哪。试验50余次都失败了。有人劝他："死了这份心吧！"老伴也心疼地嘀咕："你还焊什么这色那色的，看你那脸，都成蜡黄色了！"

阎德义戴上花镜，到《金属学》《焊接学》里去找"法宝"；他骑上车，到有专业理论知识的技术人员家中去探讨"良策"。夜深了，阎德义躺在床上久久不能入睡，还在琢磨着攻关。快半夜了，他突然翻身起来，走进厨房抓起萝卜用小刀抠起来，十几个萝卜被他抠得一疙瘩一块的，到底还是抠出了满意的新模型。天亮了，老伴才发现他把白天买的萝卜全抠光了。

每一滴汗水都是机遇的滋润。这是一个厂休日，阎德义正伏在桌子上画草图。老伴在厨房忙着给他蒸包子。肉包子的香味随着蒸汽飘进屋里，阎德义突然心中一动，两步奔进厨房，盯着蒸锅下的火苗寻思起来。他老伴把煤气开关拧到最大，火苗欢快地舔着锅底，水更响了。阎德义若有所悟，他想，如果用双层氩气流保护焊面，不就解决了焊面氧化问题吗？"对！"他高兴地喊了一声，拿起图纸就往厂里走。

老伴知道拦不住，忙端过一盘包子，让他吃完再走。阎德义拍拍肚子，认真地说："饱了！"老伴气得追着喊："你呀，真是着了魔！"

阎德义是一位爱琢磨的老焊工。有一年初夏，同事发现他突然对车间的那台摇臂钻床发生了兴趣。每天他走过这台床子前，总是定定地看一阵子。大家一看就明白："阎师傅又在给自己找事干了。"

不出人们所料，没多久，阎德义便提出了用多工位组合机床代替摇臂钻加工联焰管的设想。原来这个车间用摇臂钻加工新产品的一个部件——联焰管，一次只能钻一个孔。阎德义看它慢慢腾腾的很着

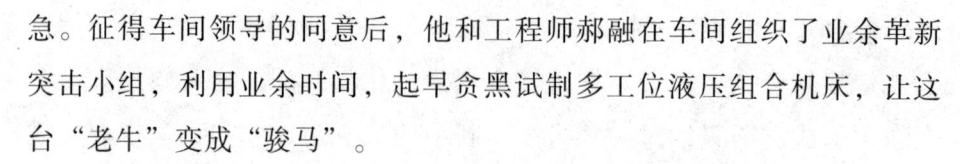

急。征得车间领导的同意后,他和工程师郝融在车间组织了业余革新突击小组,利用业余时间,起早贪黑试制多工位液压组合机床,让这台"老牛"变成"骏马"。

多年来,阎德义以自己在焊接加工方面的高超技术,在行业内树立了高品质军工技术的形象。

三、无私援助

焊花飞舞,弧光闪烁。几十年的工作里,阎德义在有色金属焊接方面独树一帜,并常常帮助兄弟单位解决技术问题。他曾先后参加上海、北京、天津、四川、黑龙江、广东等60多家单位的攻关会战和技术协作活动,为本厂和兄弟单位完成革新攻关项目超过百个,得到全国同行的认可和肯定。

哪里困难哪里去,天南地北都是"家"。攻关,成了他生活的主要内容。然而,有谁能记清他克服了多少个困难呢?

有一次,阎德义被请到河南新乡一家国防工厂参加技术攻关,老伴特别不想让他去,因为他们的大女儿正在患很重的肺结核病。可是阎德义依然出征了。就在紧张工作了两个月后,这一天,他突然接到厂里和家里连续发来的两封加急电报,上面写着同样的内容:"大女儿病危,火速回沈!"

谁不疼爱自己的子女呀,阎德义当时恨不得一下子就飞到女儿身边。工厂车间张主任深表同情地劝他:"快回去吧,等孩子病好了,你再来帮我们攻关。"说着,把已经买好的火车票塞到阎德义手中。

可是,阎德义说出的两句滚烫的话,让大家顿时泪水涌出:"我是共产党员,要把党的利益放到第一位!"在这个时候,他想到的是:"这里有国家的重要产品在等着焊接。难关尚未攻破,全厂心急如焚。你说,这个节骨眼,我能撂下工作不管吗?"阎德义经过再三考虑,硬是一咬牙,把火车票退掉了。

又是连续苦战两个多月,阎德义终于攻破了焊接难关,使这个厂提前超额完成了国家计划,还为他们培养了两名氩弧焊工。然而,让他极为痛心的是,大女儿在离开人世的最后时刻,没能见上父亲最后一面。

阎德义要回沈阳了,工厂的领导和同志们到车站送行,有的人竟禁不住流下了热泪。阎德义反倒安慰起送行的人来:"我是党员,为国家,个人有点牺牲,我想得开……"

他返回了沈阳的家中,面对伤心不已的爱人说:"别难过了。我不回来,是因为那里需要我,是为了攻关,为了祖国四个现代化的早日实现。过去,我们的革命前辈为了打江山,不惜流血牺牲;今天,我作为一名共产党员,为了建设祖国,就应该这样做呀!"说着这样的话,阎德义的眼泪也止不住地流了下来。

努力造就实力,态度决定高度。1975年阎德义应邀参加了"辽化"工程会战。在焊接大型金属罐时,他带领80多名焊工闯过铆焊、横焊、立焊、平焊等技术难关,经过37天奋战,终于排除了设备故障。连外国专家都惊讶而佩服地向他竖起大拇指,称赞他:"真是了不起!"

有一次,阎德义去上海参加一项工程大会战。会战期间,领导把解决焊接技术关键的繁重任务交给了他。为了攻克一项又一项技术难关,他经常大倒班,连轴转,星期天也很少休息,在8个月中完成了16个月的生产任务量,多次受到会战工程指挥部的表扬。

1981年2月,"辽化"亟须解决化工设备波纹管焊接成型的关键,阎德义再次主动请求承担这个任务。在没有技术资料,没有试验设备的条件下,他和班组的同志一起,自己动手做试验器。一直干到了大年三十儿下午,"辽化"领导硬是逼他们乘车回沈阳过年。

可是让人没有想到的是，初一早晨，阎德义他们又乘火车返回了"辽化"，继续投入排除故障的战斗。他们采用脉冲氩弧焊加壁的办法，克服各种困难，经过反复试验，奋战五昼夜，终于加工出合格的产品，解决了国家重点工程的急需。"辽化"领导和职工赞叹地说："阎师傅不愧是全国劳动模范！"

只要有需求，阎德义就会不断地帮助兄弟单位解决技术关键。上海先锋厂在研制大型客机耐热合金机匣焊接加工时，经X光检查不合格，原因是耐热合金的温度高，焊接加工时焊不透，产生裂璺。为解这一关键，先锋厂特聘请阎德义前去解决问题。阎德义采用焊缝边缘打倒角和背面通氩气，并适当调整电流和氩气等加工方法，使耐热合金机匣的焊接加工合格率达到了95%以上，解决了这项加工关键技术难题。兄弟单位焊接加工的燃烧筒未到使用寿命期限就出现裂璺，阎德义得知这一情况后，针对0.8毫米厚的不锈钢薄板，在焊接加工时容易产生裂璺的情况，改进了夹具，选用优质条和提高焊接速度的加工方法，攻克了这一关键难题。

1984年，阎德义所在的黎明厂与天津化纤厂签订了一份民品合同——加工分离盘和膨胀节，这是由国外进口的化纤成套设备中的两个重要备件，合同金额大，任务急，技术难度和工艺要求非常高。阎德义主动承担了这两种产品的焊接工作。他反复研究并改进加工方法，把三至五层耐热不锈钢板和两层碳素钢板由常规的两次焊接改为一次焊接，大大提高了加工效率，缩短了生产周期。工作中，他顶着高温，一干就是十几个小时，整个焊接任务完成后，他竟晕倒在焊件旁。天津化纤厂领导感动地说："外国想卡我们，你们为中国工人阶级争了气！"

30多年中，阎德义完成革新攻关项目100余个，其中较大的8项，创造价值近千万元，成为闻名全国的"焊接大王"。

四、生动党课

黎明厂同事们对阎德义的评价是："他宽厚朴实，低调做人，在自己的岗位上做了许多许多。"人们都信服他，称赞他。在几次推选省、市以及全国人大代表的过程中，他都是全票通过。

面对所取得的成绩和赞扬，阎德义常常对家人说："你们千万不要以为我这个劳模有多了不起，那是别人写了我的事迹，可我身边的其他同志的事迹要是写出来，他们更了不起。"

阎德义在工作上冲在头里，打先锋，面对物质待遇，他却退到后边。1980年9月，在黎明机械公司党委举办的党支部书记轮训班上，阎德义为党员们讲了一堂生动的党课。他讲的题目很普通，但也很实际，那就是：共产党员应该怎样对待"三子"——票子、房子、孩子。他用自身的体会感动了大家。在讨论这次党课时，党员发言很热烈，大家说，他讲的这些，听起来容易，做起来难。跟阎德义师傅比，咱还差一大截呢！

那是1979年，面对全厂2%择优升级时，阎德义所在车间的干部、群众一致赞成给他涨一级。事情眼见成了定局，他急了，赶忙向党委写个报告，表示坚决不涨这一级。1980年，阎德义到北京参加全国劳动模范表彰大会，回厂后领导考虑他的贡献多，准备给他涨工资，但阎德义听说此事后，来了个"水没来先叠坝"，他拉着厂党委书记的手，恳切地说："国家困难，群众工资都不高，这两级工资我不要。"他还写出报告，还是坚决要求不要给他涨级。他说："我是党员，多干点是应该的。现在许多同志工资比我低，应当先考虑他们。"就这样，两次涨工资的机会，他都坚决地放弃了。

阎德义的家原是住了20多年的阴面老旧房子，老伴还患有风湿

病,但他从来没向领导张过口要求调房子。后来,领导趁他不在家时,硬是给他调到了阳面的一间小房子。由于住宅面积不足21平方米,孩子都大了,挤得他和老伴只好睡在一张加帮的单人床上。老伴几次催他跟领导说说换个稍微大点的房子。他却说:"我们应该想想,咱厂还有一些工人住房不也是这么挤吗?先克服一下,等过几年房子多了,大家一起松快吧!"

阎德义有四个孩子,除一名接妈妈班进厂外,那三个全部下过乡,都是在青年点清点时才抽回城的。孩子在乡下时,有一次领导派阎德义到一个公社帮助完成一项焊接任务。赶巧,三女儿所在的青年点就在这个公社。他临走时,家里人还嘱咐他跟大队、公社领导唠一唠孩子的事。可是,阎德义在那个公社待了一个多月,女儿所在的大队他一次也没去,女儿的事他压根儿就没跟公社领导提过。

二女儿抽回城后,被分配到本溪当公共汽车售票员。女儿觉得那里没亲没故,要求爸爸托人给调一下。阎德义觉得女儿思想不对头,便用自己的经历教育她。他说:"1951年我由天津分到沈阳工作时,在沈阳也是没亲没故哇!在哪都一样工作,青年人要志在四方。"

阎德义正是以这种共产党员的无私精神,谱写了一曲奉献者之歌。1989年末,阎德义去世后,在他工作过的地方,厂里为他建造了塑像。厂里的劳模事迹陈列室专门介绍了他的事迹。黎明公司党委做出决定,要求全体党员、职工学习阎德义同志的高贵品质。

五、薪火相传

人生当自勉,钻研需坚持。1982年12月,在全国职工技术协作委员会表彰先进的大会上,阎德义荣获全国技术革新能手称号。

阎德义一生艰苦朴素,严谨踏实,乐于助人。他只有小学文化程度，为了干好自己的工作，他利用一切业余时间在家刻苦自习，还努力学习英语、日语，攀登新的科学高峰。

在建厂初期，阎德义不但刻苦钻研技术，大胆革新，勇于攻关，还将自己苦练得来的技术要领倾囊相授，带出了一批技术过硬、肯干实干的技术工人。

1987年4月29日，在沈阳市总工会和沈阳日报联合举行的新老劳模座谈会上，已经58岁的全国劳动模范阎德义语重心长地说："现在我们老了，工厂要交给你们年青一代，艰苦奋斗、勤俭建国的作风不能丢。"

"工匠精神"不仅是一句口号，它存在于每一个人的身上。今天，在黎明厂有一个响当当的劳模班组"郭维林班"。其中有这样师徒三人广为人知，闻名全国的"焊接大王"阎德义，攻关不畏艰险的全国劳动模范郭维林，再到带领班组打造现代化特色班组的班长、沈阳市劳动模范张树文，他们伴随着新中国前进的脚步，胸怀航空报国理想，带领一代又一代职工攻坚克难，创新创效。"劳模精神"在新老几代人之间接力，他们将记忆从黑白换到彩色，留下了奋斗者永恒的足迹……

"我1963年到沈阳黎明厂焊接车间做学徒，师傅是赫赫有名的焊接大王阎德义。师傅说：一个技术过硬的焊工到什么时候都能靠本事吃上饭。现在，我是全国劳动模范，还享受专家能手待遇。这一切，都源于当初师傅的教诲。"据郭维林介绍，1963年秋天，他从技校毕业后就跟随阎德义师傅学徒，那个时候厂房特别简陋，东北的冬天，厂房里说话都看得见哈气，手冻得没法焊接，加班也只是吃一个窝头就咸菜，但是艰苦的工作环境根本影响不了师傅们的工作热情。郭维林说："也就是在那时，师傅阎德义艰苦奋斗、无私奉献、勇于创新的精神深深地感染了我，让我立志当一名爱岗敬业、出类拔萃，能为航空事业做贡献的人。"

2002年，"郭维林班"正式成立，这也是行业内第一个以班组长名字命名的班组。郭维林带领徒弟们先后攻克技术难关150多项，郭维林先后荣获沈阳市劳动模范、辽宁省劳动模范、全国劳动模范荣誉称号。

张树文1986年参加工作，现任中国航发首席技能专家，"郭维林班"班长。他先后获得沈阳市劳动模范、辽宁省优秀班组长、全国五一劳动奖章等50多项荣誉。在阎德义和郭维林两代劳模的影响下，张树文扛着劳模班组的大旗，潜心现代化特色班组建设，他带领班组成员先后推出"值班班长制""对照标准件互检制""新人系统培养制""专家论坛制"等品牌制度，形成了"高精尖和谐"、具有"郭维林班"特色的班组管理模式。

巧手成就卓越，匠心创造非凡。在三代劳模的带领下，"郭维林班"先后获得"全国五一劳动奖状""全国工人先锋号"等荣誉。先后涌现6位公司级以上劳动模范。其中，两名全国劳动模范，一名全国五一劳动奖章获得者。同时，班组现有高级技师12名，技师4名，这也是黎明厂高技能水平班组的一个真实写照。

可以说，中国航发沈阳黎明航空发动机有限责任公司，不仅为中国航空事业做出了重大贡献，还是一个人才辈出的地方。

辽宁舰飞起歼-15

——记沈阳飞机设计研究所孙聪院士和我国首型舰载机研发团队

◎原 昌

茫茫大海，波涛汹涌。

2012年11月23日上午9时许，海域上空传来飞机的轰鸣声，一架编号"552"的黄色战机歼-15飞临辽宁舰上空，接着从左舷开始向舰艉绕飞，将机头对准航母的甲板跑道，放下起落架，放下尾钩，调整好姿态，以每小时200多千米的速度猛地冲向甲板。战机瞬间精准地钩住阻拦索，稳稳地停在了甲板跑道上，随后，它又沿着滑跃甲板一飞冲天，成功完成了中国舰载机首次着舰起降。

国产战斗机由此实现了由陆基走向海基的历史性跨越。这一刻,亿万中国人沸腾了,世界也为之震撼!

此时此刻,最为激动和自豪的,当数为歼-15研制成功而默默付出的中国航空人——航空工业沈阳飞机设计研究所!

艰巨的任务,严峻的考验

早在1928年,一代海军宿将陈绍宽就为造航母奔走呼喊,整整17年未果。半个世纪之后,刘华清重拾航母梦,指示"尽早着手研制航空母舰"!

终于,航母和舰载机的研究正式启动。

航空工业沈阳飞机设计研究所,即六〇一所,就是从这个时候开始舰载机的预研工作的,当时负责这个课题的是李天院士,他认为,中国作为一个海洋大国,为了保卫辽阔的海疆,迟早是要造航空母舰的,因此,舰载机特种技术的研究,必须走在航母预研的前面。为了舰载机成功研制,几代设计者们潜心准备了20多年。

进入21世纪,中国海洋面临的威胁及军事斗争形势更加复杂严峻,中共中央、国务院和中央军委审时度势,确定了关于发展航空母舰的重大战略决策,从此开启了逐梦海天的征程。

根据中央军委的指示,紧急筹谋:实现舰载机与中国航母建设同步!

舰载机代号:歼-15。时任航空工业沈阳飞机设计研究所所长孙聪在会上说:"这是党中央、中央军委对我们的信任,是艰巨的任务,更是严峻的考验!1965年至1985年的20年间,生产飞机最多的美国摔了300多架舰载机,数百名飞行员丧生,其中一半是摔在舰艉上。我们一定要顽强拼搏,敢于创新,保质保量完成任务,特别要设计出保证舰载机与飞行员安全的舰载机,为国争光!"

他们把歼-15形象地称为"飞鲨"。

经过前期论证,他们确定了歼-15研制的总体目标和研制思路:"立足现有,确保飞机上舰;集成创新,适应未来作战需求;加强机舰协调,满足工程总体进度要求;强化综合保障;锻炼队伍,奠定未来发展基础!"

当冲锋号吹响时,趴在战壕里的战士是怎样的心情!

高端设计,超前定位

领导思想的站位,决定着工作的精度和成绩的高度。

当时的航空工业沈阳飞机设计研究所所长、歼-15总设计师孙聪,从歼-15飞机设计一开始,就代表航空工业沈阳飞机设计研究所向中央军委表态说:"我们一定要超前定位,高端设计,为国争光,设计出世界一流的舰载机来!"

舰载机和陆基飞机在空战或执行对地任务时目的一致,差别在于跑道不一样。航母起飞着舰跑道长度仅为陆基机场的十分之一。在如此短距离的跑道上,要使飞机在气动布局设计上产生足够的升力,并通过现有的手段进行精准的预测,特别是恶劣海况下航母不时地俯仰、摇摆、升沉运动交织着舰艏、舰岛引起的复杂舰艉流场,使得这一过程更加复杂。

这是舰载机设计的一大难点。

舰载战斗机,包括机内系统,必须在几何、结构、气动力方面与弹射器及拦阻装置的使用相协调,以实现舰上几十米距离的滑跑起降。飞机携带实际作战载荷时的性能特性,必须能在母舰常规操作能力允许的速度范围内实现发射和拦阻。飞机必须是紧凑的,而且应能折叠得更小,必须具有与运动甲板相适应的起落架装置,必须能基本上在飞机自身投影面积内进行补给和维修,并且要求的外部保障设备最少。由于存在海水、蒸汽、烟囱烟气及飞机上油液的影响,飞机应避免使用某些材料和设计技术。此外,飞机还必须考虑自然风和排气喷流的影响。

....

难度可想而知!

歼-15作为我国自行研制的首型舰载战斗机,要具有完全的自主知识产权。歼-15是在三代机研制基础上,为满足在辽宁舰上使用而研制的中国第一代远程、重型、超声速、高机动性固定翼舰载多用途战斗机。它的研制在中国是一个全新的领域,新技术多、探索性强、风险极高,跨行业协作的深度和广度前所未有,舰载战斗机研发流程、标准规范体系、机舰适配性试验/试飞方法、飞行员培训等方面的经验和基础几乎空白。对中国航空工业而言,歼-15的研制,没有研制规范和技术体系可遵循,也没有设计基础和使用经验供参考,是一次从零开始的突破。

航母和舰载机所有特殊条件和要求,都给歼-15团队的设计提出了必须破解的难题。

为了舰载机的安全,不致因为发动机故障而掉入海中,歼-15团队给歼-15设计配装了两台大功率发动机。

增加了重量,一系列的设计都得改变。

气动布局设计上,研制团队首次针对舰载机的升力特性开展气动力的科研试飞,首次针对复杂海况下的舰艇流场开展大视场的流动测试。

每一次的研究方案讨论,每一次的设计与测试,每一笔的布局设计,都承载着舰载机的安全,更承载着飞行员的安全。

细节决定成败。尤其着舰的十余秒里，每一个细节都至关重要。孙聪说："飞机在空中按照一定的角度降落着舰时，如果不是打在地上而是碰在锁上，一般都可以钩上，如果主轮一接地再钩下一道锁时，就取决于主轮和钩子的位置，同时还要考虑拦阻锁上的张力特性，一旦第一锁没钩上起落架，主轮压在拦阻索上，索还要有一个弹跳的过程，如回到第一点上，钩子就钩不上了。就是说，主钩和拦阻索的规律是否协调等都是我们设计上的一些关键的细节问题。"

跑道短，飞机起降方式又与陆机有所不同，起落架就会承担更大的冲击力，既要十分结实又要很轻巧，这是个很难解决的矛盾。

为适应航母上有限的空间，舰载机机翼必须折叠起来，这就增加了设计的难度。简而言之，即如把木板割开了再连一起，必须装一条合页，重量则增加，而飞机两边都是油箱，里面要走电缆，通管路，各段连接矛盾重重……

国外舰载机摔毁之多，至今无法避免。而对从零起步、自行研制舰载机的中国人来说，保证安全起降更是难上加难。但做事执着的孙聪心坚如铁。他说："认真观测和分析这些失败的案例，整个研制团队受益良多。我不是先知先觉的天才，上来就知道舰载机怎么搞，我们必须学人家先进的东西，怎么学，无非是请老师、看资料。各国军事装备的保密性不言而喻，中国没有这方面老师，请外国专家来也不可能教你实质的东西，我们只有从零开始，从零碎的资料里悟，最重要的是从他们失败的案例中认认真真把握客观本质的规律。"

为确保这"生死十三秒"的生而不死，有效避免事故和灾难，作为歼-15总设计师的孙聪耗尽了心血。他特意把国外各种舰载机起降失败的视频搜集起来，剪辑在一起，给团队反复播放。对每一个细节都反复研究，挖出症结，找出规律，提出整改措施。

孙聪率领歼-15团队励精图治，潜心研究，总结出一些规程、方法，和飞行员紧密合作，在参与过程中严格执行标准化作业，在设计中把能想到的所有安全风险控制在最低点。为了更深切地了解飞机，感受飞行员驾驶时的真实状态，孙聪还专门学习了飞机驾驶技术，时常进入舰载机模拟训练舱里尝试操作。

考虑到舰载战斗机技术复杂，且国内首次研制，技术储备和工程经验均有限，为实现飞机上舰，达到设计定型并开始装备部队的目标，歼-15研制充分利用了国内条件，以突破舰载关键技术为主线，突出研制工作的重点，综合集成国内先进的机载航电和武器系统，提升装备技术水平，确保按时完成研制任务。

歼-15飞机上，有一个大型部件不但对结构强度要求高，并且对其重量的控制也直接关系整机减重，如果采用传统的加工工艺，不仅需要6亿元的加工设备，并且制造周期也无法保证。在创新思维指引下，设计团队决定在歼-15上采用3D打印技术加工该大型部件，不但开创了新机制造工艺的新领域，也使其成为歼-15舰载机减轻机体重量的重大突破口，并一举为我国钛合金3D打印技术在航空制造领域的应用推广奠定了基础。

与同级的陆基战斗机相比，航母舰载机的机身重量要重10%至15%。飞机着舰后要在不足百米的距离内停下来，拦阻系统承受的载荷在这个过程中是如何变化的？这是个冲击动力学范畴的问题，不真正地摸透解决，舰载机在航母上起降就是一句空话。作为六〇一所该领域的技术带头人，副总师曹奇凯和他率领的团队面对没有任何资料可借鉴、没有试验设备可实现这种冲击载荷的模拟施加，另辟蹊径，他们设计了一个以火箭为动力的冲击试验装置，最终得到了在此种冲击载荷作用下的相关试验数据。

为缩短研制周期、降低研制成本、提高产品质量，歼-15飞机采用全新的三维数字化手段进行设计和协调，实现飞机设计100%产品数字化定义、100%虚拟装配、100%产品数字样机及设计过程构型管理和设计制造过程单一数据源管理。

先驱者具有远见卓识，偶尔打破陈规，最终创造了奇迹！

设计师在研究时都会考虑飞机的机动性、作战半径、载弹能力、打击能力等问题，而孙聪的歼-15团队在此基础上更注重舰载机与陆机的差别研究。

孙聪日夜都在深度思索：航母空间短小，拦阻器能力有限，舰载机自身体积不能太大，降落的速度不能太高，而速度越低，飞机控制能力就越差，难点集中在起降特性上。而折叠后飞机的重量又增加，连同速度也自然降低了。这就对折叠后飞机的气动力的设计提出了苛刻的要求。

平时平易近人的孙聪看上去不是特别强势的人，但他骨子里有种特别不服输的好胜劲儿，越有困难甚至困难越大他就越亢奋。周围的弟兄们总能在他强烈的自信中找到归属感。30多年来，孙聪当了多个型号飞机的总设计师，已炼得专业老到，经验相当丰富。

孙聪说："总设计师就要不断突破前人总结的规范，形成自己的风格，否则'师'从何来？至少不能算是个好设计师。如果大家都按一个标准做，结果都是一样的，就像画画的天天临摹，画到死也充其量是画匠而不是画家。飞机是千奇百怪的，重要的是设计什么样的飞机，满足什么样的要求。而总设计师必须要在宏观上把握大局，在技术细节上又要有足够的了解和创新想法，才能在研制中做出正确的决策。"

新，永远要取代旧。这就是科技革命。

孙聪以他的闯与创打破了一个个旧的约定俗成，把全新的理念贯注进他的团队，圆满地实现了歼-15舰载机的完美设计，为中国航空研究输入了新的理念。在他出版的多部科研专著中，很多章节都闪烁着技术创新的光芒。

岁月变幻，不变的是航空人矢志不渝的追求。一个个全新的设计方案、一次次挑战的试验试飞、一项项关键的技术攻关，让原先的许多不可能最终成为可能。

精益求精，攻坚克难

爱国不只是一句口号。体现在歼-15上面的，不单是匠艺，还有"匠心"与"匠魂"。

航母研制是一项复杂的系统工程，为按时完成任务，舰载战斗机必须服从工程总体进度要求，加大机舰协调力度，实现舰载战斗机研制与辽宁舰的建设同步。必须全面贯彻通用化、标准化和系列化要求，配套研制陆上和舰上的训练与保障装备，并在飞机交付使用前，完成部队飞行员及地勤人员的培训，确保歼-15交付部队后尽快形成作战能力和保障能力。

"变革是一个单位、一个集体进步的动力。"2000年前后，为追赶世界飞机设计的步伐，航空工业沈阳飞机设计研究所就在不同型号结构、部件上开始有意识地进行小规模的数字化设计与应用，在打通设计与生产之间的壁垒上做着尝试。

然而，当用于歼-15设计的整套数字化系统在全所层面运行起来后，系统稳定性、效率等方面的问题却频频出现。那段时间，所里的培训特别多，不仅要提升设计人员的技术能力，更要改变原有的工作习惯和沟通模式。孙聪和担任歼-15常务副总师的王永庆两个人更是每天都待在设计现场，一是可以随时解决各个团队所遇到的技术问题，二是通过近距离的观察来优化设计流程，找到影响发图效率的"卡点"。经过三个多月的磨合与适应，数字化系统变得愈加流畅和高效,极大地提高了歼-15的设计、发图效率和质量。

歼-15所采用的三维数字化设计,在改变了设计流程和设计方法的同时,对项目的管理也提出了更高的要求。为适应这种改变,六〇一所在歼-15项目中大力推行联合攻关团队(IPT)模式,即针对歼-15的一些关键部件和系统的研发,从所有与之相关的专业和部门中抽调技术人员,组成一个临时性攻关团队,实现内部的高效协同,同时采用并行协同的模式,与航空工业沈飞构建厂所之间的联合工作模式有效促进了设计与工艺的融合,实现了设计发图与工艺制造之间的无缝衔接。与传统三代机相比,工装数量减少60%,工装返修率由300%降至20%。

单从上面的数字,就能看出他们经历了多少变革。

过程很艰难,结果很甜蜜。

歼-15研制团队用了4年,攻克了机翼折叠技术,全新设计了增升装置、起落装置和拦阻钩等系统,使得飞机在保持优良的作战使用性能条件下,实现了着舰要求的飞行特性。

在航母上降落,拦阻钩、拦阻索系统直接决定了舰载机着舰的成功与失败。拦阻索的长度、离甲板的高度,拦阻钩的外形、结构、强度设计等方面都需要考虑到。为实现钩与索的重逢和分离,找到最契合的点,研制团队记录下每一次试飞试验数据,通过大量的分析研究,对飞机与拦阻索不断进行匹配性改进。

结构部当时26岁的李福和他的同事负责拦阻钩的设计与研究,研制是非常艰难的,拦阻钩的大小、长度什么样最合理,钩的时候偏了怎么办,钩住以后是不是容易放开,钩子用什么材料才结实,钩住了飞机,飞机的其他部位能否扛得住,就好像人的手臂一样,手很结实,可是用力一拽,胳膊脱臼了也不行,整个身体都要结实可靠。

除了拦阻钩,跑道上几道拦阻索的位置、性能等也是设计时必须考虑的重要因素，需要反复计算并最终确定科学准确的数据。舰载机降落甲板时，拦阻钩挂在拦阻索上的一个动作，就包含太多的技术细节，拦阻钩与甲板碰撞后会反弹，他们要解决的一个关键问题就是控制好拦阻钩的弹跳高度。通过数字化手段，软件仿真模拟着舰过程进行分析。一开始并没有可供参考的数据，他们就根据计算机模拟预估一个数值，然后通过反复试验来调节，终于找到了最优结果。

随着试飞工作的展开，飞行试验反馈的信息也在促使他们对飞机的设计不断进行优化。他们陆续接到飞行员多次关于拦阻钩收放操作手柄操作不便的反馈。客户需求是第一位的，接到反馈信息之后，总体、航电、机电等部门迅速行动，对座舱、仪表板的布局进行调整论证，并在最短的时间内完成了更新设计。重新设计之后，原有的拦阻钩收放操作手柄被一个按钮取代，并且安装位置也做了调整，能帮助飞行员准确操纵，实现了精确着舰，飞行员使用后非常满意。

为保证起降万无一失，团队按照航母样式设计了陆上跑道。

跑道的尽头是高高翘起的模拟14°滑跃起飞甲板，这条跑道完全是按照航母1∶1比例复制的。飞行跑道的表面，也和航母飞行甲板一样，涂抹了特殊的防滑涂料。

孙聪事必躬亲，常年置身一线，在每一个项目上的关键点，或关键技术在执行过程中的关键环节，包括工艺流程，他都把握得十分准确，他对把握不准的一些技术会抠得很细，而且从最开始的原理抠，或找几个设计人员一起研究，抠清楚，抠明白，直到抠出"真金"才罢休。他自身能研究，也能十分认真听取技术线上同志的意见，有自己的判断，同时又不疏漏任何一个细节。

机翼折叠结构技术难度大，加工复杂，需要突破技术、质量和周期三道难关。"技术关"指研制前，我国在折叠结构件方面没有经验，也没有现成技术可借鉴；"质量关"指折叠结构件复杂，加工精度要求高，材料特殊，对整个工艺流程的质量提出很高要求；"周期关"则指折叠结构件是舰载机上的重要部件，如果没有在项目要求的时间内研制出来，就会影响舰载机项目的进度。折叠结构件是舰载机的独有结构，对中国航空工业来说，是崭新领域。航空工业沈阳飞机工业（集团）有限公司折叠结构件攻关团队有两大重要工种——数控加工和钳工装配，他们面临的技术挑战更是前所未有。

技术攻关团队中负责数控加工和钳工装配的李师傅与夏师傅都是党员。他们坦言，折叠结构件各部件的加工、装配，自己都是第一次做，部件数量多，需要从头研究制作新工装和刀具，设计数控加工程序。面对技术攻关中出现的大量问题，单打独斗行不通，面对新挑战，他们加强了各工种之间的配合。

以往数控加工与钳工装配是上、下游关系，数控加工将组件加工好后，交给钳工装配，两个工种联系不多。但因为折叠结构件情况特殊，加工难度大，公差要求小，有些组件加工后无法满足钳工装配要求，而且需要两个部门配合的零部件很多，因此，他们两个工种密切合作。数控加工现场，有钳工在，他们会提出满足钳工装配要求的各种建议；钳工装配现场，也有数控加工的人在，以便更好地了解钳工的工作需求。两个工种互相借鉴、加强合作，从而保证了项目顺利进行。

在制造工厂一线，沈阳飞机工业（集团）有限公司的工人更是有很多的创新举措。在整个折叠结构件加工装配中，有一个决定性工艺环节，就是加工一个直径很小，但深度很深的孔位。这一工艺环节，不仅加工难度大，而且危险。面对挑战，一线党员开动脑筋，进行创新性改进，不仅提高了加工精度，还保证了工作效率。

舰载机在海洋环境下工作，要求舰载机的起落架既十分结实，又很轻巧，还要非常耐腐蚀。这就对结构设计师提出了更高的要求。面对如此艰巨的考验，研制团队提出了在国内研制新型高性能、耐腐蚀材料的目标，并联合国内多家科研院所和高校，在不断失败、不断尝试中历时三年，终于突破了关键技术，基本形成了高强度、耐腐蚀材料的技术体系。经过一系列试验的考核，确保安全可靠地应用在了歼-15的起落架上，为舰载机长寿命、高可靠性的使用打下了良好基础，同时也提高了国内材料研制的技术水平。

没有立志强国强军的"匠心""匠魂"，就没有歼-15的成功！

甘于奉献，顽强拼搏

"不惰者，众善之师也。"

歼-15研制团队最可贵的，就是他们秉持航空报国的志向，甘于奉献的劳模精神。

歼-15研制过程中，即便节假日和休息时，孙聪也在抓紧时间查阅国内外资料，不断提高自己的业务水平，跟踪世界先进航空技术的发展趋势。

孙聪为获得一手资料，经常不顾个人安危和舰载机起降时巨大的轰鸣声，站在着陆区附近，近距离观察舰载机的着陆过程与动态响应。

孙聪1991年加入中国共产党，30年来，入党誓词始终回响在他心间，也成为他工作的不竭动力。辽宁舰服役后，国外曾断言，中国至少需要5年才能实现舰载机着舰，但辽宁舰服役两个月后，这一目标就实现了。

所里，科研人员一遍一遍在电脑上进行相关模拟试验；陆基试验场，试飞跑道刚刚建成，他们就和试飞员并肩作战，边攻关，边试验，边训练，从飞机的一起一落中收集试验数据，严寒酷暑从不间断。进入陆基试验阶段，孙聪、王永庆带着科研人员更是长期驻扎在试验现场，开展机舰适配性试验试飞攻关。

忘不了，孙聪他们为了找到拦阻钩和拦阻索交会一刻的最佳数值，无数次的近距离观察；

忘不了，攻克拦阻钩的设计难题时，孙聪他们办公室里那彻夜不灭的灯光；

忘不了，孙聪他们在陆基飞行试验期间，跑道尽头烈日下的守候；

忘不了，孙聪他们在航母甲板下多日不见阳光却挥汗如雨……

歼-15研制团队坚持"现场问题当场解决""状态把握压倒一切"，每天24小时倒班作业奋战在科研、试验、生产、试飞第一线。从制订试飞方案、试飞任务分工到现场技术支持，细致规划每一个工作环节。

舰载机完成设计，制造出样机后，一项非常重要的工作就是对舰载机进行试验、试飞，发现问题、解决问题，这需要科研人员赴外场进行科研保障。

歼-15在研制过程中，科研人员采取的是边攻关、边试验、边训练的模式。

早期试验场所的相关基础设施建设还不完善，外场的工作、生活条件较差，但外场保障技术人员从未在意这一点。他们专心于解决技术问题，所有注意力都在歼-15上。他们多在早上6时起床，连续工作到夜里11时以后，并且常年出差，多数人全年出差时间达到9~10个月。装备技术保障部副部长宋浩伟有次参加外场保障，连续出差8个月，回到所里后，同事觉得他脸色不好，看起来很疲惫，但宋浩伟当时忙于技术问题，反倒没感觉。直到忙完阶段性工作，他才意识到自己确实是有些累了。后来，医生警告他，再也不能这样当"拼命三郎"了，容易发生意外！

折叠结构件团队在任务特别紧张时，党员主动挑起重担，一人同时操作两三台机床日夜赶工。为准确计算生产周期，固化生产流程，有的党员感冒发烧，打完点滴就立刻返回岗位继续工作。

为保证生产周期，党员带头整天在生产线上研究，经常每天只睡两三个小时，直到问题解决。在紧张的工作中，大家实行两班倒、三班倒，并保证24小时都有党员在一线。

负责组装的钳工师傅手上都有伤疤。负责对折叠结构件进行数控加工的李师傅和钳工夏师傅，手上的伤疤更多。因为折叠结构件的不少组件很小，无法目视观察组装，只能把手伸进组件内部，凭手的触感来组装，经常会伤到手。他们不会说慷慨激昂的豪言壮语，却能铆在岗位上默默付出；他们的工作或许只是加工歼-15上小小的零部件，但他们却能默默地静下心，日复一日地重复同一个动作。

试飞最密集的时候，装备技术保障部副部长宋浩伟他们工作到夜里12时回到驻地后，还要对当天数据进行总结分析，发现问题、解决问题，然后制订出第二天的训练方案。那段时间必须当日事当日毕。在航母上，飞机设计师与航母设计单位、部队官兵在一起工作，为了共同的目标，所有人都在辛勤地付出。歼-15试飞时，试飞技术保障组全程跟进，飞机在甲板上起降和试飞，他们则在甲板下逼仄的舱室里随时候命，以解决各种可能出现的突发问题。随舰保障，不是休闲度假，见一次太阳都是奢侈，有的只是责任、劳累与艰辛。

埋头苦干离不开坚定的理想信念。歼-15团队抱着为国家搏一把的决心，凭着不服输的劲头，从设计、仿真、试验做起，24小时三班倒，马不停蹄与时间赛跑。

没有懈怠，没有抱怨。大山里、大海上、设计室内，几百个日日夜夜的通宵达旦，歼-15研制团队成员们用心血与智慧进行气动布局的精心设计、稳定操纵的精准分析、起降控制的精确设置。他们，只为歼-15滑跃离舰那一瞬间腾起的一飞冲天，只为歼-15精准钩索那一刹那演绎的刀尖炫舞，只为飞行员的安心与安全，只为祖国的安宁与和平。

完美腾空与降落的背后，是研制团队精湛的技术支持与默默的辛勤付出。在航空工业沈飞的生产现场，"王刚班""方文墨劳模创新工作室""花木兰团队"……一个个拼搏奉献的身影，一个个响亮的团队所向披靡，他们为战鹰的腾飞保驾护航，在书写着执着而动人的篇章。

面对关键结构件生产任务需要攻克的技术、质量、进度三大难关，歼-15研制团队充分发挥党组织的作用，立项共产党员先锋工程，以党员为核心开展创新攻坚，为攻关的完成奠定了坚实基础。从"611""711"到"724"，试验、工序并行推进，"现场问题当场解决""状态把握压倒一切"，始终奋战在科研、试验、生产、试飞第一线。"办公室里简易的行军床""一拖再拖的婚礼"、年轻的母亲把仅仅几岁大的孩子完全托付给年迈的父母、医院接连下达的手术通知拖了又拖等故事让人落泪……

全体参研人员用实际行动践行了"忠诚铸重器，追梦拓海天"的精神，这份在研制中激发、凝聚、沉淀的宝贵精神财富，成为让歼-15振翅高飞的不竭动力。

那一个个彻夜攻坚、忘我拼搏的难忘场景，成了感动心灵的永恒记忆。

这是一支坚强的团队，肩负着时代的重托，默默耕耘在战斗机设计、试制第一线，见证着一架架新型战鹰翱翔蓝天；

这是一支创新的团队，秉承着"航空报国、强军富民"的理念，坚持不懈、攻坚克难，保证了中国首架舰载机完美着舰；

这是一支奉献的团队，倾心付出，集智攻关，屡建战功，以责任、使命与担当诠释了逐梦蓝天、丹心铸剑的无悔人生……

天道酬勤　任重道远

中国赢了，又一次赢了！

这是我国又一项实实在在的大国制造！

现在，中国不但有了辽宁舰、山东舰，还有了世界一流的舰载机！有了可与美国F/A-18相媲美的世界一流主力舰载机！

歼-15战斗机从设计到生产，直接被定义为舰载机种，而非由其他机型改装，使得歼-15各项性能更适应航母需求，将自身的作战能力发挥到极致。歼-15作为重型舰载机，具有攻击半径大、载弹量多、滞空巡逻时间长等突出优势，成为全球同类战机中的佼佼者。

歼-15在航母上起飞的画面一经播出，指挥员手势随之走红。一时间"航母Style"风靡全国大街小巷，一个动作蕴含国人对航母和舰载机多少骄傲与荣光。人们不知道，从无到有的航母、从无到有的舰载机，机舰完美结合的背后，是无数次的"试飞Style"。

2012年9月，辽宁舰入列两个月以后，我们的飞机就成功着舰了，而且首批上舰试飞员小组五名成员全部着舰成功。随着飞机、试飞员、航母状态日臻完善，试飞方法、飞行员培训等经验的不断积累，今天已经有越来越多的舰载机飞行员自由翱翔在海天间。

歼-15的成功，不仅实现了我国在舰载战斗机领域的技术突破，同时还锻炼了一支有知识、有技术、能打硬仗的高水平研制团队。

大浪滔滔，见证着航空人澎湃的强国雄心；蓝天浩渺，镌刻着航空人生生不息的航空梦想。歼-15，展开刚毅的双翅，在海天之间振翅翱翔。那为歼-15注入心血与灵魂的研制团队将一路前行，使中国战机飞跃蓝海，护卫祖国的万里海疆。

孙聪为中国航空执着拼搏的30多年，正是中国航空大发展的华丽巨变。歼-15飞机系列等多个国家重点型号的研制成功，倾注了孙聪全部的心血和智慧。

孙聪带领他的团队一举实现了飞机设计技术从"三代到四代、陆基到舰基、有人到无人"的惊人跨越和拓展，先后被授权4项国家专利，获得国家科技进步奖特等奖，国防科学技术进步奖一、二、三等奖，以及中共中央、国务院、中央军委授予的多项大奖，孙聪成为"CCTV科技创新人物"，当选全国政协委员，这不仅是党和国家对他的贡献和成果的肯定，也是对中国航空工业的巨大鼓励。中国工程院院士、飞行器导航制导与控制专家冯培德是这样评价孙聪的："他是我国新一代战斗机的领军人物，他带领团队自主创新，推动了我国海军航空武器的升级、发展，实现了国产战斗机由陆基走向海基的历史跨越，为我国蓝水海军的建设再立新功！"

歼-15那刚健的双翅，已搅开古老苍穹的大美雄魂。

孙聪——共和国的航空骄子，把一腔忠诚，挥洒在海天之间！

天道酬勤。孙聪于2015年当选中国工程院院士，2016年担任中航工业科技委副主任，2019年担任中国航空研究院院长、分党组副书记。

如今，六〇一所的年轻人又站在了新的起点上。

时光穿越，航空工业沈阳飞机设计研究所图书室的灯光下，仿佛坐着20多岁的顾诵芬、管德、李明、李天、杨凤田、孙聪……"飞鲨"——歼-15，你承载着几代航空人的奋斗和拼搏呀！

蓝天无垠，征途漫漫。航空工业沈阳飞机设计研究所，将迎接一个个新的辉煌！

只愿此身长效国，不为名利报国恩

——记中国航发动力所"太行"发动机张恩和和他的研发团队

◎ 刘冬梅

2005年冬天的沈阳寒意浓浓，对于中国航空动力事业来说，这个冬天却是航空人的收获季节。11月20日"太行"发动机设计定型初始寿命试车顺利完成，党中央、国务院、中央军委给予高度赞誉。12月28日是一个永载航空工业史册的伟大日子。我国设计研制的具有自主知识产权的高性能、大推力、加力式涡轮风扇发动机——"太行"发动机，在中国一航沈阳发动机设计研究所（中国航发动力所）顺利通过设计定型审查！

定型大会隆重而热烈，签字仪式更是高潮迭起。当"太行"发动机总设计师张恩和迈着矫健的步伐自信地走向签字台时，300多名军队首长、上级领导、专家、代表会集庄严的会场，忽然雷鸣般的掌声响起，这位令人尊敬的长者签字落笔后，再也抑制不住内心的激动，闪着泪花向与会者深鞠一躬……

这一鞠，深表赤子之诚，向党和国家交上一份满意的答卷，无愧于钟爱一生的事业！

这一鞠，跨越万水千山，凝结着航空工业战线几十万职工的心血与汗水期盼的结晶。

这一鞠，记录了18年的风雨无阻，承载着中国航空人6570多个日夜、矢志不渝的渴望。

这一鞠，彰显了创新、求实、奉献、协同的科研精神，代表了无数航空人倾注了满腔热血、华发早生，奉献了最美好宝贵的青春年华……

中国战鹰急需中国"心"

美国国防部《2020年构想》中提出构成美国未来战略基础的九大优势技术，航空喷气发动机被列在第二位，排在核技术之前。美国国家关键技术计划说明书写道："航空发动机是一个技术精深、使得一个新手难以进入的领域，它需要国家充分保护并利用该领域的成果、长期数据和经验积累，以及国家大量的投资。"

《斯奈克玛——蓝天引擎》一书中写道：航空发动机工业是一个与众不同的工业，航空发动机作为当代尖端技术的标志，这个复杂而要求很高的领域，无论就功率输出还是就欧元而言，都涉及惊人的巨

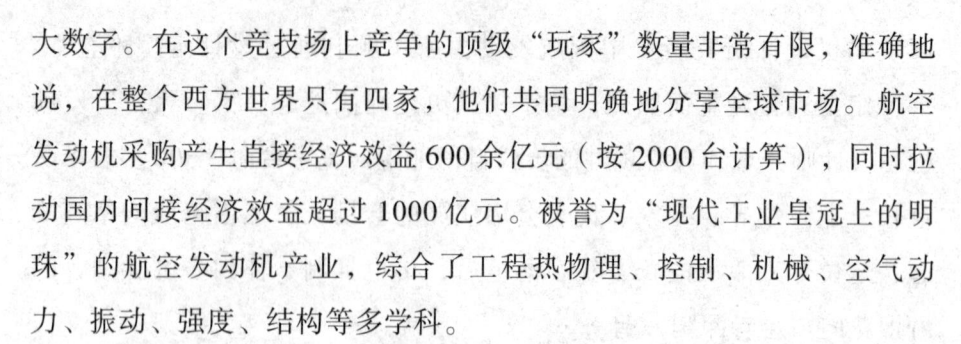

大数字。在这个竞技场上竞争的顶级"玩家"数量非常有限,准确地说,在整个西方世界只有四家,他们共同明确地分享全球市场。航空发动机采购产生直接经济效益600余亿元(按2000台计算),同时拉动国内间接经济效益超过1000亿元。被誉为"现代工业皇冠上的明珠"的航空发动机产业,综合了工程热物理、控制、机械、空气动力、振动、强度、结构等多学科。

"太行"发动机,是我国第一台自行研制的大推力涡轮风扇发动机,是我国在攀登世界科技高峰征程上迈出的重大一步,是我国航空发动机史上最具标志性的重大成果。它标志着我国航空动力装置研发能力跻身世界先进行列,成为继美、俄之后能够自主研制大推力军用涡扇发动机的第三个国家。太行发动机的研制历时18年,涉及全国60多个参研单位,其先进的技术在支撑航空动力的发展的同时,通过军民融合、技术转化也有力地推动了社会经济的发展。"太行"发动机为我军第三代战机提供了国产动力装置,解决了我国第三代机种动力装置长期受制于人的被动局面,提高了我军攻防兼备的能力,实现了我国航空武器装备、航空工业技术和相关产业发展的历史性跨越。

20世纪50年代以来,涡扇发动机受到西方航空强国的极大重视,现今世界三大航空动力巨头罗罗、普惠、通用公司都推出各自的涡扇发动机。那时年轻的中华人民共和国正蹒跚起步,百业待兴,在硝烟中建立起来的航空工业基础薄弱,航空发动机作为典型的技术密集和高附加值的高科技产品,长期以来一直是我国航空工业的难点。在条件艰苦、困难重重的情况下,中国一航动力所从1961年建所之初就致力于研制先进的航空发动机。

1964年毕业于哈尔滨工业大学发动机设计专业的张恩和,先是入伍在空军部队锻炼,一年后分配到一航动力所工作,从此他与发动机事业结下了深厚感情。20世纪60年代中期到70年代末，张恩和在总体室担任结构组组长，在总设计师李志广的指导下，参与涡扇6发动机总体结构方案构思、设计及修改设计，在发动机总装、分解、调试、排故过程中，他一边参与一边学习，对各部件及系统有了全面深入的了解。在发动机总体结构方面积累了丰富的工程经验，他参加了发动机振动大、喘振、超温等故障的排除，主持油膜轴承方案设计，使发动机整机振动值降低了60%。经过20年努力，相当于国外二代发动机水平的涡扇6，历经"三下四上五转移"，初步达到成熟阶段。由于配装的飞机型号下马，涡扇6发动机失去了使用对象，不得不终止研制。1981年在大连旅顺口召开的型号总结会上，一航动力所总设计师李志广满怀深情对涡扇6发动机研制历程做了总结，20年的不懈追求，牺牲了一代人最宝贵青春年华的发动机，却无用武之地，参研人员的心血付之东流，台上的李老总心痛得热泪长流，整个会场悄无声息，台下参会的同志也都为这个型号潸然泪下……

痛定思痛，我们与国外航空大国相比差距很大，造成这种局面原因是多方面的，在人类有动力飞行之前，以瓦特发明蒸汽机为标志的工业革命已经有200多年的发展历史，国外航空工业发展有先进的基础工业作为支撑。在拥有雄厚技术基础的情况下，每年还要投巨资进行多种部件和整机的预先研究，国外研制一台新型发动机费用在10亿~20亿美元。而新中国成立初期，中国航空工业与基础工业一同起步，航空发动机行业既没有预先的科学研究，也没有先进的制造技术，在"文革"中又要受到政治运动的影响，研制工作环境很不稳定，再加上航空发动机研制较飞机研制周期较长，因此型号下马是必然的。

20世纪80年代初，我国周边国家和地区开始装备第三代战斗机（其动力为美国F100、F110和苏联AL—31F等发动机），这对我国的国家安全和领土完整构成了严重威胁。当时我国第二代中等推力涡轮喷气发动机刚开始研制,第三代发动机还是空白。

1985年12月,以吴大观为首的九位资深专家联名向邓小平同志上书,提出我国发动机必须坚持走"自行研制"的道路,彻底改变长期受制于人的局面,并对具体研制方案和工作安排提出了建议。1986年1月,邓小平同志做出重要批示:我认为所提建议很重要,近期花钱不多,似可同意。经过20多年的艰苦努力,"太行"发动机实现设计定型,虽然先后发生一些技术质量问题,但毕竟我国第三代战机有了国产发动机作为动力保障。历史证明"太行"发动机走自行研制的道路是完全正确的。

科学研究没有坦途,总是在曲折中勇攀高峰

1987年起,张恩和任"太行"发动机行政副总指挥,他与当时的总设计师李志广同志密切配合,在"太行"发动机设计研制中进行了大量的开创性工作。1991年底,已过知天命之年的张恩和出任"太行"发动机总设计师,研制我国新一代大推力涡扇发动机的重任落在他的肩上。刚接任"太行"发动机总设计师的张恩和在琢磨这个问题:"太行"发动机如何找到合适的飞行平台进行领先试飞?

张恩和经历了涡扇6发动机整个研制过程,他天生就是属于那种喜欢攀登的人,身上有一种不服输的劲儿。他个子不高,头发花白,总是迈着稳健有力的步伐边走路边思考,在谈到他的心爱的发动机事业时,总是那样永远地充满激情。面对"太行"发动机如何找到合适的平台进行领先试飞问题,张恩和经历过涡扇6下马的痛楚,强烈的忧患意识使他感到选择合适的试飞平台太重要了,否则失去装机对

象，悲剧将会重演。

20世纪90年代初，我国从国外引进一批飞机直接装备部队，为降低"太行"发动机配装飞机的研制风险，张恩和适时地提出"太行"发动机以国外飞机为平台的领先试飞方案，并组织所内的技术力量进行了6个方面的可行性论证。1993年动力所向当时的中国航空工业总公司报告，申请提供一架引进的飞机作为飞行平台对"太行"发动机进行领先试飞。周密的论证和详细的汇报使得中央军委等上级领导同意张恩和同志的建议。

为贯彻落实国务院、中央军委的重大决策，将"太行"发动机配装被选定的飞机，必须解决一系列技术难题。缺乏飞机的设计资料，改动飞机结构更非易事，在沈阳所时任所长刘春义、总设计师李明等人的大力配合下，两所确定了一个"可恢复性更改"的方案，飞机方面对进气道和发动机舱的改动为发动机装机提供了宝贵的机会，但需发动机解决的问题更多，道道难题摆在动力所人面前。张恩和同志身先士卒，经常通宵达旦地工作。在解决装机问题的过程中，他几乎天天在装配厂房，张恩和总设计师同工人和技术人员一起研究怎么把外部附件安排好，也不时地在装配架上爬上爬下，一次突然一个闪失，一脚踩空，从装配架上翻了下去，头撞在装配架横梁上，鲜血很快流了下来，张恩和当场昏过去。在场的同志把他送到医院，经过抢救苏醒过来，他睁开眼睛问的第一件事是：发动机附件排好没有？就是这样一股矢志不渝的韧劲，终于确定了一个最好的装机方案。

在沈阳所、沈飞、黎明的全力配合下，完成了配装飞机的全尺寸发动机金属样机制造和装配，在沈阳所仅用一个半小时就成功装进了飞机，为"太行"发动机装机试飞迈出了坚实的一步。"太行"发动机先后进行了4次试验，对发动机的功能、性能、空中起动、推力瞬变、通断加力、进气畸变、高原、高温起动等特性进行了检查。这也是我国首次开展的大推力级带收扩喷口加力燃烧室的涡轮风扇发动机高空模拟试验。张恩和对试验非常重视,认真向专家请教,查阅大量技术资料,多次主持召开研讨会,他严肃地指出:"这个试验对发动机影响很大,这是国内首次进行这类试验,没有现成经验可借鉴,为确保万无一失,我们要学习航天人的精神,做好各项预防措施。"在试验前的评审会上,张恩和针对试验提出很多建设性意见和预案,为参加设计和试验的人员指明了方向,理清了思路,从而保证了高空台试验顺利成功。高空台试验都是在后半夜,张恩和经常与大家在现场,分析研究试验数据,通宵达旦。他经常鼓励年轻的科研人员:新方案或新设计更改要在充分讨论的情况下再定;新方案或设计更改要验证后再落实;制定预案,预则立,不预则废;注重细节设计;技术问题贯彻"严、细、慎、实"原则。

"太行"发动机研制工作始终把可靠性增长放在第一位,始终注重发动机的整机试车。为提前暴露"太行"发动机装机技术状态的问题,张恩和决定:发动机提前一个批次进行投入试车,进一步验证发动机结构可靠性。

"太行"腾飞了!一双双眼睛被吸引住,一颗颗心在胸腔中激动地跳跃!真是终生难忘的时刻呀!飞机着陆后,张恩和噙着泪花,疾步奔向跑道,一把抱住试飞员,又紧紧握着试飞员的双手,激动得许久没有放开……

"太行"发动机首飞成功后,为尽快转入后续科研试飞阶段,张恩和每天都与大家一起研讨试飞情况,找出薄弱环节,确定调整方案,保证试飞顺利进行。"太行"发动机进行科研试飞,这在我国发动机研制史上尚属首次,提前完成试飞任务更是个创举!喜讯传到北京，得到了中央军委首长的充分肯定，总装、科工委、中国一航均发来贺信。

"太行"发动机通过一、二批机，定型批发动机的大量试验考核，经历了故障暴露、攻关解决，验证，再暴露、再解决，再验证的认识过程。已从故障高发期进入稳定期，结构渐趋成熟，可靠性不断提高。动力所的一大批青年科技工作者在张恩和的指导和影响下，也随着型号研制而成熟，工程经验逐渐丰富，实现了人才和知识的更新换代，为我国的航空动力事业后续发展做出重要保证。

航空发动机设计征途上历尽艰难曲折，岁月中尝遍苦涩的滋味。"太行"发动机的研制历程并非一帆风顺，研制中先后发生各种技术问题和故障200多项，研制中几次大的故障，一度使研制工作陷入困境。在上级领导的坚定支持下，广大参研人员顶住巨大压力，夜以继日，攻克道道难关，使研制工作峰回路转。

在"太行"发动机攻关的最关键时刻，刘高倬总经理和其他集团领导深入装配厂房，与全体参研职工共同加班，在攻关现场，与专家组及所里的同志针对故障现象进行分析研究。他语重心长地说："'太行'发动机不论遇到多大困难，哪怕有一线希望，也要下定决心研制成功。"

"太行"发动机排故过程中，通过对外技术开放，动力所与行业内外的专家共同分析排故对策，并进一步做好故障研究分析和故障分析工作，严细慎实、一查到底，在落实排故措施时，进行了大量的试验验证，先后完成17份故障计算、研究、分析报告。经过四个月的精心努力，排故的发动机经过了改进措施设计、加工和试验验证，并进行了排故措施验证评审，将排故措施落实后，重新装配恢复生产，落实排故措施的发动机于当年年底前交付试飞院，继续进行设计定型前的试飞工作。

勇往直前的"太行"发动机研究团队

张恩和坚持以"完成一个型号,培养一批人才"的指导思想,结合重点型号研制任务,给年轻技术人员以实践锻炼的机会,结合建立有效的激励机制,创造有利于人才成长的总设计师文化氛围,凝聚和稳定人才队伍。他培养了中青年副总师、学术技术带头人、主任设计师等数十名,培养的博士生、博士后数名。在他的带领下,一大批年轻人在实践中成长起来,成长为专业技术骨干,形成了一支有较高素质、较强实力的航空发动机技术梯队。

张恩和特别注重对年轻人的培养,不断给年轻人创造能力提升的机会。他告诫大家:"年青的一代是祖国航空事业的未来,必须从现在开始,从平时的一点一滴中积累,你们所做的每一件事都关系着祖国的前途,关系到人民的利益,在这项伟大的事业中一定要保持严谨的态度,来不得半点马虎。"

2005年"太行"发动机通过设计定型审查,动力所拿出150万元奖励"太行"发动机团队。作为"太行"总设计师,张恩和理应得到较多的奖金,但是他把这150万元奖金全部分发给参加研制工作的职工,包括很多一线的普通职工。张恩和知道,仅凭一己之力是不可能完成"太行"发动机设计任务的。

动力所控制领域的老专家张绍基同志身患重病,他带病参与制订了三套技术攻关方案。2004年初,他不得不进行喉部肿瘤手术,腊月二十九在北京做完手术,大年初八就回到了工作岗位,投入攻关方案的分析计算、调试试验中。在高空台整机试车调试现场,由于手术留下的后遗症,张绍基身体虚弱,说话的声音十分微弱,他一边吃力表达一边还得有人"翻译"。同志们不忍心,劝他多休息,但被他婉言谢绝。同志们从张绍基坚毅的目光中体会到作为一名老党员一切都要服从事业需要的坚定决心和意志……2005年2月，在西安召开的中国一航发动机事业部第二次工作会上，领导在谈到"太行"发动机参研工作时激动地说："有些老同志，不顾身体有病，仍然奋斗在一线，张绍基同志身患癌症，却坚持在高空台上跟大家一起熬夜攻关，这是在用身体扛着我们的发动机……"

阎良试飞现场，有一位女副总设计师李建榕，她是动力所试飞战区的技术负责人，安静而羸弱的外表下隐藏着一颗火热的心，但处理现场应急问题时她当机立断，干净利落。飞行中，李建榕数次根据现场监视数据变化，向现场指挥和飞行员提出应急处理方案，增减飞行课目。作为试飞战区的技术负责人，李建榕常常彻夜难眠，认真查看试飞中的各种数据，翻阅随身带去的高空台试验资料，提出了总体思路和分析方法。她又与其他同志夜以继日地艰苦工作，排故措施在飞机上实施，保证了发动机工作的安全性和飞行转场。她从2002年开始跟飞，长期坚持在一线。其间还利用飞行间隙，到北京、成都、沈阳参加技术工作会、台架调试和处理技术问题。外场工作条件艰苦，冬季严寒刺骨，炎夏酷热烤人，最热的2003年夏季她一次连续跟飞四个多月。一次她染上了严重的肺炎，但是入院治疗了一段时间后，病情刚见好转，就毅然离开医院，重新投入紧张的工作中。

作为所领导，张恩和深谙"众人拾柴火焰高"的道理。他有很多出国的机会，但从2000年至2016年这16年间，张恩和仅出国学习一次，他总是把机会让给别人，他时时刻刻惦记着发动机研制工作，不想离开半步。

"除了吃饭睡觉，就是发动机"，也许没有任何语言能比张恩和这句话更能概括他在整个发动机研制过程中的艰辛。作为型号总设计

师，他从研制工作开始就全身心投入研制工作中。放弃了节假日，不分昼夜，废寝忘食，带领全体参研人员顽强拼搏。在整个型号研制的过程中，作为技术负责人，始终以如履薄冰的心态做好每一项工作。当型号研制遇到困难的时候，从不气馁，能把握大局，并在技术上做出正确的判断，同时组织技术人员集智攻关。当型号研制进展顺利的时候，总告诫自己和整个研制队伍要谦虚谨慎，不到最后一刻绝不言胜。

在组织"太行"发动机研制工作方面，严细慎实是张恩和总师对参研人员的要求。不管什么时候，只要发动机出现问题，他都要亲自检查，找出问题的根源，做出较好的解决方案，并且对一切可能相关的环节进行确认，确定没有产生影响后才放心。他经常鼓励同志们："不能辜负上级领导的信任，有问题早暴露，暴露一个少一个，否则装到飞机上再出事损失就大了。"

攻关的关键时刻，动力所成立了张恩和为组长的攻关组，与试飞院密切合作，兄弟单位协同攻关。方案制订过程中，张恩和总师要求以数据说话，从出现问题的根本入手进行深入分析，在征求有关专家的意见后，决定采用Ⅱ方案，发动机在换装Ⅱ方案主泵调节器后，一举攻下加速性差这一难关，经过十几次飞行验证，证明了攻关措施正确有效，高空小表速边界工作不可靠的重大技术关键得到彻底攻克。

"太行"发动机排故攻关时，张恩和就在工作现场，排故工作一连20多天，他每天都往来所区与试验基地现场，从设计等方面查找问题产生的原因。在召开排故分析会时，他多次动员大家坚定信心，更加努力地把自身工作做好，就是对型号最大的支持。由于昼夜连续奋战，张恩和的老伴从国外回来，看到他20多天也没换衣服的情形，心痛得直掉泪……

在"太行"研制最困难的日子里,张恩和承受着技术攻关等各方面的巨大压力。然而,张恩和总是顾全大局,胸襟坦荡,正确对待。他常说:"批评好比是给我们上发条,加劲儿。钟表的发条上得越紧,压力越大,动力就越大。"他泰然处之,默默地用行动实践自己的追求。

张恩和常说,发动机的研制是一个系统的工程,是一个长期的、关系祖国和人民未来的事业,是一个全寿命的过程,每个产品都是不断改进完善的过程,航空发动机产品及产品服务是设计、生产并不断完善的良性循环。使用过程中暴露和解决问题是科技创新中不可缺少的一个环节,是认识的再提高和深化,它将促进技术的进一步创新。只有真正把自主研制的装备变成军队喜欢的装备,我们的设计思想、我们的产品才能得到大家的认可。没有出装备,就等于没有完成任务。研制发动机是所综合实力的体现。要预研一代,探索一代。研制型号过程中还要做好合作与服务,总设计师单位是全局系统的一部分,既要考虑上游的供应商,又要考虑下游生产厂,全方位为用户服务,并贯彻到设计研制工作中,落实到组织机构和责任体系之上。不仅要在军机领域大有作为,而且大飞机动力研发中要实现新突破,大力开展燃机系列产品开发,形成自己的燃机产品品牌。

创新、求实、奉献、协同的科研精神

"每一个参与研制的人,都把自己的生命和'太行'发动机连在了一起,我个人是这样,这个群体也是这样。"张恩和认为,科研工作来不得半点虚假,更没有捷径可走。实事求是是科研工作者必须具备的基本素质。

在一次常规的低温试验中，总设计师可以不用在现场，可是60多岁的张恩和心系工作，坚持从前半夜就和大家一直工作到早上5时，当时冬天厂房非常冷，在场好多人都劝他回去休息，但他执意不肯，为了解真实的温度情况，他不时查看室外的温度计。为达到低温要求，他就一遍一遍给气象站打电话询问，得到回答是在当天凌晨三四点是温度最低的时候，张恩和告诫大家，试验差一点也不行，必须较真儿到底。

中国航发动力所原副总设计师刘国玉回忆，张恩和天大的事都装在自己心里，扛在自己肩上，甚至在外出差，他都惦记着所里的研制工作，常常打电话回来询问研制进展，如果遇到问题，就多方协调，四处奔走。

中国航发动力所原党委书记吴文生回忆，2003年春季的一天深夜，高空台试验现场出现问题，当时正值非典时期，张恩和得知此事后，坚决要去现场，同志们都劝他不要去了，派别人去处理就行。他焦虑地说："'太行'发动机已成为我生命的一部分，如今出问题了，不去能安心吗？"

出发的那天晚上，张恩和总设计师彻夜未眠，他担心发动机行业的发展再出现大的挫折。他眼前浮现的是试车的同志不分白天黑夜奋战的情景，浮现的是跟飞同志那被烈日晒黑了的面孔，浮现的是所领导风里来雨里去组织协调的身影，浮现的是全所职工为了型号不顾小家的一幕幕……

从沈阳去四川几千里路，两辆车由三名司机轮流开，张恩和与时任所长李勇、党委书记陈锐一路上没住过宾馆旅店，在汽车里休息和吃饭，经过38个小时的颠簸，赶到高空台试车现场。60多岁的张恩和下车顾不得休息，一边听着参研人员的汇报，一边认真思考，在30多摄氏度的高温下，一夜未合眼的他顾不上擦去脸上的汗水，一遍一遍地分析各种数据。大家共同努力，终于找准问题并排除故障，确保了研制工作顺利进行。

在整个"太行"发动机研制过程中，张恩和始终把自己的理想追求和型号研制连在一起，他曾说过："我一生别无所求，只要型号成功，只要对发动机事业发展有好处，对国防武器装备建设有好处，自己这一生就算没白过。"

2016年10月末，张恩和突发炎症住院，然而，就在去世前10多天，张恩和还向所里瞒着病情，不顾家人和医生的反对，出差工作。这位77岁的老人背着老伴和孩子，偷偷给秘书发短信订票订车，固执地带着一兜子消炎药出发了。但由于多日旅途劳累加上患病在身，出差回来的张恩和身体状况急剧恶化，永远离开了他钟爱一生的航空发动机事业。

张恩和生前常说这样一句话：择一事，终一生，只愿此身长效国，不为名利报国恩！

以张恩和为带头人的"太行"发动机研制团队在为科研事业而奋斗的过程中形成了勇攀高峰、敢为人先的创新精神，追求真理、严谨治学的求实精神，淡泊名利、潜心研究的奉献精神，集智攻关、团结协作的协同精神。

2020年中国共产党十九届五中全会在北京胜利召开。全会提出，坚持创新在我国现代化建设全局中的核心地位，把科技自立自强作为国家发展的战略支撑，面向世界科技前沿、面向经济主战场、面向国家重大需求、面向人民生命健康，深入实施科教兴国战略、人才强国战略、创新驱动发展战略，完善国家创新体系，加快建设科技强国。我们相信，在以张恩和为代表的千千万万航空人的努力下，中国航空领域一定会早日走在世界前列。

为了浩渺蓝天的宁静
甘愿一生只做一件事

——记全国劳动模范 赵 霞

◎关 彤

数百年来，每当人们仰望天空时，总会梦想可以生出双翅，像鸟儿一样飞上蓝天；抑或像童话电影中阿拉丁那样坐着"飞毯"腾地而起，随时拥抱那片广袤的空间。18世纪，热气球、飞艇的发明让人类终于飞上天空；20世纪初，美国莱特兄弟载人飞行器的研制成功，更是让人类的这一梦想进一步变成现实，从此拉开征服天空的新纪元。

如今，买上一张飞机票，万里之遥朝发夕至，可谓便捷。而在享受便捷、高速的工具时，您的心中可曾闪过这样的念头：飞机到底是怎样离开地面、翱翔天空的？

无论是宽敞舒适的波音客机，还是装备精良的战斗机，纵观飞行器的发展进程、深挖其中的奥妙原理，其背后都离不开一门学科——空气动力学。空气动力学作为航空、航天技术发展的先行学科，毫不夸张地说，人类飞翔之梦得以实现，就是从它一次又一次革命性的突破开始的。

虽说飞机的发明距今只有100多年的历史，但早在2000多年前，人类便对空气动力学开始了思考，亚里士多德、牛顿等诸多历史上著名的科学家，也先后为该领域做出不朽贡献。我国飞机的空气动力学研究也汇聚了一大批科学巨匠，新中国著名飞机设计大师、航空科技事业引领者、我国航空界唯一的两院院士顾诵芬，便是飞机气动力设计的奠基人。

我们今天要讲到的，是空气动力学和航空领域里一位令人敬佩的巾帼英雄：她是国内航空飞行器总体气动布局设计专业第一个女副总设计师；她曾参加过10余个重点型号飞机的研制工作，先后7次荣立航空部一、二、三等功；她是全国劳动模范，党的十七大代表，全国三八红旗手，全国三八红旗手标兵……

她，就是航空工业沈阳飞机设计研究所（以下简称"沈阳所"）型号总设计师赵霞，一位站在航空设计空气动力学顶峰的大国工匠。

童年：与飞机结下不解之缘

朴实的衣着、爽朗的笑声，在一个冬日的下午，刚刚从外场归来的赵霞，风尘仆仆，英姿飒爽的脸庞上淡淡的疲倦还未完全消散。交谈间，理科生的严谨与抽象宛如一条笔直的数轴，沿着一个方向穿起了过往，延伸向远方。

谈起与航空的缘分，赵霞说，都是冥冥之中的一种注定。

赵霞祖籍山东青岛，1961年出生于南京。8岁之前，她跟随父母生活在南京某军区大院。儿时，她有着一段轻松快乐的童年时光。8岁之前，在赵霞的眼中，天是那样蓝，生活是那般美好。每天放学后，挎着书包的赵霞或恣意地奔跑在万里晴空下，或与大院里的孩子聚在一起大声背诵伟人的语录和诗词。

可20世纪60年代，是一个暗流涌动、跌宕起伏的特殊岁月。在赵霞8岁那年，一家人随父亲转业回到了农村老家。原本城市里无忧无虑的小姑娘，成了青岛市崂山县城阳公社的一员。彼时赵霞在南京已读到小学三年级，可回到农村落了农村户口后，她不得不捧起小学一年级的课本，从头再来。

知识上的重叠本也没什么，真正让赵霞感到动荡的是生活上的巨变。当时农村户口人员都得努力挣工分、攒口粮。为减轻家里的负担，那时赵霞便利用休息时间到地里干农活：春天种蔬菜，夏日割青草，秋季掰苞米、割麦子……到初中、高中阶段，赵霞已经能靠双手挣满8个工分。要知道，8个工分那可是一名成年女性很努力才能挣到的满分。

尽管生活万般不易，赵霞却从未被艰辛击倒。相反，她不仅在夹缝中磨炼了吃苦耐劳的意志，更是寻到释放压力的五彩之光。

原来，青岛流亭机场便建设在赵霞生活的村子附近。只不过在最初时，流亭机场还是一个不对外开放的军用机场。当时，飞机绝对称得上罕见的新鲜事物。因比邻机场，赵霞有幸能经常看到飞机起降。飞机降落时，飞行的高度会特别低，感觉伸手都能触碰到；而当飞机起飞时，看着庞然大物渐渐从视线里消失，也是一段神奇的回忆。

求学：命中注定是航空事业的一分子

在崂山县，赵霞前后共生活了 9 个春秋。虽说生活枯燥、岁月艰辛，日子没有一刻轻松过，但在土地上的耕耘之外，知识的力量却给赵霞送去了一抹绚丽色彩，也让她的人生舞台有了无限的可能。

在求学路上，赵霞无疑是幸运的。而她心中对知识的渴望以及智慧的凝聚，也一路指引着她奋力前行。

高中阶段，赵霞就读于崂山三中，学校离青岛很近，坐火车只有 20 分钟的路程。当时学校里有一批被打成右派的青岛市各重点高中的优秀老师，他们因历史原因来到农村。老师中既有山师大的高才生，也有北师大的学者，总之崂山三中的师资力量颇为雄厚。

相较于教师队伍，在那偏僻的乡壤，学生们的素质参差不齐，学习成绩优异的赵霞自然成了老师们的重点培养对象。在准备高考那年，学校老师利用个人关系，给赵霞弄到了城里的复习卷子，并牺牲大量课余时间，给赵霞额外补习。大家似乎都在憋着一股劲儿，迫切地想找到一个出口把心中的无奈释放出来。那时的农村若能培养出一名大学生是一件多么令人振奋的事，而那些满腹经纶、饱读诗书却饱受命运蹉跎的顶尖学者，早已将赵霞视为寄托与希望。

1978 年 9 月，在全国恢复高考的第二年，赵霞被西北工业大学空气动力学专业提前录取。她用成绩回报了师恩。

虽说考上大学是一件令全县都扬眉吐气、喜上眉梢的事，但在接到录取通知时，却有一丝乌龙的味道。赵霞不仅对空气动力学一无所

知，就连学校是坐落在西安都是她后来才打听到的。

赵霞最初的理想是成为一名医生，她原本打算填报的志愿也都是医科专业。高考结束后，在广大学子开始填报志愿之前，学校来了一次"掐尖"，提前将各省数理化成绩优秀的学苗会聚在了一起。赵霞有幸被西北工业大学空气动力学专业选中。当拎着行李踏入校门时，空气动力学究竟是一门怎样的学科，赵霞心里还是发蒙的。后来随着学习不断深入，她才渐渐弄懂了自己专业的应用、方向，也深深地爱上了这门学科。

空气动力专业是研究空气和物体之间有相对运动时，空气运动及空气与物体相互作用规律的专门学科。它是理科中偏理的学科。在航空领域，主要是研究飞行器在大气中飞行的原理作用在飞行器上的空气动力随飞机几何外形、飞行姿态等基本因素的变化规律。再往宽泛一点来说，汽车、建筑、桥梁等在设计过程中均需要进行空气动力设计分析和风洞试验验证。当年全国只有南京航空航天大学、北京航空航天大学和西北工业大学三所院校拥有空气动力学专业。

也许就是因为学科太过稀少、国内教材不齐全，在赵霞刚上大学那会儿，她所在专业采用的是美国版空气动力学全英文教材。这可难坏了赵霞！因为空气动力学的专业术语本就晦涩难懂，而上大学前赵霞也没学过英语，就连26个英文字母都是临时抱佛脚突击学的。全英文的教材对赵霞来说，如同天书一般。为补齐英语短板，课堂上赵霞将老师讲授的知识点一句不落地记在本子上。课后，她便大段时间泡在图书馆里，捧着厚厚的英汉词典，温习教材……

春去秋来，日复一日，赵霞硬是靠着"死记硬背"的"笨法子"还有山东人骨子里那股不服输的劲儿，攻克语言难关。

工作：气动设计一丝一毫不能出差错

1982年，赵霞从西北工业大学毕业，来到了有着中国"航空英才摇篮"之称的沈阳飞机设计研究所（沈阳所）工作。

沈阳所隶属中国航空工业集团公司，成立于1961年，是新中国组建最早的飞机设计研究所，主要从事战斗机的总体设计与研究工作。

赵霞刚到沈阳所时，飞机该如何设计，气动力特性是什么，试验模拟准则有哪些……一连串的专业问题和工作实际，让仅有大学知识储备的赵霞傻了眼。但值得庆幸的是，赵霞赶上了一个好时代。

20世纪80年代初，我国航空事业迎来蓬勃发展的强劲势头，改革开放带来航空技术的春天。饱满的型号、预研的任务，让赵霞和同事们都感到十分振奋。尤其是所里老一辈的科技工作者都铆足了劲儿，加班加点、不计报酬、夜以继日地进行科学研究。

在赵霞的记忆中，当年沈阳所的拼搏氛围特别浓厚：为完成重点型号的研制任务，有的老同志一个抽屉里放着试验报告，另一个抽屉里放着药片，不图名、不为利地加班加点苦干；还有的老同志干了一辈子没有成"名"成"家"，但仍孜孜不倦地奋战在一线。当时所里的老同志每个月不过六七十元的工资，一家三代就挤在14平方米的房子里。每到饭点，大家都挤在狭长的走廊里，生火做饭。你家吃什么、我家做什么，一清二楚。然而就是在这样艰苦的生活环境和极简陋的工作条件下，沈阳所创造了中国航空工业发展史上许多个"第一"，实现了我国航空工业从仿制到自行研制的历史性转变。而老一辈科研人员甘于清贫、寂寞，甘于奉献、淡泊名利的精神，深深震撼着赵霞，也让她确立了唯愿祖国强大的人生目标。

后来，在老一辈航空人无私的帮助下，刚走出校门的赵霞一头扎进了那些用生命积攒的宝贵设计报告、工程笔记中。在此后的几年里，赵霞沉心静气，一点一点把沈阳所几十年的"家产"——10多个大卷柜里的气动设计资料全部"消化"了一遍，她也完成了从一个青涩大学生到优秀设计员的蝶变。

赵霞所从事的专业，不仅需要扎实的理论功底，还必须积累丰富的风洞试验及试飞验证等方面的经验和知识。飞机能否飞上蓝天、飞机性能的好坏，气动布局设计水平及风洞试验的结论起着决定性的作用。所谓风洞试验，是指采用全尺寸或缩比飞行器平台在风洞中，利用流动测量、显示手段和飞行参数测量手段，对基础流动现象进行观察与测量，验证飞行器气动特性，为飞行器提供决定性依据的直接手段。在消化了全部资料后，赵霞到风洞现场，开始了更为枯燥的数据记录、理论推导等工作。

对于科研人员来说，风洞试验绝对是一件苦差事。因为风洞一般建在山区，设在炸开的山体内部。因最初的技术有限，常用的高速风洞只有0.6米乘以0.6米口径大小，每次试验科研人员都得钻进洞里更换试验状态。然而空间局促也就罢了，风洞里噪声巨大，即使戴上耳机还是震耳欲聋，简直就是历练。夏日里，试验后的风洞温度能达到60摄氏度，比桑拿房还热，眼睛睁不开、衣服被汗水湿透都是常有的事。而冬天，风洞里又十分湿冷，记录数据时双手被冻得通红。

尽管如此，赵霞十分珍惜试验机会。每次在现场，她都拿着钢板尺和三角板，利用一切时间在纸上绘制曲线、比对数据，全然不在意身边的一切。因为赵霞明白，飞机设计是攸关国之重器的大事，不能有一丝一毫的差错。她做的基础数据，直接决定着日后飞机能否安全地飞上蓝天……

每次深入试验和设计现场，赵霞也沿袭了老同志随身携带笔记本、随手记录的习惯，她也想着为后辈留下一份宝贵的资料。在数据分析中，她从数万个数据点里找出气动特征变化曲线，再对曲线修正，用超出常人的耐心和细心攻克技术难关。

从初到沈阳所跟随老航空人学习，到后来自己带队伍，一条条超前的思路方案、一个个创新的设计方法、一项项攻克的技术难题，赵霞用实际行动带领团队一步一步拉近我国飞行器气动布局设计与世界先进水平的距离。

创新：航空事业永无止境的追求

2000年春天，赵霞升任副总设计师，她也成为沈阳所建所40年来的第一位女副总设计师。之后，由她牵头的某型号研制工作全面展开。

那是一个技术风险大、研制周期短而有特殊使命的项目。为此，沈阳所组织了"百日会战"。可就在项目攻坚的关键时刻，由于过度劳累，赵霞的颈椎病、高脂血症同时袭来，医生给她发出了住院治疗的"最后通牒"。可此时，50份技术报告、400余份成品协议书等着她审签，还有很多技术问题等着她处理。于是，放不下工作的她，每天匆匆打完点滴依旧赶赴工作现场。在她的带领下，参研人员仅用三个月，就完成了过去半年，甚至更长时间才能完成的工作。

熟悉赵霞的人都知道，创新是她永无止境的追求。在作为某型号常务副总师时，赵霞协助总师大胆提出采用先进的项目管理理念，统筹规划、并行交叉开展各项研制工作。在方案设计过程中，采用当时非常先进的数字仿真分析手段，确保技术方案的准确性和先进性，同时将先进的三维数字化设计技术成功地应用于型号研制之中，实现了设计与工艺并行，提高了设计质量，缩短了研制周期。为此，赵霞荣立集团公司一等功。

在同事们眼中，赵霞总是在奔波。有时，她会出现在试验现场，钻进震耳欲聋的风洞中；有时又会在试制、生产现场，看到她不知疲倦的身影。有一次，她因水土不服病倒了，吃什么吐什么，需要靠打点滴勉强坚持体力。可即便这样，深夜她还是"挪"着身子走进了加班现场……

近年来，作为某型飞机总设计师，赵霞不仅着眼于21世纪武器装备的迫切需求，又把目光紧紧瞄准国际航空技术的前沿。她曾协助预研总师，先后组织完成几十项航空技术最新领域的预研课题研究工作。经过多年的创新与探索，沈阳所在多项新技术领域取得了突破性进展，所优选出的新一代飞机总体布局方案，因性能全面达到设计要求，获得国防科工委科技进步奖一等奖，赵霞是参与者，也是气动力的带队人。

赵霞常说："飞机设计是人命关天的大事，不能有一丝一毫的差错，同时这个行业也非常枯燥，成天面对的只有数据点、曲线和技术报告。但是技术责任重大，要想做好这项工作，一定要耐得住寂寞、要甘于奉献，我的工作就是一份沉甸甸的责任。"

从1982年入所到担任型号总设计师，在型号研制中，赵霞把平凡的工作岗位当作报效祖国的人生舞台、无私奉献的事业平台、实现梦想的追求擂台。她用心中的责任与担当书写下无悔的航空人生，而她也早已把航空事业视作人生乐趣。

传承：梯队强才是真的强

在沈阳所的青年一代眼里，赵霞既是一丝不苟的专家，也是温厚睿智的长者。谈到赵霞，同事们这样评价："作为一名领导者，她让人爱戴；作为一名骨干设计师，她让人尊敬；作为一位朋友，她让人喜爱；作为一名领导干部，她样样工作做到前头。"私底下，年轻人喜欢称赵霞为"赵大姐"。赵霞欣然接受。因为她确实把年轻一代看作自己的孩子，她也时刻不忘给年轻人培育成长的沃土。

在赵霞心中，培养年轻人同样是她义不容辞的职责。在赵霞心里，台阶一定要给年轻人搭好，队伍要建好。只有这样，才能对得起带头人这个称号。回顾自己的成长经历，赵霞总结了七字秘诀：多学、多问、多积累。她耐心细致地传授经验，指导年轻设计员学会怎样从一个点、一条线、一个数据去采集、积累、归纳。当他们遇到困难和挫折时，赵霞也总是以宽容、理解的心态与他们一起分析出现问题的根源，共同确定改进方向和奋斗目标。在一次给团队年轻人讲课时，有人问她：怎样才能使气动力专业刷出存在感？赵霞笑着答："要什么存在感，空气动力学是飞机飞上蓝天的基础。我们要的是首飞的成功、飞行的安全、性能的优异、研制的胜利！首飞成功后直至全寿命周期，没有人找我们，那才能证明我们做出了完美的设计！"

在赵霞的精心培养下，具有良好设计经验的气动力专业人才梯队已粗具规模，一代新航空人也将在飞机设计领域里驰骋纵横。赵霞也用自己的人格魅力和她所营造的学术氛围，让一粒粒航空报国的"种子"生根发芽，茁壮成长。

取舍：关键时刻"舍小家为大家"

如今，迈入花甲之年的赵霞因型号需要，仍带领团队奋战在一线不断攻关，为重点项目论证不懈探索。而为了祖国蓝天的安宁，在谈及家庭与事业的平衡点时，赵霞说，家庭困难与工作矛盾在所难免，这种现象并非只在她的身上存在，只要把生活标准降低一点，早起、晚睡一点，即使加班多一点，也都能很好地平衡。但如果家庭困难与工作发生真正矛盾时,她一定会首先满足工作要求,因为她所从事的工作关乎国家发展的命脉,必须"舍小家为大家"。

在多年的拼搏中,赵霞也从没过多地思考自己的女性身份。在她看来,飞机设计工作对每个人的机会都是均等的,只要有能力、有信心一定能够胜任。在生活中,赵霞养花做饭信手拈来,有时加班回到家,她还会蒸屉馒头再休息。她也没有感觉自己的工作辛苦到不能承受,这也许跟她儿时的成长经历有关吧。

有闲暇,赵霞也会回首一路走来的岁月:出了事故连夜往部队赶,骑着自行车飞驰在深夜两点的田间小路上;新型号的首飞现场,身为总设计师总是紧张得手心冒冷汗;攻克技术难关时,几天几夜不能合眼;还有近40年高压、高强度的工作……

"航空人其实是寂寞的,一个机型的研制成功,往往需要花费6~8年,有时甚至更长,这中间的过程是漫长且艰辛的。人们看到的往往是成功与否,而航空人经历的却是中间的每个瞬间。"赵霞始终坚定自己当初的选择,忠于心中认定的事业。从未退缩,也绝不言弃,一如50多年前站在青岛流亭机场旁仰望天空看飞机起降的喜悦一样。有些人的故事看似巧合意外,实则早有伏脉。赵霞,就是如此。

山高人为峰

——记全国劳动模范、大国工匠 王 刚

◎ 刘国强

梅开二度

公元2008年11月1日,中国东北山舞银蛇,原驰蜡象。

雪虽歇,风正劲。腾空而起的北风格外欢快,一跳一跳,这里扬一把,那里扬一把,沈阳城雪屑扑飞,寒气袭人。

举国瞩目的第四届"振兴杯"全国青年职业技能大赛决赛高调拉开帷幕,来自全国各省份的技能高手似要逼退寒气,搅热这座古老的城市。

参赛者都是过五关斩六将的分赛市级擂主,他们经过激烈鏖战层层选拔，全国各省级赛区的前三名选手在此一决高下。

在铣工决赛赛场，与王刚同台竞技的各省份精英有90多人。

赛场像一锅沸腾的开水，紧张而热烈。忽然，机床前的王刚放慢了节奏，急坏了现场的"粉丝"。眼见参赛选手个个手忙脚乱，恨不能"搜尽奇峰打草稿"，答出最精彩的考卷。王刚却不慌不忙，东摸摸西瞅瞅，胜似闲庭信步。

2007年，在辽宁省铣工争夺全国资格赛决赛前三名的选拔现场，王刚也是这样。当其他选手手忙脚乱地操作，各种型号的工具和铰刀轮番上阵，个个大汗淋漓时，王刚却悠闲地玩起了单调的"钻术"。原来，他没带铰刀和应手家什，逼上梁山，只能靠笨拙的手摇机床来铣圆弧。

由团中央等四部门主办的大赛，制定了严格的赛程制度。为示公平，各省决赛现场全是异地专家督裁。另一条，号召参赛选手互相监督。

热闹的赛场突然吹来一股冷风，王刚被举报违规。

他不用工具，却交出高难度铣活答卷。

几位山东专家冷着面孔走过来"抓现行"，他们仔细查验了王刚的操作流程，决不放过任何一个细节，严格量了数据，你看看我，我看看你，个个吃惊。这样精致的活，最先进的数控机床也很难干出来，王刚竟在没有铰刀的情况下，用手摇常规铣床铣得如此精彩！专家们激动而兴奋地合议后下了结论：不管用什么方法，达到精度就行，这不算违规。

这个技术从前听说过，已经失传10多年了，铣出这么薄的壁，这么精的圆弧，这么严实的间隙，太难了！太不可思议了！

王刚以精湛出色的手艺夺冠。

全国决赛设置了顶级难度，加工精度非常高，技术难度超常，4个小时的比赛时间太短太短。因时间不够用，90多名选手只有三四个人完成比赛。两件配合的"试卷",孔径精度要求达到0.008毫米,不到一道(一根头发丝的直径为十一二道)。王刚的手太快了,同台征战的决赛选手们烽烟正浓,恨不能让时针"停摆",王刚却轻轻松松"走闲棋",在收拾床子,整理工具,清扫铁屑。他用3个小时就完成比赛,配合间隙达到令人吃惊的0.005毫米!

主持人激动地宣布比赛成绩,王刚以高超的绝技摘得金牌,全场响起雷鸣般的掌声,那些汗水淋淋的对手也拍疼了巴掌,他们为能和这样的顶级高手同场竞技而自豪。

夺得这个殊荣,"够吃一辈子了"。换言之,登顶过这个荣誉的制高点,一览众山小,应该歇口气了。我们看到,有的摘冠者即刻歇手,或者改行。王刚另有所思,绝不让明确目标变成死守目标。领导来征求意见,如果王刚愿意,可以当个不用在一线打拼的管理者。不。王刚毫不犹豫地回答。理由就一个,他要选择"在车间发挥作用,如果我能带出一个团队,我们沈飞就更厉害了"。

时隔4年,由中华全国总工会、科技部、人力资源和社会保障部、工业和信息化部共同举办的全国职工职业技能大赛再次敲响战鼓,王刚带领徒弟们摩拳擦掌,披挂上阵。许多人建议王刚本人不要再参赛,手里攥着一块全国冠军奖牌,再参赛十有八九会"丢面子"。有好心人做了统计,类似的冠军再次参赛个个无功而返,有的甚至进不了决赛圈。王刚笑了笑说:"我试试。"人们太了解王刚了,一句轻轻的"我试试",对王刚来说,若食指钩紧了扳机,似赛手半跪在起跑线上……

4年时间,同行们的技能水准已经突飞猛进;4年时间,技术人才后浪推前浪,前浪被拍在沙滩上;4年时间,王刚把主要精力用在培养徒弟和带队伍上,他还行吗?

在辽宁省决赛的选拔赛场,异地监督专家众口一词,时隔4年,

共和国脊梁 ——沈阳国防工业人的故事

赛题的难度大幅提升，竞争更加激烈。

世界永远会偏爱那些有目标有远见的人，情愿给他们让路。

公布比赛成绩时，赛手个个钦佩有加，王刚的理论和实践总分数，超出第二名30分！这太神奇了！好比百米比赛，第一名冲刺夺冠，亚军则在70米处！

与全国各省市90多名冠亚季军冲击决赛的高手对决，王刚再次改写历史，勇摘金牌！

王刚梅开二度，创造了夺得全国铣工技能大赛"双冠王"的奇迹前不见古人，至今，尚无来者。

至今仍被同行交口称赞、无人破此纪录的精度0.002毫米极限数字，就是在这样的"痴迷"状态下创造的。王刚独创了"绝招"，靠冷却与润滑介质，合理调配，让铰刀加工出需要的孔径，神奇地抵达令同行高山仰止的精度。

嫩芽天天长，枝头岁岁高。

王刚连续保持加工高精度航空零件无废品的纪录，累计实现600多项技术革新和生产改进，获得两项国家专利。他加工的薄壁零件只有0.1毫米，薄如一张A4打印纸（80克/平方米），登顶该零件加工技术的世界最高峰！

很难想象，这位一米八大个的东北大汉，这双掰腕子几乎打遍厂区无敌手的大手，怎么驾驭钢铁机器，完成了"绣花作业"？他创造的0.005毫米和0.002毫米加工铰削精度为行业最高水平，他连续摧城拔寨，攻克了歼-31等新型战机研制生产的技术难关。

怀揣精艺报国的梦想，王刚在科学和技能探索的道路上疾步前行，扶摇直上。

中国航空工业集团公司人才济济，高手如林，承担着大国航空工业科技攻关和精工制造两副重担。在浩如烟海的比拼队伍里，王刚一枝独秀，荣膺首席技能专家，人称铣削加工领域的"妙手神医"、精工领袖。全国劳动模范、中华技能大奖、全国技术能手、全国五一劳动奖章、全国青年岗位能手、新中国成立60周年航空报国突出贡献奖等荣誉接踵而至。他轻轻地挥挥手，再次"从头越"。他一次又一次破解新课题，一次又一次翻越新高峰……

2017年9月28日，在"央企楷模"表彰典礼上，给予王刚的富于诗意的颁奖词写道：千锤百炼铁成钢，报效航空情成行。越生活之山，越技术之山，艰难困苦，玉汝于成。从继承到创新年华换，问鼎世界难题心不乱。坚守平凡，成就非凡。质量"零缺陷"，是你交给大国航空工业的完美答案。

用事业托举爱情

人生像天气，可预料，但往往出乎意料。嘭的一声，美好的日子突然从高空跌落，降到低音区！春叶正嫩，却遭遇严霜——2016年10月19日，王刚的爱人陈丽英年早逝！

王刚遵照陈丽的遗愿，将爱妻的骨灰撒向大地……

80后陈丽病入膏肓，离世前最牵挂的还是王刚。她忍着剧痛，坐直了身体，倚着高高摞起的被子，微笑地向前来看望她的王刚单位的领导"求情"，拜托多多帮忙，帮王刚早日成家。

真正爱你的人，不是说许多爱你的话，而是做许多爱你的事。

一次昏迷醒来，陈丽郑重地嘱咐王刚，她死后不留坟墓，不立墓碑，把她的骨灰撒了。她想，只有这样，王刚才能"没有牵挂"……

一份好的感情，不是追逐，而是相吸。可以肆意畅谈，也可以沉默不语，因为心懂；可以朝夕相处，也可以各忙各的，因为爱在。

骨灰盒空了，王刚好像也被掏空了，在荒原上久久伫立……

树叶沙沙响，诉说着无尽的悲伤，鸟儿啾啾叫，声声断……

回忆像这鸟，频繁在同一片林子里飞，却再也找不到从前的伙伴。

最美的感情往往生长在最无能为力之处。多少次，王刚一个人悄悄来到爱妻最后的离别地，感叹年轻的叶子过早飘落，再也回不到枝上，感叹遭受摧残的小苗夭折，再也回不到种壳里。他在心里一遍又一遍呼唤着爱妻的名字，让过往的每个细节在眼前过电影……

愧疚陪妻子太少了，他掰着手指算，这么多年，只陪她看过3场电影！

愧疚当初太粗心，爱妻嗓子疼，怎么就以为是咽炎呢？

愧疚耽误了病情，陈丽正教高三数学，带领学生们全力备战冲刺高考，没有及时去检查身体。

愧疚头一次检查竟是陈丽一个人去医院的。她独自面对诊断书上的"肺Ca"，该有多么绝望啊！

愧疚自己陪她太少，没有尽到丈夫的责任。爱妻跟他一样坚强，一样少言寡语，一样说少做多。别人得了癌症，都是家人瞒着病人。陈丽恰恰相反，天大的痛苦自己扛，瞒着她的亲人们！

你已经走出我的视线，但从未走出我的思念。

一个人真正的善，是深入骨髓的爱。陈丽心藏大爱，即便病魔掏空了自己，也不愿意让亲人担惊受怕。她重疾缠身后隐瞒双方老人一年半，直到即将离世的"最后一刻"。

我问王刚，陈丽在外人面前特别坚强，有骨气，只有你们两个人的时候，才疼得呻吟、流泪吧？

王刚的回答出乎我的预料："不。即便再疼她也坚持着，从来不哭不叫。连剧痛难忍的脊椎穿刺，她也不吭一声。"

貌似弱小的陈丽，自控力超常巨大。我想，世上再难忍的剧痛，也打不过真挚的爱。为这爱，陈丽用坚强阻击了身体里山呼海啸般的疼痛，以微笑面对世界。

陈丽的心思，比火花还温暖，比重逢还生动。

那一次，陈丽真的哭了。脸上的微笑却更加灿烂。那是2015年高考结束的第二天，全班40多名学生来看望恩师，他们拉着"老师加油"的条幅，送上祝福卡片和千纸鹤。他们亲切地叫她"丽姐"。多么难忘啊，那年运动会，教师组接力跑，离老远看见一个黑色影子超过了身边所有人，师生们看得目瞪口呆，那张熟悉的面孔越来越近，同学们沸腾起来，那是他们的"丽姐"！

此刻，同学们见心爱的老师备受折磨，好几个孩子心疼得落泪。陈丽却一直笑着安慰他们，逐个询问高考发挥的情况。学生都走了，疲乏却一脸兴奋的陈丽偎依在王刚怀里说："几十个孩子叽叽喳喳地围在左右，看看他们，我知道自己赚到了，这一生赚到了，作为一个老师，还有何求……"

王刚和爱妻是知音，像一起跳动的同体脉搏。两人的性格惊人地相像。

王刚的师傅张显育感慨道："王刚上班不久，他父亲就得了重病，王刚从未提起过。直到他父亲去世，我们才知道。"

王刚的老技术科长焦威东告诉我，多大的困难，王刚都一个人扛。前年，厂里报王刚为全国劳动模范，省领导来厂调研，定好了日期。王刚突然提出他能不能不参加。厂领导急了，这么大的事，怎么能缺了"主角"？王刚说跟医院约好了，要去看病。谁病啦？陈丽。什么病？有点小毛病。重不重？不太重。

焦威东立刻警觉起来，王刚向来不请假，怎么会在这紧要关头突然张口请假？再三追问，王刚实在无路可退，才掏了实底：陈丽在一年半前就得了癌症……

妻子病重，王刚挑最好的进口药，每个月需要数万元。瞒着所有人，无论多难，都要自己扛。就是卖掉房子，也要救回爱妻！

王刚成了"暖男"，全力照顾妻子。他包揽了所有家务活，把爱缩在菜谱里，在碗碟间排兵布阵，美食顿顿不重样。只有一条规矩不变，每天早上提前一个小时上班。王刚知道，这也是妻子所希望的。他们早有共识，干好工作，才是最有意义的爱情。

然而，命运仍然向这对患难伉俪落井下石。

陈丽的病滑向深渊，再也无力回天，王刚决定带爱妻出去转转。假都请好了，陈丽的病情又急剧恶化，用药后突然双目失明，什么也看不见了！

头一次用这种进口药降颅压，陈丽头部剧痛、抽搐，昏迷过去，眼睛失明后又缓了过来。这一次，彻底失明了！

无论多么疼痛，陈丽的表情始终水波不惊。

生命的蜡烛无可救药地缩短，她不可能经常开心，但，她经常微笑。

剧痛一口一口叮咬她的肉体，浑身冒虚汗，陈丽若无其事地拿出她和丈夫的影集，以手当眼，一页一页翻，动作迟缓而抒情，仿佛按着触屏开关，每触按一下，美丽的过往画面便一串串上演，有爱，有快乐，也有忧伤。她一张一张摸着相片，摸了这页再摸下一页，摸了这张再摸下一张……

在场的人无不落泪。有人要忍不住哭出声来，赶紧捂了嘴跑出屋子……

王刚红着眼圈向我慨叹："陈丽在省实验中学教数学。数学太难，也太累脑，每天晚上备课备到十多点钟。我跟她一样忙，白天上班，晚上备课，第二天辅导'王刚班'。我俩埋头在两堆书里，各忙各的。她教的学生基础差别较大，这种'深一脚、浅一脚'的课最不好上。而且，她对每一个成绩落后的学生从不放弃，免不了跟他们着急上火。"

我理解王刚的彻骨之痛，她曾对你的明天有所期许，却完全没有出现在你的明天里。

爱妻没有走远，一直活在王刚的伤口里。

盼祖国早日挺起腰杆

站位决定视野，格局决定高度。

1999年，花样年华的王刚才20岁。他以当届第一名的成绩跨出沈飞技校的大门，如愿以偿地迈进航空工业沈飞数控加工厂。为了这一天，王刚准备了好久好久。终于穿上那身期盼已久的沈飞工作服，即将亲手制造保卫祖国蓝天的飞机，多么自豪荣耀哇！

一则新闻跨越崇山峻岭突然凌空而降，字字如针，一下一下又一下，刺痛了王刚。我驻南斯拉夫大使馆遭美国飞机轰炸，国际社会一片哗然，国内群情激愤，王刚胸口堵得慌啊！

天空虽有乌云，但乌云的上面，仍会有太阳在照耀。

在祖国和人民受到威胁的危急时刻，国家紧急行动，加强国防装备体系建设，火速把中国航空工业推向历史转折的路口。一大批重大专项纷纷上马，王刚热血沸腾，押上理想和青春，一个猛子扎进科技深海，他告诫自己，为了祖国早日挺起腰杆，光有决心远远不够，必须苦练基本功，向难题冲刺，翻越一座一座科技险峰。

新分配的技校生，惯常要师傅带一年才能独立操作。王刚工作没几天就直接上岗，独当一面。一位师傅去世，空出个铣床，王刚顶了上去。尽管师傅张显育看出王刚是棵好苗子，十分信任他，可还是有些不放心地问："能行吗？"王刚腼腆而自信地回答："行。"

王刚是技校的尖子生。毕业后车间挑好的录用，按成绩从前往后数，王刚被一单位要去了。实习单位的张显育师傅火急火燎找车间，硬是将王刚换了回来。

新机型精密而复杂的飞机部件，个个都是极富挑战性的"首件"。首件生产犹如处在无人区，无人领航，无既定规则，无技术参照，无前贤经验，件件都是处女作，面对困难，王刚没有退缩，而是大胆上前，自信地回答师傅："我行！"即便碰上高难的，王刚也尽量独自拆解难题，实在解不开，才去请教师傅。第一次做升级换代的产品，件件零件都会碰到问题，每道工序都有疑难，王刚逢山开道，遇水架桥。他心里涌动着激情和豪迈，能亲手制造中国空军跨越好几代的先进战机，为守卫祖国蓝天尽力，多么自豪！

挂上高速挡，开足马力，王刚和工友实施"712"工作制。每周工作7天，每天工作12小时。王刚和张显育师傅暗暗较劲"比早"。张师傅每天提前一个小时到车间，王刚力争更早些。节奏还嫌慢，王刚干脆把工厂当成家，弄张钢丝床，找来军被，在单位安营扎寨。单调的方便面、面包、火腿肠为给养伴侣。埋头苦干，减去所有业余爱好，减去所有的休息日。

大年三十，火树银花，万家团圆，王刚在车间忙碌。

大年初一，人们推杯换盏，串亲访友，王刚还在车间忙碌。

正月十五，灯会上人山人海，夜空礼花飞舞，王刚仍在车间忙碌。

一个小小车床，就是他全部的世界。仿佛花儿在此开，风儿在此吹，鸟儿在此归巢，日月星辰在此下落，又升起。

晚上干到十一二点收工算早的，有时一连好几天干到后半夜一两点钟，早上五点钟又出现在工作现场，时间闪电一样划过，三年转瞬而逝，王刚没休息过一天！此后，常年不休息，成了他的工作常态。

王刚自己忘了劳累，工友们深深被他感动。

我采访时，工友们说，什么时候来找王刚，什么时候就见他瘦高的腰背弯成了一张弓，趴在铣床边忙活。

铣刀像紫藤枝，卷成弯儿的铁屑则是盛开的一串串银藤花，这一串刚落，那一串接力而来，四季盛开……

其实，王刚入厂不久，颈椎便出了问题。床子小，大个子王刚总是一个姿势，弯腰、弓腿、歪脖、马步。弓腿和马步姿势，能减轻腰肌劳损。每天工作十几个小时，每月至少工作三百个小时，每年义务献工七八百个小时，多时献工千余小时。

每一分钟都是宝贵的。遇到超级难题，王刚干脆把面包和火腿肠拿到铣床前，一会眯起眼睛，一会上手摸摸。吃饭时间，也是他宝贵的"解题"时间！

犹如钻进一口拐弯的深井，在没有光线的盲区，只能用手看，用数字看，用感觉看，一个一个摘除误导和假象，甚至，摘除那些像带回钩的暗器。憋闷了不知道多久，才在很深很深的井底，猛然抬起头来……

王刚的技能一再超越，终于抓牢了得心应手的拉手。他靠敏锐的双眼和灵活的双手操纵机床，想切掉多少就能切下多少。横梁、主轴、吊架、摇把都是他身体的一部分，呼之即来，挥之即去。而铣刀，则是他随心所欲的"绣针"，"绣"出精美部件，也"绣"出中国战斗机的锦绣前程！

新型战斗机还在升级，新的首件和新的难题也相伴而来。王刚已经适应破险前行，再高的峰也没有脚高，再宽的河也没有桥宽，兵来将挡，浪来坝拦，一个"行"字接活，一个"优"字交工。

王刚很快成为"首件王"，成为最年轻的铣工"少帅"，连入厂多年的老师傅也常常把干不了的活交给王刚。每逢首件，每遇疑难杂症，人们会不约而同地推荐，交给王刚吧！

飞机前大梁价值巨大，这个"大块头"比床面都大，在飞机翅膀根与机身连接的部分。"大翅膀"捂严了小铣床，遮挡视线，阻碍操作。它的头部形状复杂，不便装夹。几位老师傅接连怵阵明确表示

"干不了",领导问王刚行不,少言寡语的王刚惜字如金,却内心强大,他怎么能说不行呢?

这是一个人的战斗,除了王刚,别人伸不上手。不,这是整个国家在战斗!一架机身上贴有五星红旗的飞机直冲九霄,傲视群雄,代表着国家形象!

一想到国家,王刚就浑身有使不完的劲,有势如喷泉的智慧!

一个人是渺小的。当这渺小与责任连在一起,与使命连在一起,与祖国连在一起,瞬间便强大起来。这是王刚力量的源泉。有这样的底气,一个飞机大梁又算得了什么?

一台机床搭成攻坚的舞台,一双妙手筑起人生的高度。王刚献身航空,精益求精,将坚定的信念化为一个个零件的灵魂,用精湛的技艺托起一架架战机腾空而起!

王刚技能高超,上手快,别人干活留有余地,不行再补一刀,他干活一次干到位。多难的工艺,都迎刃而解。这么多年,无一件废品。厂里的难活急活,别人干不了,全部交给王刚。

每逢"掉头零件"急需救场,人们必找王刚。所谓"掉头零件",指装配厂把零件干废了,再补一个。

一次数控加工五六米长的大件,因为零件大装夹困难,整个工艺干串位,壁板厚度同时串位,复不了原,一下就损失好几十万元。厂长无奈地找到王刚:"你看看这东西能不能补救?能补救最好,不能补救就算了,我决不埋怨。"

性格内向的王刚没有说话,眼睛放着亮光,左看右看,上看下看。这里量量,那里摸摸,歪着头思考。仿佛他的眼睛就是探测仪,他的手能点到复活穴,他的眉头里装着设计方案。

一大帮技工围上来,有的叹气,有的摇头,有的眉头紧皱了松开,松开了再皱紧,用不同的方式表达同一个共识:废了,彻底废了!

厂长叹了口气，问王刚："没救了吧？"

王刚腼腆地笑了笑："我试试。"

我无法精彩地描述，王刚到底用怎样的高超技能让大件起死回生，我却能告诉亲爱的读者，厂长乐坏了，称赞王刚"妙手回春"，不仅为厂里挽回了大额损失，也抢得了时间，为战机尽早上天保卫国家交出精彩答卷！

每年都有多次这样的"紧急救场"，尽管问题各不相同，难点五花八门，王刚次次续写传奇。

人们称王刚是生产线上的"120"，救险灭火的"消防员"。

一花引来万花开

头一次摘得辽宁省铣工冠军，就有人高薪挖王刚，王刚当即回绝。在他之前，沈飞的一位省冠军被山东潍坊高薪挖去。挖墙脚的"猎头"不死心，又抛出更具诱惑的橄榄枝，王刚这才直言："我对沈飞感情很深，我不会走的。"

2007年，沈飞技校要调他去当老师，王刚有过短暂的犹豫。想到张显育师傅就要退休，他若一走了之，工段里就没有挑大梁的了，便婉言谢绝。

技术大拿、"铣王""双冠王""大满贯"等荣誉光芒四射，王刚却想，他要让更多的人头上闪耀这些光芒。

2010年，沈飞成立第一个以员工名字命名的"王刚班"，31岁的王刚任班组长。王刚深知肩上的担子很重，立志把"一枝独秀"拓展到"满园春色"。

刚一上任，就碰了钉子。

吴学文比王刚大3岁，得知要他拜王刚为师，抵触情绪很大，也不服气。张显育师傅找到吴学文，直言吴学文的技能确实赶不上王刚。看师傅面子，吴学文才勉强与王刚"结对子"。

不愿意当王刚徒弟的吴学文，拒绝参加沈阳市技能大赛，怕丢面子。王刚替他报了名，又倾心辅导，他才参赛。结果，王刚摘金，吴学文第四。2012年第四届全国职工职业技能大赛的赛前训练期间，王刚晚上同他住一个房间，毫不保留地手把手教，差一道上一道，差半道上半道，他们既是师徒，也是竞争对手。

8月如火的日子，吴学文右脚长了骨刺，脚后跟疼得厉害，走路一瘸一拐的，脚跟像踩根钉子。王刚在周围走了好多地方，累了大半天，才找到毛毡鞋垫。回来把鞋垫脚后跟抠了孔后交给吴学文，让他试试。吴学文看着王刚被汗水浸湿的后背，垫上鞋垫果然脚不疼了，感动得双眼湿润。

在中国传统匠人文化中，绝活儿是手艺人的铁饭碗，是保障一家老小温饱的"一招鲜"，不能外传。很多老技师将绝活带进棺材。

王刚不仅教自己的徒弟和盘托出，就连比赛的竞争对手沈阳金杯公司的同行向他请教，王刚也让他们享受毫不保留的徒弟待遇，甚至将自己亲手画的图纸送给这些竞争对手。

赛后成绩公布，王刚夺魁，吴学文第五。大赛前五名里，沈飞铣工占了四席。

2013年吴学文夺得"沈阳市技术大王"称号，2012年、2014年两次摘得辽宁省"技师杯"亚军（师傅王刚夺冠），2016年荣膺沈阳市超级技工称号，与队友协同作战，夺得复合工种团体第一名，被评为沈阳市劳动模范。

"王刚班"刚一成立，班组人员构成复杂。原两个常规班计36人，合成一个"王刚班"。王刚迅速制定新的班规制度后，开始讲课。全方位培训，既培训技能、质量、科技攻关，也培训组织纪律、为人处世和待人接物。

像一首歌分成许多声部，分而有合，合而有分，"貌离神合"，每个音符都要精心设计。

老师傅出了杂音。干大半辈子了，现在听你毛头小伙子讲课？

白天工作任务这么紧，晚上还要加班听课，谁受得了？

厚道的王刚不难为大家。天天晚上讲课，刚开始有人不以为然，觉得不比自己强哪去，有的找借口请假。不变的是他自己，夜里认真备课，班后认真讲课。有人发现了"问题"，王刚不怕教会徒弟饿死师傅，有什么讲什么，一点后手不留，真的假的？

信你的人不怕你说出实话，就怕没实话。

有人偷偷用王刚的办法试试，很灵哟！

这消息很快传开，听课的人多了，以至于在噪声杂乱的车间里，每天班后工友齐刷刷聚精会神地听课，再也没人请假。

开始有人对每天必须学习的"班规"有意见，对人人都要买书有意见，都干一辈子了，从来没摸过书本，现在才看，有什么用？

夜以继日是最好的教科书，学后工友的技能大幅度提高，消耗降了，废品少了，工时多了，收入涨了。

王刚的智慧像一把种子，种在部下的心上，种在机器的腹部，种在零件的动力转弯处，让它们在该发芽的地方和不该发芽的地方统统发芽。

连续讲课培训，王刚又带头一大摞一大摞往回买书，工友也争相自费买书，理论与实践双翼齐飞，"王刚班"的技能水平和综合能力突飞猛进。两年后，沈阳市举办技能大赛，"王刚班"六人参赛，全部入围。此后2011年至2015年，沈阳市举办职工技能大赛，"王刚班"包揽铣工前六名。

百尺竿头仍嫌短，王刚又瞄准新的高度，由"满园春色"抵达"果实累累"。白天他借班组会翻耕经验沃土，把自己多年总结积累的"内参"和绝活儿摆上桌面，与大家分享；晚上让社交软件打通空间壁垒，与班组成员进行深入交流和探讨，共同研究技术，携手创新。很快，"王刚班"打出"点子最多""精度最高""速度最快""质量最好"的"四最"品牌，成为能人聚集的高手团队、"明星班组"。多名员工成长为专家级技能人才，"王刚班"被誉为"大件班"，先后荣获沈阳市工人先锋号、航空工业"六型"示范班组、中央企业先进集体等荣誉称号。班组成员累计9次夺得全国、省市技能大赛冠军，荣膺全国"安康杯"竞赛优秀班组、全国工人先锋号等殊荣。

"成绩就是'班组的脸'，我们不能丢脸。"个人和班组的全面提升，握指成拳，才能形成合力，达到质的飞跃。"我们的班组，一个人也不能掉队。"

立志航空报国

城市拓延的浪潮哗哗翻涌，吞了许多城边村镇。当年沈阳城北有个叫"虎石台"的镇子，早已被沈北新区紧紧搂在怀里，成为繁荣发展的新引擎。

童年像一首令人陶醉的长诗。

王刚的第一朵"航空诗花"，就开在虎石台。

村子不远就是飞机跑道，刚起飞的飞机飞得很低很低，能清楚地看见戴头盔的飞行员，清楚地看见机身上的国旗和红五星。王刚像一只快活的小鸟，每一次飞机轰鸣而过，他都要张开翅膀，追出去好远好远。

王刚羡慕极了，飞机太神奇了，要是自己也能造一架该有多好哇！

王刚对飞机十分着迷。不管在哪里，只要有飞机飞过，他就停下来看哪看，直到大飞机越来越小，成为天空中的一个黑点，看不见了……

飞机怎么能轰的一下飞上天呢？这太神奇了！

王刚央求父亲带他去一次沈阳飞机制造厂，看看飞机是怎么造出来的。得知飞机厂是保密的地方，不让外人进，王刚很失望。

上学后，王刚的学习成绩始终拔尖，并以全校第一名的成绩升入初中。心里装着飞机，他喜欢物理和化学，对力学电学光学情有独钟，看了很多课外书。他最崇拜伟大的科学家爱因斯坦，把他当成自己的样板。

家里的破收音机不响了，小王刚像个外科手术医生，将它解剖了，把里边的肠肚心肝肺都掏出来，这个件脏了擦擦灰，那个螺丝松了紧一紧，再像模像样地装上。以为完成一件惊天动地的大事儿，一边向家人报喜，一边插上电源。父亲夸他做得很好——如果坏收音机重新响了，就更好了。

小王刚见了机器就手痒，还给家里的挂钟和马蹄表做过大手术。

在铜锈里加了醋，铜锈溶解变成绿色，绿色弥漫成绿雾。再把钉子放里边，在绿雾里淹一阵子，钉子表面上了铜，便成了"金钉子"！

让全家为之振奋的成功"壮举"是做电铃。王刚手工缠了线圈，安上弹簧片，将弹簧片吸在铁丝上。开关闭合时，电磁铁就有了磁性，把簧片上的衔铁吸引过来，簧片下端的小锤在铃上打一下。电流一通一断，小锤便不停地敲打。

时间"潮来潮去，左边的鞋印才下午，右边的鞋印已黄昏了"。

初中三年，王刚的数理化遥遥领先，老师看在眼里，喜在心头。毫无疑问，这成绩能轻松考入市重点高中。

人们对世界的期待，大都来自青春的幻想。

沉迷在美妙的幻想里，王刚做出一个令人意外的决定，不上高中了，报考沈飞技校！

班主任赶紧找他谈心，帮他规划前路辉煌的人生，希望他回心转意。王刚的小眼睛闪烁着异样的光芒，安静地听老师说完，微笑而执着地回答："老师，我不是心血来潮，我早就想好了，就考沈飞技校。"

命运像自己掌纹，无论多么曲折，终究掌握在自己的手中。

王刚给自己规划了另一条路，从小的梦想就是"造飞机"，考沈飞技校才能进沈飞，这是造飞机的最佳捷径。

1997年夏天，王刚以第一名的优异成绩考入沈飞技校。

两年后，王刚以技校第一名的成绩如愿以偿地入职沈飞，以"航空报国"为己任，全身心投入工作。

飞机快若闪电，直冲云天，我们称它为战鹰，我们叫它蓝天的宠儿。可是，战鹰上的每一根"羽毛"，宠儿的每个潇洒的腾跃，都源于飞机制造厂的工匠。一架飞机总共有数百万个零件（一架波音747飞机有600万个零件），哪个零件都要精益求精。每一样零件都会打上编号，连最小的螺丝钉和铆钉都有严格的设计尺寸，材质也要分门别类。

王刚迅速进入角色，自觉做到"上班早来点"，每天至少提前一个小时到岗；"工作多干点"，加班加点和义务献工成为习惯和常态，用18年完成了26年的工作量；"平时多学点"，所有业余时间都用在买书学习和科学探索上；"产品干好点"，把每一件产品都当成精雕细刻的艺术品。

春风轻轻摇，那些僵硬的树梢草尖儿悄然萌芽；排浪接力推涌，沉闷的大海便焕发生机；集微成群的细雨不停地滴落，才润泽了大地焦渴干裂的唇；旷日持久的拼搏，才造就大国大工匠。

"钳工怕钻眼，铣工怕铣扁"。没有思考，再多的体验也毫无价值。摸索中探路的首件生产，随时出现千奇百怪的"意外"问题，王刚第一时间以"三快"救场，"快速到达生产现场，快速分析问题原因，快速给出解决方案"。

不能踩着别人的脚印找自己的路。与众不同的背后，是无比寂寞的勤奋。

2011年，公司组建了"王刚劳模创新工作室"。以"顾问专家领军、生产攻关同步、创新育人并举"为导向，会聚了活跃在公司各条战线上的各专业顶尖人才30余人，发挥技术引领和辐射作用，专攻生产技术难题，已完成技术革新和工艺改进480多项，为加速推进技术进步和科研生产铺平了道路。培养出国家和省市人才130多人，成为全国首批示范性劳模创新工作室。

种壳被人从外打穿是破坏，芽儿从内破壳是新生。

2016年11月18日，工厂又为王刚开辟一片新天地，在数控加工厂组建以优质高效为主要目标，"精益生产"的核心思想和理念的生产组织模式风生水起——构建"精益单元"。由王刚担任单元主任，再掀波澜，实现了传统生产模式向先进生产模式的跨越。以摧枯拉朽之势，迈进高质量、高效率、低成本的门槛。月产工时总额和设备利用率大幅度提升，优化后的程序比优化前平均效率提高138%；产品质量合格率达到100%；刀具数量从原来的100多种降至30多种，用技改实施"一人多岗"（"抓急"时一人看三台机器）模式，操作人员从15人降到9人，又一支活跃在型号研制战线的"尖兵班"惊艳亮相……

2018年11月因数控加工厂长远规划，"王刚班"整体搬迁到老厂房，王刚的大徒弟吴学文也是在这个时候从他手中接过班组的大旗，成为新一任"王刚班"班长，王刚为"荣誉班长"。

"王刚班"和王刚英姿飒爽，向新的目标迈进。

而今，世界航空工业风云激荡，瞬息万变。为适应新变化，实现新超越，王刚构思的航空报国的腹稿穿透厚厚的夜，拥抱曙光。

我们深信，王刚心中的宏伟蓝图一定会实现，因为，他向来秉持一个信条：只有回不了的过去，没有到达不了的明天。

国之重器，匠心凝铸

——记全国五一劳动奖章获得者、大国工匠　方文墨

◎ 王　莉

2013年5月4日，对于方文墨是终生难忘的，对于航空工业沈阳飞机工业（集团）有限公司也是极为荣耀而值得纪念的日子。这一天，年仅29岁的青年工人、生产一线钳工方文墨作为中国青年五四奖章获得者，在北京中国空间技术研究院受到中共中央总书记、国家主席习近平亲切接见。

时隔三年，2016年4月26日，这个全国最年轻的大国工匠、"振兴杯"全国青年职业技能大赛机修钳工冠军，作为知识分子、劳动模范和优秀青年代表之一，又一次受到习总书记亲切接见。

这是什么样的荣誉和激励呀，这个80后一线工人做出怎样的成绩才能拥有这样的荣誉？

被中共中央总书记两次亲切接见的是一个什么样的青年？他是怎样走到职业技能的最高峰的？我带着敬慕与好奇来解这个谜。

之前，看介绍知悉他是航空工业首席技能专家、高级技师，获得了"全国技术能手""全国五一劳动奖章""全国最美职工""中国青年五四奖章""全国青年岗位能手"、第六届"振兴杯"全国青年职业技能大赛机修钳工第一名、"中央企业优秀共产党员""航空工业优秀共产党员""辽宁省特等劳动模范""辽宁省功勋高技能人才""辽宁工匠"等荣誉，国家级技能大师工作室领衔人，享受国务院政府特殊津贴。

这么多的荣誉和职业标杆的高度，他这么年轻，是通过怎样的奋斗获得的？他所创造的"文墨精度"，通俗地讲，就是加工工差是头发丝直径的1/125，这样的奇迹都在他一人身上，令人瞠目，更加惊奇。

2020年12月的一天，我在沈飞航空博览园见到了方文墨。

他高高的个儿，一米八八，方正的脸膛俊朗亲和，戴着眼镜，目光中透出聪慧和坚毅的光芒。

方文墨说，2020年，他36岁，到今年正好是他参加工作18年，他18岁进厂，两个18的叠加。

初涉技能为航空

方文墨出生在一个工人家庭，方家祖孙三代都是沈飞职工。航空人有一个共同的梦想——那就是"亲手制造出世界上最先进的歼击机，捍卫祖国领空安全"。姥爷、姥姥是20世纪50年代初分别从黑龙江哈尔滨和山东威海考到沈飞技校的。他们一家人与航空工业缘分太大了，他所在工作单位就是他姥爷、姥姥以前工作的那个厂。之前厂子叫沈飞十四车间，现在改称沈飞标准件中心。更巧的是方文墨媳妇现在的工作单位是方文墨爸爸退休之前的沈飞客车厂。而且，方文墨的媳妇所从事的工种又和方文墨妈妈一样，是一名精密检验员。

他们一家人与沈飞有着不解之缘，方文墨从两三岁时，妈妈爸爸就带着他进厂，那时，双职工家孩子没人看，幼儿园也在厂区附近，小小的方文墨就在生产的环境中开始耳濡目染。他家在沈飞飞机跑道的北延长线上，天天能看到飞机在天上飞，那个时候就觉得很羡慕爸爸妈妈干的这个工作，觉得很神秘很崇高。他妈妈在厂精密检验室做检验员，最精的活儿都在他妈妈那个检验室检验。小时候他就知道了车钳铣刨磨，他也非常喜欢站在叔叔阿姨的后面，看活儿怎么去干的。妈妈发现儿子对这些有兴趣，就拿着完成的零件告诉他，这个是磨床干出来的、这个是车床干出来的，还指给他看车床上面的操作手柄是干什么的，慢慢地他就喜欢上了妈妈他们干的活儿了。

现在回想起来，那时，他就觉得妈妈有意地培养他，航空报国的种子从那时就深植到孩子的心田。方文墨从小就知道了他现在干的专业最精的活儿是什么样。用他现在的话说，并不是傻大黑粗的那种，而是精光铮亮，比玩具还好看。

多年之后，他就跟妈妈开玩笑说："你要是弹个琴拉个琴哪，我就跟你学那个了，你做这个，我就当钳工了。"

方文墨是个聪明的孩子，初中毕业后，本可以考高中，再考大学，走一个学生的常规之路。但是，爸爸妈妈却让他上沈飞技校。

妈妈说："你就上沈飞技校吧。"

爸爸说："毕业了能直接进沈飞工作。"

15岁的方文墨沉默了一会儿，点点头，同意了。因为他从小在沈飞院里长大，对沈飞有感情。

方向决定了，但是真的进技校，那不是轻松的事，是一种苦修行啊。

他考上了沈飞技工学校。技校里工种非常多，有铆工、车工、铣工，但是他个头高，以他的身高，想干车工和铣工，就得给他挖个坑，下到坑里干活。妈妈建议说，你就干钳焊吧。刚开始，焊工实习一个月，基本功练习用眼睛去看玻璃的色号，之后得看焊接当中的熔池、夹渣、咬边、气泡，这些缺陷都得挑出来。方文墨虽然只有15岁，但他有股超越同龄人的劲头和毅力，他开始没白天黑夜地练，超负荷地练，眼镜度数一下子从进技校时的200度变成了500度。妈妈说，你不能再去干了，再干眼瞎了。

他又开始练钳工，钳工是机械里唯一还用手去加工的工艺。钳工就是用锉刀对活儿表面进行精加工锉削，零件一个个装配，这些活儿机械取代不了。

妈妈就鼓励他，好好练钳工，钳工很特别，有特殊性。

方文墨是一个纯城市小孩，从小到大没吃过苦，但是学钳工得天天握着锉刀，最初学时，掌握不好技巧，手上全是泡，血泡、水泡全有。妈妈看着心疼，家里就这一个孩子，才15岁，别人家15岁的孩子还在妈妈怀里搂着抱着呢。妈妈就说："你手上这个活儿，我求厂里的叔叔舅舅给做了吧。"他看着自己的手，答应了。

当时加工的是一个小锤子，老师给学员打分，当方文墨把小锤子交到老师办公室的时候，他的班主任拿过锤子，二话没说，打开了实习生二楼的窗户，把这个小锤子从窗口扔出去了。班主任说："方文墨，你今年15岁，如果说你18岁毕业，能分配到沈飞公司的话，60岁退休，你还有42年在沈飞，这42年就天天这么去混吗？你说你这个锤子是你自己做的吗？"老师严厉的样子把方文墨镇住了。但他怕承认是别人帮做的老师更生气，就说是自己做的。班主任说："肯定不是你自己做的，这得是一个最少有15年工龄的老工人做的。你刚刚进技校一个月，如果你这三年都不好好学技术，不好好去练，那你之后 42 年怎么办？"

老师的话刺到他心底了，他觉得老师说得对，他小时候的愿望就是和爸爸妈妈一样，进沈飞，去做歼击机。在外人看来，他没有和同龄人走一样的路，没考高中、上大学，自己挑了这么一座独木桥去走。如果自己不好好去学、去干，能做歼击机零件吗？

这件事，方文墨一生都记得。也正是这件事和这位老师，激发了他内心的愧疚和动力，从此他对技术一丝不放松，一点不糊弄。

那个时候，就觉得被老师给训开窍了，他心中暗暗对自己说："作为一个男孩子，我得自己好好去干了！"

从那天起，他就是一个新的方文墨了。他们技校的学制和高中完全不一样，下午3点半就放学了，同学有的去玩，有的去看电影，他就自己背着一个小书包，里面装的是几块45号钢的毛坯料、几把锉刀、几把千分尺，放学了，骑上自行车去妈妈单位，在妈妈那开始练习钳工基本功。

钳工训练非常苦，得站着，他身高太高，天天得弯下腰去练，钳工技法叫作横平竖直，干的活儿非常讲究手法。方文墨一丝一毫都不马虎。每天就这么从下午3点半开始，直到晚上10点多钟。三年从没间断，2000年至2003年，方文墨全是这样度过的。妈妈那时候也天天陪他加班。

爸爸是做木型加工的，相当于木匠，爸爸看儿子天天往妈妈单位跑太累了，每天又都是干到10点多钟才回家，就利用他自己的技能在家里阳台上给儿子做了一个小钳工案子，从那时起，他又可以白天到妈妈的样板室去练，晚上十一二点可以在家里干。那个时候，爸爸妈妈就说他已经魔怔了，钻到这里了。

功夫不负有心人，就是因为他这股魔怔劲儿，2003年，他以沈飞技校全班第一名的成绩毕业，等待分配进沈飞。

挫以砥砺

方文墨的梦想是和爸爸妈妈一样，去做歼击机，本以为技校毕业能分到沈飞，让他没想到的是，他分配到的是沈飞控股的民品烟草机械厂。这简直是当头一棒，和他心里的目标差别太大了，一个天上，一个地下，让他心里没法平复。他是沈飞公司第一个以沈飞技工学校全班第一名的成绩被分到沈飞民品公司的，命运好像跟他开了一个玩笑。

方文墨做的不是歼击机，而是烟草机械。收入也比较低，他的技校同学分到沈飞公司其他军品厂，收入一般都是他的四倍左右。那时，他刚刚18岁，人生观、价值观刚刚形成的时候，原本以为通过勤奋努力可以实现自己的理想，但是，刚一毕业就给了他一个重大打击。他在心里说：现实这么残酷吗？那个时候，想死的心都有。他本身是沈飞职工的孩子，在沈飞院里长大，俗称坐地户，自己这么努力，成绩又是最优秀的，他真是百般伤痛。但是，那个年代，跳槽还非常少，他也没有那个想法。

爸爸妈妈就开导他：是金子在哪儿都会发光。

他是个懂事的孩子，想来想去，他只能好好去干，认可现实。

沈飞公司有一个很好的传统，一个新员工来到沈飞各工厂之后，会由一个德才兼备的老师傅去带。当时，他就和妈妈私下说，他要自己找师傅。

妈妈看儿子这么有主动性，就帮他选了个师傅。他的师傅叫付宏安，是技术能手，也是劳模。从此，师傅付宏安就开始教他，从钳工基础开始，一步不落，从头到尾去教，方文墨就拿小本和笔，去记、去学。师傅看他是这么有心的孩子，学习技能这么上进，领悟得也快，非常喜欢他，教他时就更耐心细致。师傅怎么讲的，他就怎么去熟记，晚上回到家翻开专业书，去进一步比对，当遇到师傅教的有些操作法和书上不一样时，第二天，他再问师傅为什么这么去干这个活儿。通过师傅讲解，他弄懂了这是师傅从自己多年积累的技术经验和知识相结合来教授他的。他感受到了经验的积累应用和实践能巧妙地把活儿做得更有效率，缩短工期。

与师傅在一起度过了6年苦学苦练的时光，他的技术出类拔萃，不仅是质量超群，效率也超越班组其他人。任务来了，他就开始琢磨，刀怎么改，角度怎么改。自己画图，他设计出来之后，会征求师傅意见，师傅再给他进一步指导，他会在师傅的建议上又想出新路子，师傅发现这个徒弟脑子太聪明，对技术太钻了，总能找到连师傅都没有想到的窍门，师傅欣慰地肯定他的方案。

为了得心应手，他求妈妈做了一套他自己设计的工具，干活儿时，他不用制式工具，而是用他自己设计出来的工具，所以，每个任务到手后，他都能非常完美地完成。

他用自己的工具来完成厂里的工作任务，基本是厂里三天工期能完成的，在方文墨手里三个小时就完成。厂里的老少工人都觉得这个小伙子神了，纷纷称奇，竖起大拇指。

方文墨来到这个厂是受挫的，但他没有沉沦，反而是奋起直追，砥砺前行，这就是青年方文墨。

走向钳工屋脊

方文墨的聪明和刻苦成了他职业的本色，也是因为此，造就了他攀上钳工行业的珠峰。他所走的这条路一直是在拼搏奋斗、一往无前的冲刺中，是用他的汗水和智慧浇灌。可他却说，在他攀登的路上，有太多人的支持。

在沈飞民品公司的日子里，师傅对方文墨说："只要你自己好好去学，还是那句老话，是金子到哪里都会发光的。"所以，那时候他就听师傅的，铆上劲儿上学，而且他学东西有个特点，并不是师傅怎么去教，他就怎么去做，一成不变。往往是师傅教完了，领会师傅意图后，自己还要反复研究，能不能快点完成，再找点窍门。他就反复琢磨，总能找出一个新的方案。

方文墨的技术浮出水面，师傅说他是自己苦练苦学的结果，他说是因为师傅干活非常厉害，技能特别高，他才能学到更高更精的技能。

方文墨回忆起师傅，由衷地说："我师傅对我特别好，好在哪儿呢？我们工人干活儿是计件，按当时厂里制度，活干废了得罚钱。师傅就对我说，没有事，大胆去干，干废了算师傅的。"有了师傅的鼓励和支持，他心里有底了，但他从来没干废过一个件。有师傅这个话，就是对他的信任，他更加百倍用心。那时一个件最少200元钱，在当时是很贵的，师傅让他好好去干，不怕徒弟真干废了。在干的过程中，师傅会指出差在什么地方。他是沈飞技工学校毕业，锉刀功夫好，师傅就说，你这锉刀功夫我都比不了，但是你磨钻头还差，师傅就给他一捆捆钻头让他磨，让他练。

他就拿着这些料到砂轮间，天天在那儿磨、练，脸整得跟小花猫似的，全是灰。方文墨学技术有个特点，从不是简单地照做，而是要把原理弄通，他觉得光干活儿快不行，得知道原理是什么，知识是第一生产力，如果原理都是错的，干出来的活儿百分之百不可能是对的。

从那个时候开始，他就一点点研究里面的原理，按原理去做活儿，自己在钻研过程中，认识到自己的知识底子薄，上技校学的那点东西就是皮毛，越学越觉得自己学的东西这么少，也是从那时开始，晚上5点半下班后，自己骑个自行车开始上沈阳航空航天大学深造学习。报了高升专和专升本，他用11年把机械电子工程和机械设计自动化这两科学完。每天都是利用晚上去，白天继续上班，每天早上4点半天蒙蒙亮，他准会出现在工作现场，练习钳工的基本功，行内叫作童子功。

方文墨的技术在快速提高，让他锻炼的机会来了，他所在的民品公司转型，开始做军品活儿了，因为军品活儿和民品活儿在加工生产中是不同的，军品的加工标准对技术技能要求十分严格，哪怕是钻一个孔，都得用尺量。从那时起，方文墨又开始在军品上琢磨怎么去干，怎么能干好干快。军品加工为方文墨打开了又一扇窗。那时候，师傅就对他说："你好好练吧。"就这么语重心长的一句话，给方文墨上紧了弦，他就一点点把活儿做好，技艺和窍门越来越多，技术越来越高，仍然像做民品时一样，一天的工作量，别人干8个小时才能完成，他两个小时就完成了，剩下的6个小时，他用来看书。他从上班到现在买专业书400多部，每一部都认真研读，而且每一部都不止读一遍两遍，有的书都要翻烂了。

那个时候，他的工资大多买书了。工资买书花没了，怎么办？他就到书店里，拿本和笔抄记。后来，妈妈看文墨为了学技术知识这么用功，就给他买了一个照相机，就是我们现在所说的卡片机，让他拍下来看。

妈妈很支持文墨学技术，那时电脑在家庭还没普及，妈妈花了家里1万多元给他买了一台大头机（型号586）。还给他备料，钳工活儿要练得有毛坯料。当时还有叔叔阿姨说风凉话："你家文墨学习也不那么次，你为啥让他上技校，将来当工人。"别人都认为他学习不是最次的，但是走了一条最次的道。越是这样，他就越要奔这条死胡同走出去。

方文墨从那时起就走了两条路，钻研技能和钻研技术。技能是他必须学的，技术研究他也要做好。尤其是国家发明专利，大家都以为是技术人员的事，但是方文墨觉得他们在一线工作的工人更有发言权。他在生产加工过程中总结了自己的经验，动脑研究，一次次小突破和大难题的攻关使方文墨更加开阔视野，开发了思路，所以，从2003年到现在，以他的实践经验完成了14项国家发明专利。

在这个舞台上，他找到了支点，也找到了燃点，他的技能不仅完成了自身建设，还转化为有技术含量的新方法。

方文墨骨子里有一股倔强和顽强，这也是成就他成为大工匠的精神内含和支撑。

所以，才有了21岁、22岁、23岁经过3次破格，24岁成为沈飞历史上最年轻的技师，如果说正常技师历程从最低级晋升到最高级，一般得24年左右，还得是中间没有断带，方文墨用了6年，他把时间给浓缩了，浓缩的时段里负载着超常的付出。

竞技场上的精彩

方文墨是怎么走上技能竞赛这条路的呢？靠自身的努力和很多人的帮助。他上班不久，2003年，全国有个比赛，"首届全国职工职业技能大赛铣工"赛场在沈阳，沈阳有一个铣工叫崔立刚，他在这次比赛中得了全国第一名。那个时候，沈阳市的媒体全在宣传崔立刚，当时方文墨正和爸爸一边吃饭一边看电视，爸爸就指着电视里的崔立刚说："同样是做技能工人的，我儿子有人家一半就行。"

他不解，有一半是什么意思呢？爸爸说："人家是全国第一名。你能进全国前十就行啊。"当时他心里一动，暗下决心，攒着一股劲。妈妈问他："你都上班了，今后想怎么样啊？"他大言不惭地和妈妈说："我要当全国最好的钳工。我要拿全国钳工冠军。"他妈妈当时就冲他一乐。后来他就问妈妈，当时你为什么一乐呀？妈妈回答:"干钳工的,在沈飞公司这样人才济济的大厂,2000人的厂里你能拿到个第一名就已经很牛了,沈阳市你要能拿第一,在你的职业生涯里就很好了,你还想当全国第一?"妈妈笑个不停,觉得儿子既有志向,又目标太高,怎么可能?

他想,有朝一日一定也要参加,试一试,一比高下。志向远大的方文墨就是这么想的,也奔着这个目标努力。他坚定地说:"我就是要当第一。"

师傅也和他讲,只有在技能比赛中才能检验你。所以才有了2004年沈飞技能青年岗位能手评比他波折的参赛过程。听师傅说了这个赛事,当时他去报名,沈飞公司负责人拿出比赛文件让他看,这次比赛,只是沈飞公司本部的,因为他是民品公司职工,不具备报名资格。

他难了,这怎么办呢?

他去找自己单位的团委书记陈蕊,书记看小伙子这么上进,就带着他上公司团委请求,给有志青年一个机会。公司团委负责人一看小伙子这么上进,很感动,就允诺,你可以参加此次活动,假如你真进了名次,可以参加排名,证书也照发,但是奖金不能给你。方文墨当时就表示:"能让我参加就行,钱我不要。只要能给我机会就行。"

就这样,方文墨参加了他钳工职业生涯中的第一次比赛。在这次比赛中,他很争气地拿下了钳工工种的第一名。

第一次打比赛,19岁的他与全沈飞公司35岁以下的青工在一起比。他初出茅庐,竟然得了第一名。

现在的方文墨是沈飞公司团委兼职副书记。他现在回忆起当初的情景,非常感触地说:"当初,沈飞团委的领导眼界非常开阔,他们完全可以和我说,你不符合条件,不能参加。或者我当初找本单位的团委书记陈蕊时,陈蕊说这事沈飞公司有规定,我带你去不了。那我

就没有这样的机会和起步了。"他对此还深怀感激,也因此,沈飞公司看到了他的潜力,觉得这小伙子是个可培养的人。从那时起,沈飞公司因为他的情况,再有赛事把文件、政策都改为民品单位可参加了。从此之后,工会、团委、人力资源部的各种比赛,方文墨就可以正大光明地参加了。

这是他上班第一年,他才19岁。那时,他的自信心爆棚,内心觉得这也没有什么呀。自己努努力,不就拿第一了。

两个月之后,参加沈阳市的青工比武,自己的差距就显现了。他意识到自己的差距非常大。在那个层面上他看到了全国冠军干的活儿是什么样了。他记得当时他说了一句话"这活儿是人干的吗?太精细了",立刻感觉差距一个天上一个地下。自己前几个月还美滋滋地陶醉在第一名里呢,觉得自己干的活儿也挺漂亮。但是,现在跟人家一比,他干的这个活儿得撇了,连看都没法看。

从那次比赛之后,他就知道了差距,知道了最好的活儿是怎么去干的。从那时起,方文墨每天4点半起床开始练习,一直到7点半,每天坚持这三个小时,中午在单位休息一个小时,工友们都休息,他也不休,也要练一个小时。那时单位任务非常忙,每天晚上7点半下班,晚上7点半下班后,他还要练到晚上10点多。天天如此。在每天正常的工作8小时之外,他还要工作6~8小时。

那个时候的方文墨是个快乐的小伙,没处对象,每天的业余时间全部用在苦练钻研上了。他不光在本工种钳工上精尖,在装配钳工、工具钳工、模具钳工、机械设备安装工这些工种都拿过沈阳市、辽宁省和全国的第一名。

这是何等的一个技术能手?

工匠不是天生的,是汗水的积累,是苦练的结果。是付出了常人没付出的代价的结果。

他回想第一次参加比赛时，很心虚，6个小时的比赛时间，他从进场到线上操作，一个小时的时间一直在发抖，没见过那么大的阵容，参赛选手的加工水平都很高，他就是刚进厂的小青年，他环顾四下，一瞅那些娴熟的老工人动作都太厉害了。那些年轻的也都是他哥哥姐姐的年龄。他稳定稳定情绪，平静下来，就开始按照自己的加工工序，一点点去干，最后居然是总成绩和理论都拿了第一。

用现在流行的话说：这真叫实力。

方文墨技能过硬，理论也那么好，参赛前，他妈妈每天都考他，妈妈发现儿子的劲头比上初中时都要努力，天天拿支笔就记，不懂就问，就翻书去学。他的理论考试成绩超过第二名十几分，这是比赛中很罕见的。一般的比赛都是棋逢对手，上差下差不超过一二分。

从这时起，他就坚持自己分内工作在上午干完，下午就练习钳工技能。厂里也有人看见他练活儿，以为他会耽搁厂里的活儿，实际他是手快、技能好，别人干一天的活儿，他三小时就能完成。为了不让别人误会，他就改成用单位工作任务去练，公差要求十道（北方工人称10微米即0.01毫米为一道）的活，他就往五道去干，往精了干，就这样，他又把活儿干精了，又把水平练上来了。方文墨适应环境走出这么一条精工之路。

第二次比赛是代表沈飞公司参加沈阳市技能比赛，虽然已有参赛经验，但是在这个层面他又看到了高手。这是全沈阳市的钳工高手，全国的第一、第二、第三，辽宁省的第一、二、三名。沈阳市的第一、二、三名都在这里。看到那些大哥哥干的活，他都狐疑，这活儿是不是提前干好的呀？太漂亮，太精了。

仔细一看，也不是呀，他们参赛是有规则的，进场要打钢印，一看是从头到尾干的呀。

他当时很紧张，心理压力很大，有这样的大哥哥高手参赛，他这活儿怎么去干哪？

定了定神，安慰自己：本来我也排不上了，我何不看着哥哥们干，"偷"艺。才发现，啊，这活儿是这么去干的。

在这次比赛中，他对一个人起了格外的敬佩之心，这个人叫曲骊，后来成了他厂外的教练师傅，看到他的手法，他就想要拜曲骊为师。曲老师看看他的活儿，说，你现在也不行啊，手法太次了。这对他又是一次打击，本来自己认为非常好，沈飞公司都第一了。但是，手法和高手比，加工时间也慢，精度也差，动作也不规范，什么都不行，入不了人家的眼。曲老师就对他说："那你就先干吧，你也先别叫师傅什么的，你先干就行。"第二天，他就买上水果礼品去找曲老师，曲老师是金杯技师学院的，在文萃路，那时还没有私家车，坐公共汽车得从家骑自行车到北陵东门，坐245路再倒265路，路程要两个半小时。他很诚恳地要认曲老师为师，当时也非常忐忑，人家师傅位置那么高，名气那么大，技艺那么好，能不能接纳他呀？心里打鼓。师傅是2005年全国第一名。曲老师看到这个青年的诚心和上进，非常感动，就和他说："这些东西你不用买，你要是真想学，我就教给你。"

这让方文墨兴奋异常，从此后，方文墨每个周六周日都坐两个半小时的车，到师傅这来学习。他背着工量具，早上5点半从家出发去师傅那儿，师傅教授后，一边领悟一边自己又研究怎么去干。

妈妈给他下的结论是：他很聪明，肯吃苦，又努力。后来，他师傅给他下了个定义：方文墨每一次比赛都能发挥特别好。

方文墨荣获全国冠军是26岁，参赛地点在沈阳。那时候他就满怀自信，奔着第一去的。那个时候，他已经拿到沈阳市第一、辽宁省第一的名次，就是全国第一还没得过，所以，他的目标就是冲击全国第一。

当时参赛规则是一个省出三个选手，这个比赛也叫作五轮。首先参赛选手得在公司排前三名，前三代表公司参加沈阳市的比赛。在市级比赛中再获得前三，进入辽宁省比赛；辽宁省取前六名，前六再PK，进入前三者才有资格代表辽宁省参加全国比赛。全国比赛取前五名。方文墨在这样高难比赛中一轮一轮胜出，最后获得了全国第一名。

可以想见，那是多么惊心动魄的过程，多么精彩的博弈瞬间，多么激动人心的时刻，当方文墨获得冠军，走上领奖台时，沈飞人都为他喝彩。因为他们每个人都知道这淘洗的残酷，冲刺的艰难，获得的不易。那是什么？那是实力，那是无法用语言表达的艰辛过程。

参赛作品是做一个模拟机床导轨，从毛坯料到成品，是把24小时才可完成的工时，要求在6个小时里完成，还得达到要求的精度。全国90多个选手参赛，在现场能把参赛作品干完的，不超过20个人，干得合乎要求，而且干得好的、漂亮的就更少了。所以，这个比赛被喻为技能竞赛中的北大和清华。

方文墨脱颖而出。

当方文墨把全国获奖证书拿给爸爸、妈妈看时，妈妈当时就哭了，那是幸福的泪水、欣慰的泪水呀。

一个人的成长与成功首先源于热爱，从他上班的这18年历程看，他就是喜欢自己的职业，他热爱，无论遇到什么困难，经历什么挫折，他从不言败，从不放弃。

所以才有了24岁、25岁、26岁分别获得沈阳市、辽宁省、全国钳工本专业冠军的惊人成绩。29岁成为整个航空工业集团最年轻的首席技能专家。

全国大国工匠有48人，方文墨是年龄最小的。

这48人中，除了有一位70后，剩下全是方文墨爸爸妈妈的年龄。各位师傅对这个80后很佩服也很关爱。他们都惊讶地表示：年轻人能做得这么好，不容易，是奇迹。方文墨没有半点骄傲自满，而是说："我觉得还不够，还要继续学习。"

80后方文墨走到了职业技能金字塔尖上，是这一代人的骄傲。

沈飞公司建厂70年了，几乎没有方文墨这样的先例，他不仅体现沈飞的价值，更体现中国技能，大国工匠的价值，体现工匠精神的奇迹。

精工与匠心

毅力和汗水是一堵坚不可摧的墙，方文墨用自己的顽强毅力筑起了技能的大墙，钻研和刻苦是方文墨提高技能飞翔的翅膀。在很多人眼里，工人是用手去干活儿，用体力去干。方文墨深有感触地说："其实不是，他们是用脑子去干，靠知识、智慧和经验。"钳工俗称机械工人中的万能工。当好钳工光靠体力不行，需要时时动脑筋琢磨，更需要有一种不盲从、不服输、勇于创新的进取意识。他技术技能的高精尖不是凭空而来的，这些年，方文墨养成个习惯，只要他人在沈阳，都是在自己的岗位上，不管是周六或周日、节假日。除非出差在外，他才不在。他已经把自己融到沈飞里了，岗位是他的支点，用他自己的话说：回家不知干啥。岗位和技能是他的全部。他有一个幸福的家庭，一位也是一生奉献沈飞的精密检验员妈妈退休在家，帮带孙女，照顾这个小家；同为沈飞人，和婆婆年轻时从事同样工种的妻子更加支持丈夫的工作。所以，方文墨的时间都属于沈飞，都给了学习和钻研。

要说功夫和汗水，只要看一下方文墨平时经常加工的零件，每个表面起码得锉修30下才能达到尺寸精度要求，每天要完成往复单一的锉修动作8000多次，如果把方文墨工作18年锉修的行程捋成一条直线，可以达到6000多公里！但在每一次加工过程中，方文墨感到的不是枯燥和疲劳，而是把它当成提高技艺的台阶。

没有付出，就没有收获，这18年，方文墨付出了超越常人的代价。

"文墨精度"就是他对航空工业最高难的答卷。

在航空飞行器自主研发的过程中，沈飞人有个理念："一手托着国家财产，一手托着战友的生命。"飞机是高精尖产品的集合体，其加工精度和质量容不得半点差错，方文墨所在分厂承担着为飞机操控系统加工零件的任务，而他的钳工班就是为这些零件做最后一道手工精密加工。这项工作不仅要熟知机械加工所涉及的各个工序，还要熟练掌握钳工本身的加工技能，尤其要具有掌控加工精度的高超本领，才能保证零部件的装配技术要求。

方文墨班组在沈飞攻坚克难是出名的，2020年，一个重大技能难题在方文墨班组中迎刃而解。沈飞在某新型战斗机蒙皮加工时遇到了难题，此外皮要求零公差的加工，就是不能有任何搭接缝隙。这样的要求机械加工不了。但是，它的面积又大，整架飞机将近400平方米，要一块一块去拼，人工操作难度很大，技术、技能都要达到极致。这样艰巨的任务在沈飞也只能是方文墨班组能承担。公司副总经理找方文墨，直言："沈飞其他钳工班人员干不了，这个任务就交给你们了。"副总经理看着方文墨的眼睛说："你们干也得干，不干也得干。"这就是军令。方文墨没有退缩，带领几个徒弟去看这个活儿。他看后，心里有了数，就问几个徒弟，怎么样，这活儿能干不？他徒弟对他说了一句令他一辈子都不能忘的话："师傅这活儿都不用你伸手，我们来就行了。"当时给副总经理镇住了，在这之前是沈飞谁也干不了的，他是用硬性强压给方文墨这个班组的，没想到，他们这个班组这么胸有成竹。副总经理对他们师徒的态度将信将疑，问他："你们说的是真的假的？"

方文墨对副总经理说:"保证没问题。这个任务我们每天晚上干,白天我们还得照常完成分厂生产任务。"

接了这个任务后,方文墨班组天天晚上开始干活,从晚上7点开始,到半夜一两点钟,干了7天,在工作中,他带领班组协助兄弟单位处理问题,当时的情况非常复杂,常规机械设备无法进入,只能依靠他所擅长的钳工进行手工加工。他们小组一直从下午1点工作到半夜1点,其间大部分工作是需要他们几个钳工来做的,当时,他是可以抽空休息一下的,但是当时兄弟单位的领导、工友等相关人员哪个也没有离开,他们一直在现场关注处理进度,频繁地测量产品尺寸的变化,给他们提供更准确的尺寸参数。他们又集智攻关做出了符合产品返修的夹具,安装那天,蒙皮与蒙皮的对接上都是零公差。空军领导来验收时一看光洁无隙的外观,用手一摸,竖起了大拇指,说:"这是全国最好的飞机外观。"

从此班组有了"生产线上110"的称号。

为什么方文墨和他的徒弟面对急、难、高、精的任务这么自信?并不是盲目吹牛,而是有这样的底气和技术。

还有一件难忘的攻坚故事:2020年7月,在一次飞机用导线接头产品加工过程中,时间急迫而且任务量大,如果还按照原有的老方法加工的话,产品质量以及生产进度都不好保证。沈飞公司有七八十人都在为了这个活儿研究怎么去干,在这时候方文墨和徒弟们请缨,提出要修改模具,于是大家一起结合实际经验和所学知识把原来的非固定式钻孔模改为固定可调式钻孔模,这一改进直接解决了原有模具钻孔时需要人工调整位置所造成的位置找正麻烦、且费时费力的问题。紧接着他还发现在斜面上钻小孔非常不容易找正,并且钻头太细在钻孔过程中非常容易折断,最后在几经试验后,在原来的钻头上加装了一个夹紧延伸套,既解决了细钻头强度不足的问题，又解决了钻头长短不够的问题，使产品的生产加工效率提高了3~4倍，同时也使产品加工的质量更加趋于稳定，保质保量交付了产品，把原来需要两人一个星期的工作，由一个人三天就出色地完成了。加工这批工件时，方文墨工作室挤了30多人，很多人都想看看他们的班组用什么方法把这批高难度的活儿干出来。方文墨的徒弟当时对他说："这活儿师傅你都不用伸手。"看的人都睁大眼睛，怕错过细节。他的徒弟们娴熟地操作，很快完成了任务。用方文墨的话说："这就是钳工的魅力。"所以说，现在他能很放心地把活儿交给他的徒弟去干，因为徒弟都非常优秀，而徒弟也从技能当中找到了快乐。

正是有了一支敢打硬仗的队伍，使他们没有挑战不了的任务。

精练技能、勇于创新的进取意识一直是方文墨和他团队的宗旨。他善于钻研、勇于创新，先后多次参与新机研制生产任务，每次都主动承担技术难点攻关和"急、难、险、重"任务，在生产试制的过程中，经常是一个问题没解决一个新的问题又出现了，一项项生产难题和加工瓶颈使他的业务水平得到了不断历练。公司的关键任务很多都由方文墨来承担，他带领的攻坚团队解决了一直困扰航空产品生产的手工高精度加工难题，大大减少了因技术原因造成的废品损失。由方文墨创造的"文墨精度"把加工公差缩小到了0.0068毫米，其精髓在于通过对锉刀的校正，把以往机械加工中认为的粗加工变为精密加工复杂零件，因为手工加工不会产生切削热变形，所以大大地提高了加工精度，从根本上实现了航空产品生产的优质高效，为新型战机的生产研制提供了有力的技术保障。

每次在工作中，方文墨面对工艺复杂的首件加工产品，总能近乎完美地总结出前后加工工序，做到高质量地完成每一项产品。

方文墨是十分欣慰的,他觉得他是幸福和幸运的,爷爷、姥姥、姥爷、爸爸、妈妈的事业追求和梦想是做歼击机,父辈和祖辈干了一辈子,但他们只经历了歼-6、歼-7、歼-8,他是从歼-8做起,做过太多型号了。作为一名中国航空工业的一线工人,他感到无上荣光,强大的国防、精尖的利器是民族的自豪与自信,作为航空人,是任重道远的。当中国的歼-15战斗机在大连海空升起那一刻,他胸中充满激动和自豪,仰望蓝天,那也是他航空梦想实现的庄严时刻。

传承匠心仁德

一个人做得很优秀不少见。一个集体中每个人都很优秀才难得。2012年初,方文墨作为技术人才被调到沈飞标准件厂,成为军品系列的技术工人,终于成就了他做歼击机的梦想。沈飞公司重视人才,以他的名字命名,成立了"方文墨钳工班",两个月后,以方文墨钳工班成员为班底的"方文墨工作室"组建成立。

方文墨觉得自己成长成才的道路上有师傅们的教诲,有集团公司的培养,有工友和家人的关爱,他是幸运的。一个人的成长需要有人指导和引领,所以,他对他的徒弟深怀一种责任。

沈飞公司能以他个人为核心成立工作室,就是对他最大的信任和支持,他就得成为这个工作室的核心力量,他得发光发热,把他的技能传授给他的徒弟。他的工作室大多是90后,他是唯一的80后,平均年龄只有26岁。他们中有技校刚毕业的技工,有参加工作没几年的新工人,只有初级和中级技能水平,当代小青年,家庭条件好,有的在工作岗位上工作的主观能动性不高,方文墨意识到,如何带这些徒弟,提高他们的技能和提升他们的思想认识,使他们有正确的价值观是当务之急。他和徒弟在一起谈心,他问徒弟:"想不想和大哥哥一样?"

他们说:"想,大哥是工人已经干到顶了,我们也想像你那样。"

方文墨就启发说:"想是没有用的,我早上几点过来上班,你们都看到了吧?"

徒弟都点点头,说:"看到了。"

他说:"你们想不想练?"

徒弟说:"不想练,太累了。"

方文墨看着这几个小徒弟说:"你们来沈飞了,还想走吗?"

徒弟们说:"不想走。"

方文墨说:"不想走,就得对自己负责呀。努力了就会像大哥哥这样,不努力,就会被淘汰。你要是想在我的班,就得学技术,练技能。这样,从今往后,我教你们的必须要学,要练,钳工就是靠练,你们任何一个人练,我都陪练。"

方文墨说完之后,徒弟们觉得,师傅都是全国冠军了,没有架子,能耐心教他们,还要陪他们一起练,来到了方文墨班这个光荣的集体,他们应该做好。

方文墨其实是用了个激将法,逼他们,你不想干吗?我陪你。他不仅教技能,还陪伴他们练。就这样,方文墨早上陪、中午陪、晚上陪,什么时间段都陪他的徒弟练。徒弟一个个都进步很快,他们的技能有了很快的提高。

作为班长,方文墨深知打铁还需自身硬的道理,平日里注意发挥带头示范作用,带领班组成员摽着膀子一块学习、一道发掘已加工产品的可再优化点。方文墨不仅把多年总结的技术经验毫无保留地传授给了他们,也把终身学习的理念传递了下去,鼓励大家持续进行技术创新。方文墨始终坚持将普遍提高工作室成员技能和一线技术工人技能水平与技能大赛相结合,给徒弟创造评比参赛机会,技能训练中开展师徒结对子活动,带出了一批既能参加大赛出成绩、又能攻坚克难搞生产的优秀一线技能人才。

他的徒弟并不都是本厂的,来自沈飞公司各个单位,有慕名来的,只要是想和他学,都可以来,来了他就带。方文墨希望他们把技能带到沈飞各个单位的工作岗位上,这些来自各厂的徒弟学成后,回到岗位,本厂的老工人看到方文墨这些徒弟技术的提高和过硬,就奇怪地问他们:"方文墨什么都教你们哪?"徒弟回答:"是呀。"老工人们又疑惑地问:"那他不留吗?"徒弟说:"不留哇,什么都教。"

他的徒弟现在都成了自己厂子里的钳工"大拿"技能能手了。

这不仅是胸怀、情怀,更是一份责任。

方文墨说:"我的师傅当初教授我技能,也教给我怎样做人,具备什么样的职业素质。我师傅怎么对待我的,我就怎么对待我的徒弟,还要发扬光大。"

他的"方文墨创新工作室""方文墨国家级技能工作室""方文墨沈飞技能法工作站"正在培养和输送人才。现在他就有一个愿望,把自己的班组带好,把徒弟带好。让技能"香火"不断。把技能从80后向90后传承,希望90后也能把他们的技艺传下去,这样一代一代,工艺技能不失传,工匠精神也不失传,让沈飞人的匠心永接续。他心中那份强烈的责任是传承,传承!

当问起他带徒弟的辛苦时,他说:"真累,我感觉比我自己练活都累。"带徒弟就像带孩子,结婚之前的徒弟都是家里的大宝贝,结婚之后家里事多了,精力又不集中了。他就成了个小家长。但是,徒弟的进步和飞跃也让他欣慰和高兴。他的徒弟最快的两年获得了冠军。他说:"我自己拼搏这么多年,积累了不少经验,我要用我的经验给他们的弯弯道理直了。"徒弟在他的经验之上少走了弯路,走了捷径。

他们班组从2013年成立至今,包括他在内,出了4个全国冠军,6个辽宁省冠军,10个沈阳市冠军,而且班组已进入良性竞争,是一个团队在作战,一个团队在学习,在共同进步。在这个团队里,没有嫉妒,有的就是比学赶帮。

这些90后在方文墨班组里找到了人生的自信,获得了尊严,方文墨也鼓励他们说:"社会上在大力弘扬劳模精神、劳动精神、工匠精神,你们能在技能当中找到你人生的一个定位点,非常好,多有人生价值。"他对徒弟不仅是从技能上让他们提高,从思想上、从眼界视野上,都身体力行去讲去做,让他们体会到自己努力后的成果是不一样的。

他告诫徒弟说:"一定要把自己青春有限的时光用来学习奋斗。习总书记说,人的一生只有一次青春,现在,青春是用来奋斗的;将来,青春是用来回忆的。你们是沈飞未来的一部分,肩负着制造国家重器、利器的神圣责任,这是多么光荣的责任和任务哇,必须努力。"

方文墨把工作室的青年徒弟看作沈飞技能的星星之火,在沈飞,有各工种的顶尖人才和技术能手,在钳工领域,他要尽他的能力让星星之火燎原。

2012年至今,方文墨工作室累计培训钳工高技能人才100余人次,授课时长7000余小时,方文墨班也先后荣获了"全国工人先锋号""全国'安康杯'优胜班组""全国质量信得过班组""辽宁省先进集体""辽宁省优秀质量信得过班组""辽宁省安全标准化达标班组"等荣誉称号。方文墨的徒弟耿伟华、华成祥两人分别获得第十四届、十五届"振兴杯"全国青年职业技能大赛(国家一类比赛)装配钳工、工具钳工第一名的好成绩,"文墨班"成员中另有多人次获得"全国技术能手""全国青年岗位能手""航空工业技术能手"等荣誉称号，实现了钳工技能和工匠精神的成功交接。

  36岁的方文墨成为航空工业首席技能专家，曾获"全国技术能手"称号，成为大国工匠。如今，他不是一个人在走，是带领一群人在走，不是一个人前进，是带领一支队伍一起前进。

  方文墨由衷地说，有沈飞公司这个平台，他们才有成才的机会。沈飞重视人才，沈飞真正关心工人，在沈飞这个大企业中，工人有找到家的感觉，沈飞是真正的工人之家。

  舞台有多大，展示才能的机会就有多大。只有在沈飞，精工技能才能用在精密的地方，他和他的徒弟才能体现价值。

  航空产品是国家高端制造业的集成产品，是"国之重器""国之利器"，在航空产品科研生产中，方文墨始终坚持在生产一线工作——从18岁技工学校毕业参加工作至今已18年，他实现了航空蓝天梦，走出了成才路，也传承了老一辈航空人"忠诚、拼搏、求实、创新"的精神，用高超的技术技能，以忠诚、担当、奋斗、拼搏与执着、坚守与敬业、精益和创新筑就中国航空工业的辉煌。以大国工匠的情怀，在自己奔跑的路上，带领下一代，传承不息的工匠精神，铸就一份份中国荣耀。

飞天强国梦，指尖铸传奇

——记全国劳动模范、大国工匠 李志强

◎ 韩 扑

时光从20世纪进入21世纪，如今，世界上公认的强国都是航空强国。航空是最快捷的运输方式，飞机的强大机动性令这个世界缩小了，也将航空强国的影响无限放大了。

然而，骄傲的战鹰凭什么能够翱翔天空？

凭的是强劲的心脏。

大推力的航空产品，是一个国家航空实力的根本保证，它体现了一个国家的工业综合能力，它要承受足以融化钢铁的高温，产生能够把数十吨的战鹰瞬间加速的推力。

在人类军事工业的科技树上，高居最顶端的航空产品，从最初的设想到如今技术日趋成熟，不过100年，拥有自主研发制造能力的，也仅仅是美、俄、英、法等寥寥几个科技强国而已。因此，航空产品被称为"工业王冠"上的明珠。

幸运的是，经过数代人的拼搏，我们如今终于实现了大推力航空某产品的国产化。而要打造这样一台强劲的产品，需要装配工人把几万个零件组装到一起，重达数吨的发动机的装配精度，堪比不到100克的机械表的表芯，装配工作过程堪比指尖上的舞蹈。

这位舞者，就生活在我们的身边。

他叫李志强，这名字既响亮而又普普通通，点开"市民重名查询系统"，单在沈阳市，就有461位"李志强"。但这又是个承载着梦想的名字，这个人一路走来充满故事，讲述一个普通人是如何打造属于自己的传奇。

他是我国航空某产品装配领域的高级技师。

他所在的黎明公司是新中国航空涡轮喷气发动机的摇篮，是共和国空中战鹰强劲动力的诞生之地。

归队——血脉里的召唤

李志强，1964年生人。面前的他，平易憨厚，热诚实在，和我们沈阳人的每位邻家热心大叔没啥两样。

谈到人生道路，李志强说，如果按照他自己的轨迹，并不会走到如今的事业之中："我是1983年从部队退伍回到沈阳，应该是干警察，我父亲知道了这个事，就不太愿意让我去。"

李志强在部队受到过11次连队嘉奖，在全师大比武竞赛中因成绩优秀受到一次师级嘉奖。退伍回到沈阳后，市公安局很快在退伍军人安置办调出了他的档案，李志强的面试也顺利通过，马上就可以录用了。

可是，父亲的心里一直有个飞天强国梦。李志强深情地回忆道："我父亲是第一代黎明人，从建厂一直在这儿。他打过仗，对国家武器装备这块儿，确实有一种老军人特别的热爱。他就告诉我，干某产品装配不是一个人的骄傲，是我们全家人的骄傲。"

就在李志强准备去公安局报到的前夕，一个晚上，望着窗外万家灯火，父子俩进行了一番深谈。

作为一名老军人、第一代黎明人，父亲向李志强讲述了空军对于国家的重要性以及某产品研制的艰难过程，父亲说："我参军多年，打过的大小战斗不计其数。我们在武器落后、兵力悬殊的情况下，牺牲过多少战友，吃过多少亏呀！我就是盼着中国的武器装备，尤其是军用航空产品有一天能赶超发达国家，不再受制于人，争的就是一口气……一个人能干一辈子航空制造，这是光荣的！"父亲充满激情的话一直回荡在李志强的耳边。

反复思考后，李志强选择了到黎明公司工作，在毛泽东主席曾经视察过的总装车间，成为一名装配工人。报到那天，他下定决心，要拿出自己在部队时那种不怕吃苦、雷厉风行、力争上游、不落人后的态度，为祖国的航空事业尽一份力。

从部队到军工，李志强怀揣同样的梦想，走上了一条和父亲一模一样的人生道路，从这个意义上说，他归队了。

担当——后墙不倒的班组

这是科技工业的奇迹之物。

某产品由数万个零件组成，仿佛人类借取天神之力创造的巨大奇迹生命。它的结构极其精巧复杂，多种材料加工要求极高，装配极其严格，远远胜过古今任何一位雕塑家刻意为之的繁复。

共和国脊梁 ——沈阳国防工业人的故事

李志强最初入厂,最大的感受是震撼:"它是飞机的心脏,就像一个人如果心脏不好了,人啥也不行。刚进厂的时候,说句心里话,挺迷糊的。这么复杂的东西,我问自己:能不能胜任这个工作?"

品吧,学吧,越难琢磨的挑战,在有志者的面前,越是催人上进的阶梯。

多年以后,李志强回忆那段着迷在岗位上的日子,仍然可以精微到种种细节:"最简单的一个螺钉,拧紧了,超过它的疲劳强度了,飞行当中螺钉可能就会振折;拧松了,所装的机件可能要掉下来。做好这样的工作,需要相当的心理承受能力。"

为了技艺精进,他以全国劳模先进典型马德有等老一辈为榜样,发挥军人一往无前的精神,在工作中多看多问多请教多实践多总结,打磨装配技术,不断积累和掌握工作技能和经验。

从当小学徒开始,他每天都随身带着小本子,追在老师傅的身后问问题,并随时做记录。同时,他还利用业余时间刻苦钻研,不仅自学了机械装配的大部分课程,还参加了电大管理专业全部课程的学习。经过"补课",他仅用了别人一半的时间,就熟练掌握了装配技能,成为一名装配的行家里手。

李志强在工作中不断钻研,以其优良的综合素质和出色的工作业绩,得到了领导和同事们的认可,被推举为总装班班长。

谈到爱岗,他感慨地说:"如果你现在让我在家歇两天,我第一天可能躺床上睡一天觉,第二天我就闹心了,就想上单位了,这就是对这个行业的热爱吧!"

某产品的组装是复杂的系统工程,在数万个零件的装配过程中,零件间的衔接异常精细。又因其对工艺标准要求极为严苛,要靠精密的手工操作,这就需要装配工人长期反复实践积累工作经验。在某产品总体装配、管路故障分析与排除方面,李志强积累了丰富的实践经验，整整一本工艺规程，都记在他的脑袋里。

在黎明，李志强总装班被称为"后墙不倒的班组"。

在一次外场某产品排故中，为尽快排除故障，李志强打破原有需将其分解后操作的做法，在零下近30摄氏度的低温条件下脱下棉衣袖子，裸露单臂，钻进机舱，勉强在不到8厘米的管路间隙中伸手操作，干一会儿再到下面开着空调的面包车里暖和一会儿。这样，持续工作12小时，凭借他精湛的装配技艺，保证了任务需要，受到高度赞扬。

总装生产任务，一直以来处于为上下游工序争取时间的特殊地位。因此，每一项任务都要求24小时抓落实。因长期加班、吃饭不应时、休息不好等原因，李志强患上了胃溃疡、高血压等疾病，但他仍然冲在最前面，带领班组的同志们完成各种工作任务。

创新——指尖舞蹈擘画蓝天

在同事的印象里，李志强遇到问题爱动脑筋，他总能想出好的解决办法，能难住他的问题太少了。徒弟们发现他有一个小习惯，遇到难题动脑筋时，眼睛总是眨来眨去，"师傅眨眼睛呢，看他又能拿出啥高招来吧！"

2016年，在央视播出的专访画面里，一件形状非常奇特的专用扳手引起了大家的兴趣——

央视记者："这个是我们自己做的工装？"

李志强："对，是我们自己设计的一个工装，专门拧这一个螺帽的，原来我们用的工装就是普通扳手，这个空间比较小，（扳手）把刻度盘卡伤了就看不到刻度，调整很困难，所以通过这事，针对某一个螺帽和螺钉（的工具），我们能做四五十件了。"

李志强是个爱琢磨事的人，面对繁重的装配任务，他反复琢磨如何提高装配质量和工作效率。

在某产品弹性片装配过程中，以往的弹性片安装一直采用大螺丝刀拧紧固定螺栓的方法，存在非常耗时耗力且稍有不慎就极易划伤弹性片的问题，造成严重的质量问题。

李志强积极构思大胆尝试，自行研制了螺栓固定旋转器，该旋转器解决了操作者装配拧紧过程中缺少施力点的问题，提高了拧紧效率，降低了劳动强度。经过反复使用，验证效果良好，并且杜绝了划伤弹性片的问题，避免了上万元的废品损失。他的这一工装发明已获得国家专利。

在李志强的工作中，像这样的创新发明案例不胜枚举，如在完成装配任务中采取对装配车增加防撞保护装置、接油盒搭板等举措，对工作现场工具和零件等采取形迹管理等方法，逐步改善工作质量和提高产品合格率。

不仅是技术环节，在组织调度上，李志强和他的团队也进行了很多提高生产效率的改进："一班操作，工人是天天晚上加班，人的精神状态满足不了产品的精度要求。但是倒班操作之前在装配行业是没有的。有人支持，有人反对——就好像是这个脑外科手术，手术做到一半儿，换个医生可不可以？就这个状态。通过我们不断地完善，不光是能够两班倒，还能三班倒，叫倒班接力作业。"

某型产品在总装装配过程中，高、低压反馈系统的安装与调试对操作技能要求较高，调试难度大，员工调试方法五花八门，造成了调试结果因人而异，严重影响装配质量的稳定。为解决这一问题，李志强依据工艺标准和多年的操作经验，对高、低压反馈系统的安装与调试经验进行归纳总结，形成了一套完整具体的调整步骤与技法，统一规范了高、低压反馈系统装配操作，在班组全面推广。该调整方法实行后，质量得到有效保证，该调整法因此被命名为"李志强调整法"。

2010年，"李志强劳模创新工作室"成立后，他积极调配人员，挖掘潜力，凝聚技术、组织技能人才开展技术攻关等活动。在他的带领下，全班同志高度团结，无私奉献，班组逐步成长为行业内久负盛名的"金牌班组"。

团队——人是最美的风景

作为总装班班长，李志强主要负责传达上级精神，组织生产任务的完成，协调生产过程中出现的问题，组织贯彻落实各项管理规定，做好班组内的人员、安全、质量、5S等基础管理等工作。除此之外，他在为提高团队战斗力培育新人上狠下力气。

李志强经常挂在嘴边的是"打铁还需自身硬"这句话。他总是教育员工不断提升自身的装配技能，只有技能水平高了，才能装配出质量过硬的产品。为提高产品装配厂总装操作者的装配水平，他通过"传帮带"的方法，培养熟练掌握各型号产品装配技术的多面手。他通过查阅资料、多方请教，结合自己积累的丰富经验，撰写装配技术文章，编写培训教材，在工作现场设立培训"道场"，开展多种形式、多种内容的培训活动，将自己多年归纳的操作法及装配技巧传授给班组员工。通过培训，班组中胜任多产品装配的员工人数增加了一倍以上，班组中新员工上岗合格率达到100%；每年都有多名员工考取技师和高级技师资格，为完成各项工作任务奠定了良好的基础，也为进一步发展储备了力量。

提到团队建设、培育新人，李志强打开了话匣子："这些年一些经验哪、装配一些技巧哇，我们无私地全教给他们。"这些经验和技巧是非常宝贵的。李志强性格开朗，人缘好，工作之余，班组员工有什么事情、困难都喜欢和他沟通。班组一位员工患了重病，李志强组织大家积极为其捐款，解了员工的燃眉之急。

李志强对班组员工很有耐心，教育员工讲究方式方法，从没见过他大声训斥员工。班组有一名同事叫黄海涛，现在已经是高级技师。他在刚刚被分配到班组后，一次不小心碰掉了一个包装零件用的金属垫片，细微的声音被李志强听到了。李志强立即告诉他好好找一找，可黄海涛并没当回事。中午休息的时候，李志强拿着一个黄豆粒大小的金属垫片严肃地对黄海涛说："是这个吧？如果没找到，掉到里面，那就是天大的事！"见黄海涛有点紧张，李志强走过去又拍了拍他的肩膀。

总装班组承受着繁重的压力，李志强琢磨要做到"后墙不倒"，就必须从改进管理模式和改善生产方式等方面着手，这样才能保证各项任务的完成，使某产品总装效率大幅提高，创造装配交付的新纪录。他一是合理调配操作人员提高装配质量，根据班组员工的装配技能和熟练程度，合理进行人员搭配，把班组员工技能由高至低分成ABCD四个层次，形成以高带低、以强带弱的人员互补优势，大大地提高了装配质量；二是推广标准作业时间，提高装配效率，在装配过程中，李志强在并行操作的细节上着手，对总装步骤细化分解，最终固化为几百个工步，使装配时间细化到分钟，他们也因此抢回了大量时间，圆满完成全年任务，获誉"动力铁军"称号——"动力强军，科技报国"是中国航发的使命，所以"动力铁军"称号，是对李志强班组勇于攻坚克难的最高评价！

对于李志强和他的团队来说，那是最特别的一天：

2013年8月30日，天气晴朗，下午4点多，习近平总书记视察黎明公司。总书记来到"李志强班"，向李志强询问了生产、质量及班组员工情况，李志强向总书记做了详细的汇报。总书记听完李志强的汇报后，握着李志强的手，语重心长地说："你们的工作很光荣，很重要！"听到总书记的话，李志强内心非常激动，感觉自己浑身充满了力量。习近平总书记的这番话深深铭刻在他的心中，让他时刻感觉到自己肩负着重大的责任使命，不断激励他为航发事业贡献智慧和力量。总书记离开后，同事们纷纷与李志强握手，与他分享这激动人心的时刻。

2014年，"李志强劳模创新工作室"被中华全国总工会、中国国防邮电工会授予"全国示范性劳模创新工作室"称号；同年，"李志强班"被中宣部、中华全国总工会等部门联合评为全国"最美职工"。迄今为止，"李志强劳模创新工作室"通过开展创新成果的研究和应用提升员工创新能力，实现工艺创新126项，自行研制工装工具312件，拉动各层次技术、生产骨干开展技术创新项目32项，申报发明专利50余项，开展技术攻关项目106项，先后解决科研装配技术难题52项。

港湾——面对亲人的泪与笑

家庭是人生的港湾，对妻子、对儿子，李志强既充满深情，也充满愧疚。

李志强的妻子任劳任怨，全力支持他的工作。她在1989年就下岗了，一个人把家里的大事小情全都包揽下来，不让他操心，不管李志强几点下班，都会为他端上热腾腾的饭菜。两人互相扶持，相濡以沫。妻子全力支持李志强的工作，生活上，李志强隔三岔五就买妻子喜欢的水果，有机会休息时就带妻子到沈阳周边放松心情。

2001年底的一天，因为雪天路滑，妻子不小心踩在冰上摔倒了，左脚踝三处骨折，伤势严重，生活不能自理，但仍然给予他工作上最大的支持，强忍剧痛，微笑着对他说："没事，我在医院有大夫和护士照顾，就是不能走动而已，你放心好了。"每当傍晚拖着疲惫的身体进家门，看到妻子痛苦的表情和打着石膏绷带的腿，他感到深深的内疚，铁骨铮铮的汉子也偷偷流过泪……"等将来老了，一定加倍补偿她。"这是李志强心底暗暗做出的承诺。

对儿子李龙，李志强充满了慈父的深情和歉疚："孩子是1988年出生的。我就一直在单位忙，觉得对孩子也挺亏欠的，说得严重点，就是没尽到做父亲的责任。俺家孩子从小到大就是花钱搓澡。"

说到这个细节，李龙笑着比画说："我这么高的时候，就自己去洗澡，他们都说，你爸是什么大老板哪？一天这么忙，连带儿子洗澡的时间都没有，我说我爸不是大老板，我爸就是工人。我爸是航发人。"

李龙说，学成毕业后，他也走进黎明，当了一名试车工："我爸他们装配出来产品以后，到我们这儿调试后出厂。"提到儿子的人生选择，李志强有他的坚持："他有同学当时到汽车制造厂，也挣了不少钱。我说钱不在于多少，在于咱们干的工作性质，我们的这个行业是保家卫国的。"

从父亲到李志强，到儿子李龙，"择一事，终一生"已经成为李家的家风，并将传承下去。

承诺——最想对父亲说的话

李志强坚守某产品装配这个岗位，这样一份责任和使命，让他在简单枯燥的工作中磨砺出了精湛的技艺。从一名普通士兵走到今天，30多年来，在部队锻炼出来的吃苦耐劳精神、顽强坚忍的战斗精神、忠贞不渝的爱国情怀始终在李志强的血液中流淌。

如今的李志强，可谓荣誉等身——作为黎明公司装配厂"李志强班"班长、公司特级技能师、高级制造工程师，他先后获省市劳动模范、全国五一劳动奖章等荣誉。2014 年"李志强劳模创新工作室"被中华全国总工会授予"全国示范性劳模创新工作室"荣誉称号，"李志强班"荣获"全国最美职工"荣誉称号，2015 年被评为全国劳动模范，2016 年他的事迹在中央电视台《大国工匠》节目中播出，2017 年被评为"盛京金牌工匠""辽宁工匠"，2018 年被评为全国"最美退役军人""全国技术能手"……

李志强最想给父亲展示的成果，并非这些荣誉："我最有成就感的时候，就是看那个阅兵的时候，我们装配的产品，从天安门广场飞过去的时候。感觉那个时候是最有成就感的，真像我父亲所说的那样，光荣！真骄傲！1987 年父亲去世了，他也没想到我现在又是劳模又是啥的，他只是让我本本分分、脚踏实地，把这个工作做好。我最想告诉他的，就是在我们手里装了上百台产品，全在祖国的蓝天上飞翔，一代一代，发展这么迅速……他应该感到非常欣慰。"

一直看着他成长起来的战友，对他的评价也令他动容，李志强的老连长说："当兵时就处处当先锋，回到地方后仍然处处彰显军人的本色，你是我们全连的骄傲，是我们十二师的荣耀！"

这座城市也因他和他的团队而增光添彩，"李志强班"先后荣获沈阳市先进集体、辽宁五一劳动奖状、全国工人先锋号、全国质量信得过班组、感动沈阳十大人物、沈阳市道德模范等荣誉。

目前，李志强重点开展装配过程中重点、难点问题的攻关，研究先进的装配工艺方法，进一步提升装配效率。他要继续在岗位上努力工作，传播劳模精神和工匠精神，鼓舞和带动身边同志，秉持务实创新、担当奉献的精神，针对生产过程中的重点、难点问题开展技术攻关；发扬严慎细实、精益求精的工作作风，不断提升产品质量；发挥劳模作用,无私传承自身技能,做好"传帮带",为航发事业培养人才;发扬敢打硬仗、善打硬仗的优良传统,带领班组保证各项生产任务顺利完成,装配出更多、质量更可靠的产品。

  李志强的突出业绩,集中体现了以爱国主义为核心的民族精神和以改革创新为核心的时代精神,正是在一代代航空动力工作者的努力之下,过去的60多年间,从只能维修到今天能够自主研发,黎明航发人写下了一个从无到有、不断壮大的传奇。

"光"耀蓝天的大国工匠

——记全国劳动模范、大国工匠 洪家光

◎ 盖云飞

2020年12月4日,沈阳,晴。

这一天,是中国航发沈阳黎明航空发动机有限责任公司高级技师、全国劳动模范洪家光41岁的生日。

走在无比熟悉的上班路上,洪家光的嘴角带着一丝微笑,如晴空般爽朗的心情却无法抑制内心的激动,思绪一下子就回到了十天前。

他永远也忘不了,就在十天前,他在全国劳动模范和先进工作者表彰大会上,代表全国劳动模范和先进工作者宣读倡议书的情景,他更忘不了从习近平总书记手中接过全国劳动模范荣誉证书的那一刻……这是他收到的最珍贵的生日礼物。

走进熟悉的厂区，即便是凋敝的寒冬，看着这里的一草一木，洪家光依旧觉得十分亲切。小时候，曾梦想驾驶飞机翱翔在蓝天之上的洪家光，虽然与飞行员无缘，但作为一名与飞机相关的航发职工，洪家光已经用自己的拼搏、智慧与汗水打拼出了属于自己的一片蓝天。

知识之光，点亮人生舞台

瑞士作家凯勒曾经说过，一本书像一艘船，带领我们从狭隘的地方驶向生活的无垠广阔的海洋。洪家光改变自己的人生，便是从大量阅读开始的。

生于20世纪70年代末的洪家光，在贫穷的农村生活中度过童年。清苦的农村生活就像那广袤的田野，带给洪家光的不仅是生活的艰辛，也给了他坚忍不拔的性格、不服输的劲头和对外面世界的向往。

很小的时候洪家光就是家里的帮手了，他干农活，帮妈妈收拾废品从不叫苦叫累。面对懂事的儿子，父母则更希望他通过学习来改变自己的命运。俗话说，穷人的孩子早当家，没有因为生活的艰辛而放弃学业的洪家光，初中毕业后没有去上高中，而是选择到沈阳黎明技工学校学习车工专业，以便更快地去帮助家里改善条件。

求学之路对于一个农村孩子来说是段漫长的旅程。学校不能住宿，自己又租不起房子，洪家光只能选择从新城子（今沈阳市沈北新区）郊区到市里两点一线的长途奔波。

"上技校时，我每天通勤一来回需要四五个小时，同路的同学在车上不是睡觉就是打扑克，我觉得这时间浪费了太可惜，所以我把火车、公共汽车变成了移动的图书馆。我一直有一个信念，就是学习掌握一门技能，所以是这样的'初心'使我坚持在走读中完成了学业。"谈到走读的艰辛，洪家光显得有些轻描淡写，但那段难忘的时光也许只有他自己清楚。洪家光说，印象最深的一次也是一年的冬天，当时天下着大雪，由于雪势很大，火车行驶到半路就不能再继续行驶了，乘务员要求他们不能下车，就这样在火车上待了近五个小时，火车才缓缓地驶入沈阳市内。当他到达学校时，学校已经提前放学了。洪家光有些不知所措，大雪封住了交通路线，想回家是不可能的了。攥着手里仅有的几块钱，连住最便宜的旅店都不够。无助的洪家光站在雪地里，他想起了在家省吃俭用的父母，那疲惫的身影让他心里一震。这一点苦算什么呀？洪家光想到这里心里一下轻松了，他冒着风雪，又返回沈阳站的车库里，找到了那辆来时乘坐的火车，又冷又困的洪家光就这样在火车上熬了一夜，第二天早晨又继续上学去了。

孟子曰："故天将降大任于斯人也，必先苦其心志，劳其筋骨，饿其体肤，空乏其身，行拂乱其所为，所以动心忍性，曾益其所不能。"洪家光在三年的走读时光里，不仅练就了坚忍不拔的性格和吃苦耐劳的精神，也丰富了自己的知识储备，开阔了眼界，找到了自己未来奋斗的方向，那就是要从产业工人大军起步，去实现自己的人生价值。

上技校期间，除了学习课本的知识以外，洪家光还研读了许多机械原理方面的书籍以及文学、哲学方面的名著，为人生道路积累了宝贵的精神财富。

机会永远都是留给有准备的人的。1998年，洪家光以优异的成绩被分配到黎明公司工具厂，成为一名车工，一段富有传奇色彩的人生从此开启。

榜样之光，驱散前路阴霾

1998年，进入黎明公司的洪家光一脸的困惑。

共和国脊梁 ——沈阳国防工业人的故事

"我技校毕业后,分配到黎明公司五十八车间,看到一台台二十世纪五六十年代的老旧机床,跟我想象中加工航空发动机的高精尖现代化设备有天壤之别,我不禁为前途感到深深的担忧。"洪家光说。

通过自食其力来改善家里生活状况的想法破灭了,每个月180元的工资只够洪家光自己用。1998年是黎明公司历史上最困难的时期,如何摆脱、什么时候摆脱这种窘困的局面,谁都不知道。看着外面的同学收入越来越高,看着一起进厂的同学一个个离开,洪家光内心也开始彷徨了。

犹豫不决的洪家光想到了自己的"初心",那便是学一门可以安身立命的技能,可是现在自己还没有开始就要结束,这不是他的性格,更不是他的人生。他的人生里没有逃避,他更不想做一个临阵退缩的逃兵。想明白这个道理,洪家光心里释然了。

洪家光遇到了全国劳模、辽宁省优秀共产党员孟宪新师傅,孟师傅的出现就像是打开了一扇大门,瞬间让洪家光的心里亮堂起来。当洪家光看到孟师傅用普通车床展示他的"快速切削法"绝活时,他被深深地震撼了,这更加坚定了他留在黎明公司干出一番事业的信心。洪家光被孟师傅高超的技艺所折服,将孟师傅视为自己学习的偶像。为了学技术,洪家光四处去拜师学艺,先后正式拜了四位师傅,分别是付百森、刘永祥、张凤义和孟宪新。为了拜师孟宪新,他是软磨硬泡,孟师傅才收下了他这个徒弟。而这种榜样的光芒同时也给了洪家光无限的力量,让他在未来之路上以榜样为荣,以榜样为标杆。

从此以后,洪家光开始不停地琢磨练习车工技术,在工友眼里,他成了"怪人",每天默默地穿梭在机床众多的车间里,连吃饭的时候都想着如何提升自己的"手艺活"。洪家光的心里总记着孟师傅常说的一句话:"咱们底子薄,要想把它搞上去,咱们就要苦练技能本领。"为了真正从孟宪新、刘永祥那里学到本领,他总结了

10万余字的心得，每一个字都饱含着洪家光的钻研精神。也正是因为这份执着，仅仅三个月，洪家光就熟练掌握了车刀磨削技术。

在孟宪新和刘永祥两位师傅的悉心指导下，洪家光逐渐成长为一名能熟练操作卧式车床、立式车床、数控车床的多面手。洪家光凭借扎实的技术稳扎稳打，在各项技能大赛中屡创佳绩，曾3次夺得黎明公司技能大赛车工冠军。25岁的洪家光被破格晋升为高级技师，成为当时黎明公司最年轻的工人高级技师。

2007年，洪家光迎来人生中一个很重要的大赛——第三届"振兴杯"全国青年职业技能大赛。令人遗憾的是，第一次参加全国大赛的洪家光只以辽宁省选拔赛第四名的成绩完成比赛，而无缘全国总决赛。比赛的失利让他看到了自己与别人的差距，也成为他继续刻苦钻研的动力。

夺冠，成为他心中一道迈不过去的坎儿。

2011年，洪家光终于以辽宁省第一名的身份进入第七届"振兴杯"全国青年职业技能大赛总决赛。当时的比赛异常激烈，全国32个省市80多名高手齐聚比武，洪家光最终以总分98.75分的成绩遥遥领先其他参赛选手，夺得车工组冠军，成为黎明公司首位获得该项大赛冠军的青年职工。

匠心之光，助力攻坚克难

人称"抓斗大王"的包起帆，是码头工人出身的发明家，长期在港口生产一线从事物流工程的研发工作。而包起帆是洪家光最为崇拜的榜样式人物。也许是从基层干起的相似工作经历和刻苦钻研的工匠精神，让洪家光崇拜包起帆，也让从产业技术工人起步的洪家光对自己未来的科研之路充满了信心。

洪家光常说，知识不如能力，能力不如品质。有知识、有能力，更有品质，这就是洪家光理解的大国工匠精神。而他的匠心所在就是敢字为先："敢是勇气，也是底气，敢是态度，也是责任。扛多大担当，就尽多大责任。"这是洪家光面对攻坚克难的态度。

2009年底，在某航发产品冲刺交付的关键阶段，总装单位的数控设备亮起红灯，维修机床需要时间，而交付的节点在即，加工不能停，眼下唯一的办法就是用普通大型车床加工。这样，不但降低生产效率，还极大地增加了加工难度。洪家光没有自乱阵脚。他先是花了半天时间对零部件和机床原理做了周密、透彻的分析和研究，并对切削参数、机床间隙、电机磨具做了一些改进，对加工参数进行了一系列调整，确保了精度准确，接下来就是全面考虑加工方法了。

经过几次试加工，他对在加工时遇到的问题进行了详细的记录并逐项分析、查找症结所在，终于悟到了该零件的加工要领，并总结出三个字——"看、听、闻"。看，就是依靠看砂轮上刀量火花的大小来判定加工精度。洪家光经过多年的勤学苦练，可以通过观察火花大小和颜色，来确定头发丝 1/10 的磨削量。听，就是依靠听砂轮磨削时的声音来避免切削力过大。闻，就是依靠闻砂轮磨削时散发的气味来控制磨削热量，以避免烧伤零件。加工时，耳、鼻、眼、手各司其职，不敢有一丝麻痹大意，凭借过硬的技能水平，洪家光一连加班大干20多天，按节点保证该产品交付。

航空发动机相关部件的密封非常重要，其中加工橡胶密封件的模具是机械制造领域中的难点。近年来，随着技能工人老龄化日趋严重，掌握该技术的人已寥寥无几。该技术问题受到工厂的高度重视，成立专家团队第一时间攻关。洪家光主动承担重任，与工艺员共同设计数控机夹刀杆，合理选择刀具，利用数控车床加工了复杂型面胶模，这个技术，大幅度提高了加工质量和效率，并广泛应用于航空产品中复杂型面胶模的加工,现在已经成功申报国家专利。

把复杂的问题简单化是洪家光的匠心所求。针对工装零件越来越复杂、精度越来越高的现象,他凭借多年的经验积累设计制造了56套高效便捷的专用工装工具,使普通机床的加工精度得到进一步提升,为公司节约工装制造成本130多万元,同时,这些工装每年可创造和节约产生可观的经济效益,满足了公司相应产品生产的迫切需求。

弯管质量直接影响航空发动机的结构合理性、安全性及可靠性,弯管型芯工装是保证弯管质量的关键所在,加工难度大。洪家光与团队成员潜心钻研,从结构设计优化、材料特性研究等多方面入手自主研发,解决了相关技术问题,有效提升了产品稳定性。

一次,车间接到某重点型号工装,其中的超窄方牙螺纹从工艺人员到现场工人,无人加工过,车间领导把这个任务交给了洪家光。经过计算,洪家光发现,每次车削线长度近33米,可想而知,这样车削一次后的刀具很快就会磨损,这肯定要打刀。为解决这一难题,洪家光一门心思地分析图纸,细研资料,硬是自创了一种全新的进刀方法——"左右阶梯进刀法"。经过四天加班延点的工作,他完成了普遍认为不可能完成的任务,并且固化了各项加工参数,为后续工厂此类零件加工奠定坚实的基础。

在单位,洪家光被称为"拼命三郎",每一次的科研生产关键时期,他都是主动住在厂里大干。有一次由于过度劳累体力透支,导致工件在搬运时不慎掉落砸伤手指,工友劝他赶紧上医院,他却说:"我受伤面积小,过几天就好了,等手里的急活干完就去医院。"就这样,他硬是忍着疼痛干完了一天的工作。白天的忙碌使他暂时忘记了疼痛,可夜里静下来时却疼得无法入睡。在家人的劝说下,他去医院做了检查,检查结果竟是三节手指粉碎性骨折。医生让他休养两个月,他却不顾医生、家人的劝阻,仅在家里休息了三天便回到工作岗位。

亲情之光，蓄力新的征程

"努力到无能为力，拼搏到感动自己。"这是洪家光的座右铭，他就是这样一次又一次在匠心之路上拼搏前行，感动着自己，也感动着别人。努力和感动之外，他心里最多的却是愧疚。

洪家光说，自己参加工作以来，最对不起的就是家人，感觉亏欠他们挺多的。而每一次在自己最困难的时候，都是亲人站在身后默默地支持他，又让他信心百倍、义无反顾地继续前行。

妻子段海红与洪家光相识也是在黎明公司，他俩一起跟着师傅学技术。从组建家庭那一刻起，段海红就知道，洪家光的心完全是在工作上，家里的重担只能她来挑。但她毫无怨言，坦然承受。

"我和妻子结婚的前六年，我没带妻儿去旅游过。"洪家光言语充满了歉意。他说，一周七天自己至少工作六天半，很多时候周日下午还要回工厂抢干临时特急任务，连洗澡的时间都得靠挤。"经常晚上9点回来，刚洗把脸就被叫回去抢干任务。"段海红说，她已经习惯了丈夫的作息时间。

2006年12月4日，是洪家光27岁生日。那天他去吉林参加一个行业技能比赛，信心满满的洪家光本以为会载誉而归，没想到仅仅获得了第十名。回家的路上，洪家光的心情很糟糕，可回到家里，妻子段海红已经给他做好了长寿面，还做了一桌子丰盛的菜肴。洪家光顿时心里暖暖的，他深知前行之路有成功就会有失败，不要计较一时的得失，而要放平心态努力前行。这个生日也成为他人生中最为难忘的生日，是家人的陪伴让他渡过了难关。

在洪家光家里的电脑桌旁，有几本机械设计教材和他的笔记。"他从来不玩游戏，电脑打开就是在查资料，琢磨技术。"他的岳母说,家里人从他下班回来的脸色就能判断出他回家后要做什么:"要是有点发呆,那基本上是在单位有什么活儿没干明白,回家得继续琢磨。"

洪家光把大量的时间和精力投入了工作,家里的事情总是顾不上。有一次,正值车间大干抢工期的关键时刻,洪家光的父亲因脑动脉硬化发病必须住院治疗。他晚上和妻子一同把父亲送到医院。办完住院手续后,他很想陪陪老父亲,也想让妻子歇一歇,但想着车间堆积的工作任务,他只能将愧疚埋在心里,又急匆匆地回到工作岗位上。

2018年1月8日,洪家光在妻子段海红陪同下,走进人民大会堂参加国家科学技术奖励大会,这是夫妻两人的光荣时刻。获得国家科技进步奖二等奖的洪家光从北京领奖回来,各级领导、同事们在车站接站,领导对段海红说:"作为洪家光的爱人你辛苦了,这么支持他的工作,洪家光取得这么大的成绩离不开你的付出,军功章上是有你一半功劳的。"段海红听了,点了点头,她知道自己和家人这样的付出是值得的,洪家光为他们争了光,也为国家争了光。

家,永远是梦想的起航之地。洪家光的成功离不开家庭的支持和默默付出。2018年、2020年,在全国妇联公布的全国"最美家庭""文明家庭""五好家庭"名单中,洪家光家庭赫然在列。这个祖孙三代的普通家庭,用他们自己的方式诠释新时代辽宁精神,诠释了新时代航发人的精神。

尽管为这个家庭付出得很少,但洪家光依然希望自己能成为女儿的榜样。他给女儿取名洪誉宁,意思是面对再大的荣誉都能稳重安定,不骄不躁。年轻人喜欢做什么都可以,但有一个底线,那就是做一个对社会有用的人。

传承之光,塑造大国工匠

在黎明公司工装制造厂,有一面劳模墙,墙上展示着该厂4位全国劳模、先进工作者和117人次的省、市、公司级劳模及历届技能大赛状元的照片。每次走到这里,洪家光都会凝望着那些令人敬仰的前辈。

孟宪新师傅的照片也在劳模墙上,这位带着洪家光走上成功之路的老劳模,毫无疑问是洪家光的领路人。洪家光深知,没有这样的领路人,他不可能有今天的成就。而当洪家光站在全国劳动模范的领奖台上时,他知道自己也将延续孟师傅的精神,当好一个领路人。

俗话说,师傅领进门,修行在个人。但如果师傅不全心全意教徒弟,那再聪明的徒弟也很难学到真本事。洪家光说,孟师傅的绝活是"高速切削内螺纹",每分钟转1200转,还不用反转退刀,让他佩服得五体投地。当时拜师时,孟宪新并没有立刻答应他的请求。孟师傅说:"想学艺可以,但必须付出持久的辛苦和努力。高超的技艺,是靠坚持不懈的努力换来的。"孟师傅的话既是点拨,也是考验。洪家光知道师傅的用意,他暗下决心要学到师傅的真本事。经过两个多月的苦思冥想和反复实践,终于达到了每分钟1200转的目标,实现了他个人技术上的第一个突破。孟宪新欣然收下了洪家光这个徒弟,从此倾囊相授。

在向孟师傅学习的过程中,洪家光终于明白,之所以在如此艰苦的环境中能诞生这么多的全国、省、市、公司级劳模,是因为他们所有人都是弘扬军工精神、凝聚中国力量、传承大国匠心的楷模。他们以卓越的劳动创造、忘我的拼搏奉献,生动地诠释了社会主义核心价值观,是我国社会发展中宝贵的精神财富和强大的精神动力,而这样的传承之力才是技术研发可以持之以恒的关键所在。

从徒弟起步的洪家光知道，带徒弟是需要真心换真心的，需要细心指导和关心他们的身体、心理健康。"孟师傅他们能够毫无保留地把他们的经验传授给我，我作为一个后来者的师傅，也同样要传承他们的这种精神。"洪家光说。

洪家光对自己的徒弟很严格，有时也发脾气，但徒弟对他却十分尊重和钦佩，还经常帮他照顾家里的大事小情，让他十分感动。洪家光记得，女儿小学升初中考试时，当时他出差在外地，沈阳下着暴雨，妻子段海红一个人带着孩子去考场却怎么也打不着车。无奈之下，段海红只好给洪家光的徒弟侯立强打电话寻求帮助，徒弟二话没说，冒着大雨开车来接段海红母女去沈北考试。最终，孩子如愿以偿考上了心仪的学校。后来，洪家光才知道当天侯立强的车被女朋友借走了，他是临时借了一辆车来帮师傅的。

洪家光以培育造就更多的高技能人才为己任，积极传播先进技术技能，履行大国工匠的社会责任。他编写了《航空发动机典型零件的加工方法》技能操作书，录制了视频教材《车工技能操作绝技绝活》，以国家级"洪家光技能大师工作室"和省级"洪家光劳模创新工作室"等为平台，先后为行业内外2000余人次进行专业技能培训。他坚持言传身教，亲授的13名徒弟均成为生产骨干，其中一人获"振兴杯"全国青年职业技能大赛第一名、辽宁省技能大赛第三名。多年来，洪家光带领劳模创新工作室集智攻坚，先后完成技术创新和攻关项目84项，实现成果转化63项，解决生产制造难题564项，团队拥有30多项国家专利。

面对徒弟的成长，洪家光是看在眼里，喜在心上。在洪家光看来，劳模精神、劳动精神、工匠精神是新起点，是新时代对劳动者提出的更严要求，是永远激励我们奋勇向前、克难制胜不竭的力量源泉。洪家光期待着当下社会形成人人崇尚工匠精神、人人学习工匠精神、人人具有工匠精神的风气。

科技之光，彰显航空人报国情怀

"选择了航空发动机事业，选择了生产一线，我没后悔过。如果可以重新选择，我的选择依然不变，初心不改。"洪家光说，"我愿意为此钻研一生、奋斗一生。"

洪家光从进入产业一线当技术工人开始就知道，航发产品的研制从来没有"拿来主义"，走自主研发制造之路，是我们赶超世界先进水平的唯一出路。而作为当代产业工人，不仅要有力量讲速度，还必须能发明、会创造，生产出高质量的产品，做"知识型、技能型、创新型"的劳动者。

叶片，是航空产品的关键承载部件。洪家光作为航空发动机产业工人队伍的优秀代表，深知自主创新的重要性，他将叶片磨削专用的高精度金刚石滚轮工装制造技术作为突破点。五年中，他带领团队查文献、找资料、请专家、做试验，几经辗转探索，终于成功掌握了高精度金刚石滚轮工装制造技术。经生产单位应用后，叶片加工质量和合格率得到了提升。

洪家光也因此站在了一线工人的最高领奖台上。

2018年1月8日，洪家光凭借该项技术，荣获2017年度国家科学技术进步奖二等奖。值得一提的是，在当年的国家科学技术进步奖获奖名单中，只有两位一线产业工人，可谓凤毛麟角。

参加工作以来，洪家光参与攻克了340个技术难题，个人拥有8项国家专利，多次参与航空产品和工具装备的科研生产，像洪家光这样的新时代顶尖技能人才，正是我国未来产业发展的主力军，是支撑起大国脊梁的支柱。

如今，从普通车工到数控车工双料高级技师，从高级工程师到科技进步奖，从辽宁省劳动模范到全国劳动模范，洪家光的荣誉背后展现了一名航发职工秉持动力强军、科技报国梦想，以强烈的责任感和使命感，为实现强国梦脚踏实地、顽强攻关的青春风采，体现了当代青年产业工人信念坚定、爱岗敬业、勤奋学习、善于实践、拼搏奋进、争创一流的优秀品格。

作为辽宁省优秀共产党员的洪家光，在取得一系列成绩的同时，没有忘记回报社会。他与同样获得过"振兴杯"全国冠军的三名同志共同成立了"振兴向上"基金，帮助有困难的学子开启向上的人生，完成他们的梦想。2012年，19岁的小月就在"振兴向上"基金的帮助下实现了大学梦。洪家光还多次参加公司爱心捐助活动，赴贫困地区的小学生家庭慰问，为困难小学生家庭捐款捐物，彰显了一名优秀共产党员的精神风貌。

2020年11月24日，从习近平总书记手中接过荣誉证书的那一刹那，洪家光知道自己肩上的担子又重了。"我感受到的不仅仅是我个人的荣誉，更是我们航发人的荣耀。总书记亲自颁发荣誉证书，饱含对全体航发人的巨大关怀；总书记亲自见证宣读倡议，更是饱含对航空发动机事业的厚望重托。"洪家光坚定地说。

新年伊始，万象更新。洪家光早已有了全盘的打算——"作为全国劳动模范，我会继续保持本色，引领和带动更多的身边工友们脚踏实地、创新实干，扎实做好本职工作；作为工作室领衔人，我会与工作室成员们继续开展项目的创新攻关任务；作为师傅，我会加大力度培养年轻的技术技能人才，让更多的技术技能人才都能成长、成才，为航空发动机事业积蓄力量。"

共和国脊梁 ——沈阳国防工业人的故事

沈 飞

——中国歼击机的摇篮

◎ 肖世庆

引 子

1992年初春，我住进了辽宁省作协家属宿舍——北陵小区11号楼。这里紧邻北陵，傍依新开河，环境优雅，空气清新，河边的树林里，偶尔还有从北陵公园蹿出来的小松鼠造访。就在我庆幸能在大沈阳闹市住到这样一块净土之际，忽然一天上午，我被一阵突如其来的雷霆般巨响震到了屋外——蔚蓝的天空上，一架银燕似的战机几乎擦着11号楼的楼顶呼啸而去……

惊讶震撼之余，我发现一起跑出来看飞机的邻居却都显得很淡

定，有几位还内行地在一起探讨那架飞机的机型："是歼-6吧？""哪儿啊，早就是歼-8了！"见我一脸错愕的样子，其中一位对我竖起大拇指，朝着北陵方向一翘："沈飞集团试飞的飞机！经常从咱这儿路过。"

自此，我知道了沈飞——沈阳飞机工业（集团）有限公司，知道了这个中国歼击机的摇篮就坐落在北陵附近，是我们北陵小区的近邻。他们设计试制的各型歼击机，试飞时常会从小区的楼顶呼啸而过，发出雷霆般的轰鸣。渐渐地，我不再惊诧，也不再大惊小怪跑出去看。入乡随俗，我和小区的居民一样，习惯了这种不定期的震耳欲聋的呼啸声。按说，这么大的噪声远远超过居民区噪声60分贝的临界标准，可是，我在北陵小区住了将近30年，从没听见小区居民对此有过一丝一毫的抱怨。相反，大家对沈飞都怀有以邻为荣的自豪情感。与别人谈起自己家所在地，差不多都要提及沈飞："……北陵小区，紧挨着沈飞！沈飞你知道不？专门做战斗机的……"语气普遍都挺骄傲。

由于众所周知的缘故，我与沈飞虽然近在咫尺，却从未与之谋面。北陵公园东北隅的那个地方，始终是一个神奇、神秘的所在。

十分荣幸的是，2020年岁尾，因为参与一项活动的机缘，我意外地走进它，走进了共和国艰难而辉煌的歼击机制造业的风雨征程——

一、"毛泽东主席来到咱工厂"

车床转来马达响，
毛泽东主席来到咱工厂。
领袖教导鼓干劲
生产热情高万丈……

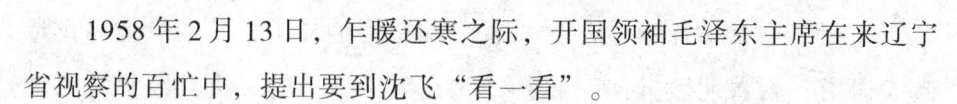

1958年2月13日，乍暖还寒之际，开国领袖毛泽东主席在来辽宁省视察的百忙中，提出要到沈飞"看一看"。

毛泽东主席的这次沈飞之行，有着深刻的历史背景，对沈飞后来的迅猛发展产生深远的影响。当时，抗美援朝战争已经停战五年了，但中国人民志愿军还没有全部从朝鲜撤离。更深层次的原因是，朝鲜战争期间，志愿军的对空作战是敌强我弱，美军依仗空中优势，给志愿军造成大量伤亡。毛泽东主席的长子毛岸英就是在一次敌机的空袭中牺牲的。还有，败退台湾的国民党空军和美国军机时常到东南沿海一带袭扰，给沿海军民造成严重威胁。为巩固新中国的人民政权，有力地打击来犯之敌，保卫祖国的神圣领空，没有一支强大的人民空军是不行的。为了把中国的军用飞机制造业尽快搞上去，为人民空军提供高性能、高质量的优异战机，国家决定"拿出60亿斤小米，在三至五年内建设航空工业。要求三年左右拿出活塞式教练机，五年左右试制出喷气式歼击机。"周恩来总理拍板，在沈阳原一一二厂的基础上，成立沈阳喷气式歼击机制造厂。

在毛泽东主席视察沈飞两年前，即1956年，沈飞就试制出了歼-5战斗机。1956年是沈飞人后来要每每提及的年份。这一年，沈飞造出了国产第一架喷气式战斗机，并迅速形成批量生产能力，装备空军部队，极大地提高了人民空军的战斗力，使中国军工行业一跃跨进了喷气机时代，成为继德、英、美、苏、法、瑞典之后，第七个拥有喷气机制造技术的国家。

那是一段激情燃烧的岁月。那段岁月不仅诞生了歼-5，还诞生了沈飞人至今仍在奉行的"沈飞文化"，即革命加拼命的"加班大干文化"。

在一穷二白的版图上造飞机，虽然有苏联"老大哥"的技术支援，实际上干起来还是困难重重，阻力不断。"老大哥"提供的样机、图纸、零部件,仿佛要和我们"捉迷藏",均来自不同的厂家。标准不同,技术参数不同,材质不同……几十万个零部件,有许多谁都不认识谁,对不上牙。3000多条不协调的问题,像3000道难关横亘在设计技术人员和装配技工面前。苏联方面派来的专家建议,他们可以从头再来设计一套完整的方案,但这需要三年时间。

三年?三年黄花菜都凉了!

"还有什么解决的办法没有?"总工程师高方启找来总工艺师罗时大紧急磋商。

"有。"罗时大说,"那就得辛苦了。"

"辛苦?谁辛苦?咱还怕辛苦吗?"

高方启一连三个问号,问得罗时大好不心酸。

作为沈飞技术设计和工艺设计的两个带头人,高、罗二人从沈飞组建以来就一直在辛苦着。高方启原本是一一二厂厂长,为了主攻歼击机制造技术,他弃官不做,主动要求单纯从事技术工作,担任总工程师。1953年,歼–5试制还没全面铺开时,他就根据飞机的生产布局和工艺流程,提前组织设计了钣金和机加两大厂房的施工图纸。尽管施工力量不足,材料短缺,但他率领技术人员和车间工人突击大干,仅用了75天就完成了主体建筑,紧接着又冒严寒顶风雪,开展冬季施工,在1954年5月就使两大厂房提前竣工,为歼–5的零件重新制造铺平了道路,缩短了飞机研制周期。

在将近一年的时间里,高方启几乎就长在了厂子里,和大家一起摸爬滚打。有时回宿舍晚了,半夜三更他怕影响其他职工休息,脱下鞋子,光脚往房间里踮……

"高总,我不是说光咱辛苦哇。"罗时大苦笑道,"工人、干部都辛苦。几十万个零部件,都得一个一个对,一个一个挑,工作量太大了。"

"大?再大有二万五千里长征困难大?"高方启两手一摊,说,

"红军当年只有那一条路，咱们现在也只有这一条道可走了，这不都是逼的吗？"

逼上梁山。无路可退的沈飞人开始闯关。样板和零件对不上牙，就直接找图样，制作新样板；部件之间不协调，也找图样到现场核对，大海捞针一般，直到找到相符的部件……用了一年半，3000个不协调的零部件终于在沈飞人的猛攻下协调起来。

红军出身的厂长牛荫冠后来回忆："那时干部工人加班加到下半夜，厂办公楼和职工宿舍的电灯12点前都是灯火通明……"

1956年7月13日，"中0101"号歼击机终于组装完毕，7月19日实现首飞！

歼-5的试制成功，开创了我国航空工业史的新纪元。实现了周总理在1953年提出的空军所需的战斗机在1956、1957二年内由国内自给的设想，结束了我国空军战斗机完全依赖进口的历史。

毛泽东主席来沈飞视察时，歼-5已经实现了批量生产，成建制地装备我们的人民空军。先是省、市领导汇报，接着由厂长牛荫冠做详细的讲解。毛泽东主席十分高兴，频频挥手向工人们致意。车间里欢声雷动，整个厂房都沸腾了！

装备一支强大的人民空军，只有一个沈飞是不够的。要有更多的沈飞！从当时的情况看，歼-5已经进入了批量生产，表明沈飞的技术力量和生产能力已经成熟，他们可以也应该为中国的航空事业做出更大的贡献。那以后，沈飞陆陆续续向湖南、贵州、四川、陕西等地输送出了大量的技术、设备和人员，有力地支援了那里的国防工业建设，成了名副其实的中国歼击机的摇篮。

在试制歼-5的日子里，沈飞的能工巧匠们"八仙过海各显神通"。沈飞工人师傅们的聪明和智慧发挥到了极致。车钳铆电焊，分工不分家，从上海调来的劳动模范陈阿玉一专多能，集铆、焊、钣金等技艺于一身,在装配歼-5的会战中大显身手,解决了许多生产技术难题。"老大哥"给我们提供的零部件组装成的机翼和机身,在总装的时候,两者有一个螺丝孔说什么也对不上牙了,螺丝拧不进去,机翼固定不牢,飞机就没法飞。大家围着耷拉膀子的飞机急得团团转。陈阿玉也跟着大伙转。转了几圈后,他看出了门道,回去做了两把铰刀,把机翼和机身的两个螺丝孔各留出一定的余量,用两把铰刀轻轻一铰,两方的螺丝孔对上了!再用螺丝钻把螺丝往孔中一拧,严丝合缝!

几十年来,毛泽东主席的亲切关怀和殷切希望一直温暖鼓舞着沈飞人,激励着他们砥砺前行!

二、歼击机成长的摇篮

尽管歼-5试制成功,并且已投入批量生产,但毕竟是仿制苏联的米格式喷气机。

"如果我们不能培养自己的飞机设计人才,只是单纯地按照外国的技术进行仿制,我国航空工业就会成为无源之水、无本之木,永远落在后面!"

"我们总不能像蜗牛一样,老是在别人后面爬行吧!"

从国家三机部到四局再到沈飞一线的科技人员,上下想到了一处。1956年8月2日,即毛泽东主席视察沈飞两年前,四局就向沈飞发出了《关于成立飞机设计室和发动机设计室的命令》。

这一文件的措辞,不是"通知",也不是"决定",而是"命令"。"命令"就要无条件地立即执行,带有紧迫性和强制性。于是,一大批航空工业的技术专家迅速到沈飞集结。

这是一串闪光的名字。

徐舜寿：一一二厂第一飞机设计室主任设计师。毕业于清华大学机械系航空工程专业，曾赴美国华盛顿大学攻读力学专业。曾任我国四局航空研究院助理研究员等职。其间，他编译的《英汉航空工程名词字典》一书是我国第一部航空工程辞典。在美国学习期间，他曾参加麦克唐纳飞机公司生产的 Fd-1 飞机的设计工作。1951 年，新中国航空工业创建，徐舜寿任重工业部航空工业管理局飞机技术科科长，后任四局第一生产技术处总工艺师和处长等职，主持编译出版了《飞机结构学》《飞机强度学》等书。当年他只有 39 岁，但学历和资历颇深。他的哥哥，读者可能很熟悉，就是写作关于陈景润的报告文学《哥德巴赫猜想》的作家徐迟。

黄志千：一一二厂第一设计室副主任设计师，一一二厂设计科首任科长。毕业于上海交通大学机械工程系航空专业，曾入美国密歇根大学航空系攻读力学专业。抗日战争全面爆发后，他怀着抗日救国的志愿参加了空军，辗转各地从事飞机修理等技术工作。后来，他到美国参加 B-24 飞机的设计，在英国格罗斯特飞机公司参加"流星"等喷气式战斗机的设计工作。新中国成立前夕，蒋介石集团从大陆逃离到台湾，曾胁迫黄志千前往台湾，而他断然拒绝，毅然决定投奔解放区，参加革命。新中国成立之初，黄志千参加航空工厂建厂计划的制订，1951 年任一一二厂首任飞机设计科代理科长，后调任飞机设计组组长。

叶正大：一一二厂第一飞机设计室副主任设计师。叶正大是个有故事的人。他 1947 年进入东北民主联军司令部附设的俄文学校学习，后进入莫斯科航空学院学习。1950 年春节，毛泽东主席访问苏联期间接见我留苏学生，听了毛泽东主席的讲话，叶正大热血沸腾，从人群里挤到毛泽东主席身边，请毛泽东主席题词，毛泽东主席问他，你是学什么专业的？叶正大回答：报告毛主席，我在莫斯科航空学院学习！主席略一沉吟，在叶正大的日记本上写下了九个大字：建设中国的强大空军。从此，这九个大字就成了我国人民空军建设的指南，也成了叶正大终身为之奋斗的人生目标。从莫斯科航空学院毕业回国，本来他可以留在北京工作，但他坚决要求到飞机生产一线工作。当时一一二厂正处于热火朝天试制歼-5飞机之际，叶正大先后任车间工艺员、工艺室副主任、厂设计科主任设计员，任第一飞机设计室副主任设计师时，他才只有29岁。

由这三位"海归"人物——共产党培养出来的我国飞机设计领域的精英担纲，再加上从二一一厂、一二二厂、三二○厂和一一二厂等单位抽调的35名优秀的科技人员，以及从南京航专、沈阳航校共抽调37名毕业生，加上一些工勤人员共108人，俗称"一百单八将"，平均年龄只有22岁，是一支精力充沛、朝气蓬勃的飞机设计师队伍。中国人自行设计、自己制造的歼击机即将从这里起飞。主任设计师徐舜寿策划组织，设计室很快就建立起了飞机气动、总体、强度、机身、机翼、起落架等结构设计组和飞机操纵、液压、动力装置、特设、军械、高空设备等系统设计组，以及标准文件检验组。这种飞机设计组织机构的设置，在后来六○一所（中国航空工业沈阳飞机设计研究所）等飞机设计所的创立过程中，得到了传承和广泛应用。

早年，八一电影制片厂曾拍摄过一部大型纪录片《早送银燕上青天》，在第一机械工业部第四局和空军召开的多次会议上播放，引起与会者对我国快速自行设计试制出喷气式歼击教练机的强烈反响。这部影片的拷贝至今还存放在沈飞的档案室里。影片的剧本是沈飞人自己创作的，记录了沈飞的前身一一二厂开我国自行设计飞机的先河，设计制造歼教-1飞机的全过程：

——一趟简陋的红砖平房改造的设计室里，一一二厂主任设计师徐舜寿带领技术人员彻夜攻关。

——一一二厂的木工厂房里，来自上海的"现代鲁班"陈明生等三位木工师傅，精工细做，按照设计图纸奋战100天，打造出歼教-1木质样机。

——几可乱真的木质歼教-1的机舱里，"请进来"的空军航校教官和在厂试飞员对样机进行检测。

——金色的9月，总参、空军司令部和四局联合审查委员会来厂对样机审查，提出改进意见。两个月后，联合审查委员会再次来厂审查后，一致同意报请上级，批准歼教-1进入详细设计。

——大雪纷飞，厂房外千里冰封。厂房内热浪滚滚，全厂掀起大干热潮，歼教-1进入总装。

——锣鼓喧天，鞭炮齐鸣，披红戴花的歼教-1在锣鼓声中被牵引至试飞站。

——戒备森严的试飞机场，叶剑英元帅、空军司令员刘亚楼等军地领导在现场观看歼教-1首飞。

——2000多人聚集在灯火辉煌的一一二厂文化宫，叶帅等出席歼教-1试制成功庆祝大会，叶帅发表"抬头看世界，埋头搞技术"的重要讲话，刘亚楼上将当场代表空军向四局要10架歼教-1……

一幕幕震撼人心的历史镜头至今仍镌刻在沈飞人的脑海中，激励他们在"自行设计""自行研制"的创业路上披荆斩棘！

如今，歼教-1飞机的成功试制已经过去快70年了。虽然歼教-1飞机没有被列入空军装备，也没有成批生产，但对我国后续自行设计飞机起到了极为重要的推动作用，为我国自行设计飞机奠定了坚实基础。歼教-1飞机的成功试制也说明，一个国家只有走自立自强、自主研制飞机的道路，才能拥有自主知识产权，才有希望实现航空强国。歼教-1飞机为我国自主研制飞机开了个好头，我国飞机设计研究事业能有今天的重大进步和良好基础，是与第一代飞机设计师的艰苦努力和无私奉献分不开的。正因为秉持了这种精神，沈飞才创造出了新中国航空史上的若干第一：

1956年7月19日，中国制造的第一架喷气式歼击机歼-5飞机首飞成功。

1958年7月26日，中国自行设计制造的第一架喷气教练机歼教-1首飞成功。

1958年12月17日，中国制造的第一架超声速歼击机歼-6甲首飞成功。

1964年12月4日，中国制造的第一枚地对空导弹"红旗1号"试制成功。

1966年1月17日，中国制造的第一架双倍声速歼击机歼-7首飞成功。

1969年7月5日，中国自行设计制造的第一架高空高速歼击机歼-8首飞成功。

1971年7月10日，中国制造的第一架超声速歼击教练机歼教-6首飞成功。

1975年1月26日，中国制造的第一架高、中低空侦察机歼侦-6首飞成功。

1984年6月12日，中国制造的第一架全天候高空高速、具有良好机动性能的歼-8Ⅱ飞机首飞成功。

2009年8月31日，中国自行设计制造的第一架舰载歼击机歼-15首飞成功。

2012年10月31日，中国自行设计制造的第一架中型多用途第四代歼击机"鹘鹰"首飞成功。

其中，1958年沈飞制造成功的超声速歼击机歼-6，曾被国内外军迷尊称为"六爷"。

在江湖上能混到"爷"的份上，想来都不会是一般身手。而在长空之上被尊为"爷"的，至今还只有沈飞制造的歼-6一例。历史上，歼-6在对空作战中取得的战绩是23：0，即这种歼击机击落击伤过敌机23架次，而自己从未失手。如此身手，不是"爷"是什么？

1989年，时年50岁的美军退伍军人菲利普·史密斯来中国访问，他提出一个令中方十分意外的请求：想见一见20多年前将他驾驶的F-104c从海南岛上空击落的中国空军歼击机飞行员。

24年前的1965年9月20日，美国的"王牌飞行员"史密斯驾驶当时美国最先进的F-104c战斗机入侵中国海南岛上空。F-104c时速2400公里，飞行高度达2.1万米，机上除机关炮外，还可携带2~4枚"响尾蛇"导弹。史密斯驾机刚侵入中国领空，两架中国歼击机便腾空而起，直奔敌机飞去。史密斯见状赶紧爬升，一架中国军机紧追不舍，眼看就要扎进F-104c尾部，与之相撞。史密斯慌了手脚，只顾继续爬升逃命。咚咚咚……中国军机突然近距离开火！一声巨响，F-104c爆炸起火，史密斯被弹射装置弹出舱外，跳伞逃生，落地后被海南岛渔民生擒……

中方最后满足了史密斯的要求，设法找到了当年击落史密斯战机的原海军航空兵某部飞行大队长高翔。二人见面后，通过翻译回忆起24年前的那场空战。

"……你的飞机爆炸了，我的飞机也没得好哇。"辽宁盖州人高翔对手下败将史密斯笑道，"咱俩飞机的距离那么近，才39米，我的飞机被你飞机的碎片崩了51个窟窿眼。但我们的歼击机抗造，没咋的，载着我胜利返航了！"

高翔口中"抗造"的歼击机，就是"六爷"——沈飞的歼-6。

歼-6是我国生产的第一种超声速歼击机。它的制造，正值国际上中苏交恶，苏联专家撤走，国内经济三年困难时期，与1965年的

"9·20"空战一样，充满了传奇色彩和烽火硝烟。第一飞机设计室经过全面的质量整改后，突破标准样件对合、技术关键、技术协调、静力试验、试飞等"五关"，于1963年8月胜利地完成歼-6飞机优质过关任务。至1985年，沈飞共生产交付歼-6各型飞机4295架，成为20世纪60—70年代我国空军和海军航空兵的主力机种，在保卫祖国空疆、海疆战斗中屡次立下赫赫战功。

2010年，歼-6完成历史使命，退出现役时，被誉为"一代名机，功炳天疆"。

仿制歼-6的任务完成之后，一一二厂第一飞机设计室面临更艰巨的任务和更为复杂的技术环境。1960年7月，苏联单方面撕毁援华协议，支援中国航空工业的143名苏联专家于8月间全部撤离。苏联政府对我国航空工业应该提供的设计图纸、工艺资料和一些我国暂时不能生产制造的关键性航空原材料和零件也全部中断供给。

釜底抽薪之后，为控制中国的飞机设计和制造，苏方主动提出卖给我们苏制米格-21飞机，有偿转让相关的图纸和技术。

根据周总理的指示，空军司令员刘亚楼带队，一一二厂总工程师高方启和一一二厂第一飞机设计室副主任叶正大等15人组成代表团，赴苏联谈判。周总理给出的底线是，派专家可以，我们能控制，要掌握主动。否则，我们宁可不买米格-21。

经过21天在谈判桌上的斗争，中苏最终签署了引进米格-21的协议。五个月后，苏方将制造米格-21的技术资料陆续转给沈飞。一一二厂第一设计室的技术人员按照苏方所提供的俄文技术资料目录与资料一核查，发现苏方将一些重要的技术资料扣下，特别是所提供的米格-21飞机样机的一部分零件根本无法装配飞机。

上帝为你关上一扇门，同时也会打开一扇窗。这些问题难不倒聪明智慧的沈飞人。一一二厂第一设计室的技术人员启动了"逆向思维",对米格-21认真地进行了"反设计",即根据在设计超声速飞机过程中遇到的难题,对米格-21的技术资料进行"是什么、为什么、怎么办"的一一求解。"摸透米格-21,自行设计更好的飞机"成为研制我国歼-7飞机的基本指导思想。

在摸透米格-21的过程中,设计人员做了极为认真细致的大量工作。诸如两倍声速飞机的三角翼气动力布局特性问题、进气调节问题、后机身冷却问题、整体油箱问题、平尾操纵抖动问题,以及生产中的各种新工艺、新材料问题,还进行了大量的模拟试验。在此过程中,徐舜寿、黄志千等设计师亲自辅导各设计室主任,并培养设计员严谨的工作作风。他山之石,可以攻玉。经过三年的摸透工作,他们不仅掌握了米格-21的设计方法和生产技术,而且培养出了自行研制生产高速歼击机的技术人才队伍。

在摸透米格-21的同时,沈飞全面开展了试制工作。

按中苏签订的协议,1962年4月至9月,苏联向我方提供了米格-21飞机的散装件和成品。但由于包装粗糙和进水,有些东西已锈迹斑斑,且到1963年底将有80%的零部件和成品到库存保管期。为此,必须尽快组装出整机来。沈飞首先对散装件、成品等制定了保管和鉴定办法,在保证质量的前提下进行了除锈、防潮等处理。兄弟院所也到现场支援。在团结奋进的氛围中,经过一年的努力,首架米格-21飞机总装完成,于1964年4月30日首飞成功;5月7日试飞合格,交付部队。

1964年3月,总工程师高方启签署《歼-7飞机试制总方案》。全厂万众一心,勠力奋战,严谨认真,制作模线样板、工艺装备、标准样件等,采取领导干部、技术人员、工人"三结合"的方式进行技术攻关,于1965年7月基本完成了全部零部件的制造工作,10月14日总装出 0001 号飞机，11 月 23 日进行了全机静力试验，当加载到 112% 时，总体尚未发生破坏，其强度比苏制米格-21 提高了 7%。1966 年 1 月 17 日，0002 号机由试飞员驾驶首飞成功。同年 12 月 28 日，经航空军工产品定型委员会鉴定，"国营松陵机械厂试制的歼-7 飞机的主要战术技术性能符合原设计要求，批生产的条件基本具备，可以提供空海军航空兵训练和作战使用，建议生产定型并转入批生产。"沈飞于 1967 年正式开始歼-7 原型的小批生产，不过生产时间很短，生产数量也较少。

1965 年，美军在侵略越南的战争中使用 F-4 飞机。为捍卫我国领海领空，遵照中华人民共和国主席刘少奇关于"海上来，海上打；空中来，空中打"的指示精神，三机部给沈飞下达了改进歼-7 飞机的任务，要求以 F-4 飞机为主要作战目标进行改型设计。

1965 年 9 月至 10 月，工厂派出歼-7 飞机技术协调调查组，到空军第三师调查歼-7 飞机在部队的使用情况。部队反映：歼-7 飞机轻，机动性较好，但存在近距离机炮攻击火力不猛，前方视线差，搜索成功率低，载油量少，留空时间短，座椅带离舱盖压飞行员的头等缺陷。歼-7 飞机技术协调室根据部队的要求进行了改型设计。1965 年 12 月 21 日，三机部发文指示有关厂呈报改型设计方案，并要求增大航程，改进爬升、中低空及发动机性能，以适应高空作战需要。工厂向部里呈报了歼-7 飞机改进方案，并开始初步设计。改型的歼-7 飞机在前机身左侧增加一门 30 毫米的航炮，带炮弹 60 发；增装副油箱，以加大油量。在设计过程中，对增加的机翼副油箱等做了大量的风洞吹风试验。

沈飞仅用了两年四个月便完成了试制歼-7 飞机的任务，比上级规定的时间提前了一年两个月。

歼-7 飞机是沈飞生产的我国第一种两倍声速的第二代歼击机，再次为空海军现代化做出了新贡献。

在试制歼-7飞机的同时，我国根据当时国外飞机发展及部队使用歼-7飞机的情况，决定研制比米格-21飞机飞得更高、更快，留空时间更长，看得更远，火力更强的全新歼击机——歼-8飞机。

歼-8飞机是在米格-21飞机的基础上改型设计的。由于有摸透米格-21的基础，歼-8飞机设计就能够针对米格-21进行改进。在总设计师黄志千的率领下，设计人员将机翼前缘后掠角加大了3°，增大了飞机的马赫数，用前缘扭转加大航程，采用两台改进后的发动机以提高飞机的推重比和机动性，对雷达和武器系统也进行了新的改进。

1966年9月前，歼-8飞机完成了全部设计图纸的发图，开始了零部件的制造。但这时"文化大革命"爆发，副总设计师王南寿、顾诵芬等被"造反派"关进了"牛棚"，对研制歼-8飞机造成了一定的冲击。可是，参与歼-8飞机试制的沈飞干部和员工都有一个坚定的信念：一定要搞出我们自己的飞机来！即使在1967年下半年和1968年上半年，歼-6生产线甚至停顿的情况下，负责歼-8研制的工人和设计人员还照常生产，0001号和0002号的制造并没有拖延很久。

1969年7月5日上午，热风拂面，碧空万里。沈飞试飞站广场人头攒动，全厂员工聚集在一起，观看我国第一架自行设计制造的高空高速歼-8飞机首飞。

银白色的歼-8飞机机头向北，静静地停放在跑道的南端。它那修长的机身、匀称的一双三角翼和后掠的垂尾、平尾，在阳光下熠熠生辉，显得格外健美。

突然，机场上空升起3颗绿色信号弹，只见首飞员驾驶的歼-8飞机发出雷霆般的吼声，尾部喷出淡蓝色的火焰，风驰电掣地冲向前方，随后腾空而起，利箭般射向蓝天，在员工头顶的高空盘旋掠过，将它优美的投影映入人们的眼帘……不一会儿，发动机的声音由远而近，歼-8飞机在万众注目下矫健地在3000多米的高空展现着优美的英姿，在机场上空盘旋通场后，便轻盈平稳地降落下来。

"好哇！"试飞站广场上群情激奋，欢呼声、掌声响成一片。我们自己设计生产的歼-8飞机首飞成功了！

在歼-8白天型飞机的基础上，换装了新型电子设备、武器系统和高空救生系统的全天候型于1976年下半年开始研制。沈飞于1980年10月生产出第一架，并于1982年9月27日首飞成功。1985年7月27日，歼-8全天候型被航空军工产品定型委员会批准设计定型，并命名为歼-8Ⅰ型飞机。

歼-8飞机于1981年起开始装备部队，是20世纪80—90年代我国空军装备中性能最好的飞机，其主要指标都达到和超过设计要求，于1985年荣获国家科技进步奖特等奖。

1994年10月11日，曾在辽宁工作、当年参加过沈飞重点型号的决策和谈判工作的国务院总理李鹏来沈飞视察，欣然为沈飞题词：中国歼击机的摇篮。

三、工匠精神 薪火相传

无论多么精美的蓝图、多么尖端先进的设计，到头来，将它们变成实实在在、看得见摸得着的产品，都离不开能工巧匠的手。享誉全球的瑞士手表、德国西门子的机械、日本的相机、美国的F-35飞机、俄罗斯的飞行器……所有这些全世界最尖端的工业产品，都离不开车钳铆电焊，离不开身怀绝技的各国技术工人的双手。在高端制造领域，大量的生产细节需要依赖劳动者的技艺完成，而不是机器。

同样，在沈飞的历史上，在歼-5、歼-6、歼-7、歼-8以及"飞鲨"歼-15、"鹘鹰"歼-31等8000多架战机的后面，除了"一一二厂第一飞机设计室"里那些聪明过人的大脑，还有一支强大精干、心灵手巧的技术工人队伍。是这支不断壮大不断更新的队伍，把几代沈飞人的梦想由蓝图变成现实。

从用精湛技艺助力新中国歼击机起飞的建厂初期的全国劳动模范陈阿玉到2020年一专多能荣膺全国劳动模范光荣称号的孙飞等，沈飞一如既往地重视并依靠着他们——在歼击机生产第一线默默无闻、埋头苦干的车工、钳工、铆工、电工、焊工……正是这一代代的技能专家，把中国航空工业从二代向三代、从陆基向海基的跨越一步步变成现实。

近年来，在肯定这些劳动模范工作业绩的同时，沈飞还为他们搭建起"劳模创新工作室"这个平台，让他们在这个更大的舞台上发挥更大的作用，创造更大的价值。如今，在沈飞32家"劳模创新工作室"团队里，聚集了各个工种的首席技能专家。他们中有享誉全国的铣工技能专家王刚、钳工技能专家方文墨，也有许多其他专业的技能专家、大国工匠。

孙飞，沈飞五十五厂机加三工段车工班班长，车工高级技师，数控车工技师，航空工业首席技能专家。曾荣获全国劳动模范、全国五一劳动奖章、全国技术能手、全国青年岗位能手、中央企业百名杰出工匠、辽宁省劳动模范、首批辽宁工匠、辽宁省有突出贡献高技能人才、"辽宁好人——最美工人"、辽宁省五一劳动奖章，沈阳市劳动模范、"盛京大工匠"等称号，享受国务院政府特殊津贴……与这一连串的荣誉称号比较，我最钦佩并看重的是孙飞的身份："车工高级技师"和"航空工业首席技能专家"。

我也曾是一名车工，深知当好一个车工有多么不容易。我当了8年车工，至今也只会干些"拉荒（粗车）"之类的粗活。孙飞的车工技术有多么高超，仅举一例便可使天下如我者的同行五体投地。

常言道"车工怕车杆"。杆最不好切削。短杆还行，支上中心架，两端颠倒着加工，一般手艺可以对付下来。超过一米五，活儿就不好干了。吃上刀以后，再粗的杆也会打弯，尤其是精车，杆一受力会打嘟噜，车出来的活儿呈"双眼皮"，达不到精度，车出来也是废品。

孙飞车出来的杆，说出来令人匪夷所思。杆长两米，直径只有50毫米，而且是长丝杠，带螺纹，需要精车，挑扣。时间只有两天。任务下达之后，在场的许多人都认为这是不可能完成的任务。"艺高人胆大"。孙飞接过毛坯，将活儿穿过中心架，卡到卡盘上，用顶尖顶紧。然后，从刀具柜里选出拉荒、精车和挑扣的刀具，确定好切削的技术参数，经过8个小时，11次试车，大功告成！

去年11月份，孙飞从北京出席全国劳动模范和先进工作者表彰大会回来，在沈飞召开的庆祝会的发言中还提到了那次切削两米长丝杆的经历，那是他本人的传奇，也是沈飞的传奇。

柳军，1997年入厂。曾任铆焊班班长，2014年起，任沈飞铆工协会会长。在高手如林的沈飞铆工群体中被推举为带头人，一要有真本事，二要有凝聚力。柳军的真本事可举一例证明：在加工某型号歼击机零件时，其中有一道工序是将止动机构安装到下侧板上。止动机构外形为一个 Φ17 的圆柱，圆柱中心有一个六角孔。原来每次安装时都用一个六角扳手，人工一圈一圈拧。但是80毫米长的止动机构每安装一次都非常费力，而每架零件需要安装16个止动机构。在这种情况下，经反复推敲，他采用一个旧的十字花刀头和一个六角螺母，将两种零件焊接在一起，这样一个新的"六角刀头"就诞生了，将它安装

到风板机上，使用起来方便又省力。经实践证明。平均一架零件的止动机构安装时间比原来节约2/3。所以，千万别小看了柳军制作的这些小工装、小夹具，它们对解决一些加工过程中的实际操作难点可是效果显著，大大提高了生产效率和产品质量，又降低了劳动强度。类似的例子不胜枚举。

至于凝聚力，柳军有一句名言："人人都要争先夺优，谁也不能落下。拆开了，我们每个人都是为他人着想的班长，合起来，我们每个人都是技术过硬的高级技师。论个体，人人能独当一面。论整体，我们是一个拳头。"当班组长时，他不允许一个班组成员掉队。一位青年工人对复合材料的铆接方法掌握不好，柳军就经常找一些不同的材料放在一起，让他练习，用以锻炼他的信心和技能。现在这位工人已经能够很好地掌握复合材料的铆接方法。"学习工作化""工作学习化"是柳军在领导班组成员在操作和学习实践中总结出来的经验之谈，带有毛泽东主席"在战争中学习战争"的哲学思考。

孙志强，沈飞的一名普通维修电工。这个才入厂不到10年的80后，却夺得了第十一届"振兴杯"全国青年职业技能大赛维修电工冠军。

我在沈飞的总装车间看见过歼击机的内壁电路，用密如蛛网来形容太小儿科了，舱壁里的电路密度实际上如几十层蛛网！外行人看了都眼晕，更甭说去捋清它了。我到现在也弄不明白，孙志强和他的同行的双手是怎么从这几十层蛛网里捋出一个线头，并将其衔接在另一个正确的接头上的。

参加完第十一届"振兴杯"比赛归来后，孙志强身心已经非常疲惫，但听说单位"百日攻坚"任务已经开始，他主动放弃领导已经应允的几天假期，赛后的第二天就投入紧张的飞机生产任务中。在飞机操纵调试过程中，孙志强发现某系统报故，飞机左系统有信号，并能正确显示压力，而右侧却无信号和压力值。通过观察指示器内的报故画面信息，经验丰富的孙志强立刻判断出这是右侧系统电源、信号线或是相关部件存在问题，他对应图纸认真查找，并应用万用表进行线路通断排查，最终发现插头问题，他马上进行处理，并重新连接。本以为故障排除了，但接着又出现新的问题，孙志强一时间也不禁犯了难，这样的问题并不多见，故障原因可能极其复杂，难以分析。拥有扎实功底的他并不慌乱，而是让自己冷静下来，反复查阅图纸和技术文件，并对可能发生故障的部位再次进行了检查，他在脑海中一条条地梳理相关信息，通过前面的电路通断检查，可以确定线路是没问题的，那么最有可能导致故障的就应该是某部件故障了。于是他尝试进行了某部件的更换，该故障被顺利排除，问题得到及时解决。

田芳，铆装钳工，高级技师，沈飞三十四厂平尾组合件班班长。

她是沈飞公司历史上最年轻的班组长，也是部总装厂唯一的女班长。是现代歼击机生产线上的穆桂英。

2004年，18岁的小姑娘田芳以沈飞技校毕业第一名的成绩来到沈飞三十四厂。

2009年，23岁的小田师傅成为沈飞公司首批一级技能带头人。

2012年，26岁的她成为沈飞上千名铆装钳工工种里最年轻的高级技师。

5年后，2017年，沈飞公司以田技师名字命名的"田芳劳模创新工作室"成为部总装厂首个劳模创新工作室。这个工作室在源源不断地培养新员工的同时，还肩负着为部装厂输送更多的生产骨干和高技能人才的重任。

15年，一个黄毛丫头像跨栏运动员一样，不断地跨越"公司铆装钳工技术能手""青年岗位能手""沈阳市技术标兵""沈阳市五一劳动奖章""盛京首批优秀工匠""沈阳市最美职工""航空工业技术能手"和"辽宁省优秀班组长""中央企业劳动模范"一个个栏架，一跃成为航空工业战线上的巾帼豪杰，在平凡的岗位上创造出不平凡的业绩。

要知道，田芳在学校学习的是钳工专业，对铆接工作一无所知，但这并没有把她难倒。从理论知识到实际操作，她边学习边干活，每天下班还要把学习笔记带回家，反复琢磨白天工作中遇到的问题，并进行提炼和总结。工作十余载，她通过攻读大量的专业书籍和坚持不懈的努力，一跃成为行业领域里的技能带头人，其中付出了大量的心血和智慧。

她常说："我不能让生产节点停在我的手里！"为了这一承诺，田芳的老母亲住院做大手术，她仍坚守在生产一线，无暇全天护理。都说女儿是母亲的贴心小棉袄，她这件"小棉袄"却贴给了沈飞。忠孝不能两全哪！2020年5月初，沈飞公司接到紧急任务——某新一代战斗机预研型号的生产。该项目存在新高韧性复合材料加工、多交点孔精度极高的配合、油电混合系统作业、表面质量要求精确到小数点后数位且研制周期紧、工作难度大、工作强度高等特点。为保质保量按节点交付任务，三十四厂派出以"田芳劳模创新工作室"团队成员为核心的精英骨干力量组成攻坚团队，开始了对某新一代战斗机预研型号的重点、难点的攻坚决战。

应该特别提及的是，柳军、孙飞、孙志强、田芳这四位"劳模创新工作室"团队的带头人师出同门，都毕业于一所普普通通的技校——沈飞技工学校（王刚和方文墨也来自这所技校）。沈飞技工学校名不见经传，并非名牌学校。但培养出来的这几位毕业生在自己的工作岗位上创造了奇迹，成就斐然。

在沈飞航空博览园里，有一张醒目的全家福照片，照片上标注着

"金连佐一家三代23人在沈飞工作……"从2001年6月沈飞航空博览园建成之日算起，这张照片已经在这里悬挂了20年，如今，金家已经四代28人加入沈飞建设队伍当中，献身我国的航空事业。掐指算来，截至2021年6月29日沈飞创建70周年，他们在沈飞的工龄累计长达715年，堪称具有传奇色彩的"航空世家"。

新中国成立前夕，大女儿金秀菊和金连佐老人先后走进了沈飞前身"鲁班部队"，成为沈飞第一代600余名创业者中的一员。如今，最小的金家沈飞人是金连佐的重孙女——25岁的金丽娜，她沿着金家前辈的足迹，进了沈飞做一名装配工人。而她的大姑奶金秀菊1959年就随首批支援三线建设的沈飞干部职工到了西安飞机制造厂，从此在西北安家落户，成了"西飞人"。

据统计，1958—1960年，沈飞向全国各地20多个航空企业输送了5664人，其中干部2168人，工人3496人。干部中副科级以上干部215人（包括厂级干部5人）、工程技术人员480人、其他干部1473人。

1965年末，为支援三线建设，沈飞响应党中央号召，开始包建贵州、陕西、湖北的航空企业。至1976年，沈飞又支援外单位5415人，干部2303人，工人3112人。此外，还支援了一些机械设备……

建厂70年，沈飞不仅生产了8000多架战机，还为高端制造业——中国航空工业输送了1.1万多名各类人才，而沈飞现有员工才1.5万人，基本上等于输出了一个沈飞。这些身在异乡的沈飞人给当地航空企业带去了沈飞的技术、沈飞的文化和沈飞的基因。

2006年，沈飞的工会干部到贵州一家"三线"飞机制造厂进行工作交流，在大山沟里的家属旧宿舍区，他们居然听到了浓重的沈阳乡音。循声而去，是退休的几个老职工在一起唠嗑儿。一问，他们原来的家都在沈阳三台子一带沈飞的家属宿舍，几栋几栋楼都记得清清楚楚，是沈飞几十年前支援三线建设迁过来的。"老乡见老乡，两眼泪汪汪"……

在沈飞,在祖国各地的航空工业,像金家人这样一家几代在厂里工作的还有很多。这些家族的成员没有轰轰烈烈的事迹,几代人只是做了他们应做的工作,但一提到沈飞,他们脸上都充满了自豪,因为祖国的每一架战鹰都凝结着他们的智慧和汗水。

尾　声

2012年11月25日,在我国第一艘航母辽宁舰上测试沈飞研制的舰载机歼-15起飞、着舰任务胜利完成后,因疲劳过度,时任沈飞董事长、总经理罗阳同志突发心梗,不幸因公殉职……

噩耗传来,沈飞1.5万名员工陷入巨大的悲痛之中。人们忘不了罗总的音容笑貌,忘不了他率领沈飞人攻克舰载机拦阻钩、折叠翼和弹射起飞装置等技术难关与大家一起度过的日日夜夜……罗总还要和他们一起向更先进、更具挑战性的歼击机机型进发,去创造沈飞更灿烂、更辉煌的明天。在这关键时刻,罗总却永远地离开了。

三军可夺其帅,不可夺其志!一个罗阳倒下去,千万个后来人奋勇向前,踏着罗阳的足迹,一步一个脚印地向更高更强的歼击机制造领域登攀。

8年来,罗阳生前组织企业自筹资金、自行研制生产的国产四代歼-31"鹘鹰"歼击机,经过不断的技术攻关和性能改进,已经成功参加了"珠海航展""迪拜航展"和"巴黎航展",使我国成为世界上第二个能够同时研制两款四代战斗机的国家。与此同时,公司依托航空主业发展优势,深度参与国产大飞机研制生产,并积极融入世界航空产业链和区域发展经济圈,与波音、空客、庞巴迪等世界领先航空工业企业建立了良好的合作关系,展示了沈飞的品牌影响力和价值创业造力。

在创造这一系列骄人业绩的沈飞生力军中，截止到2020年，共有1561支以"罗阳"英名命名的突击队——"罗阳青年突击队"当头阵，打先锋。青年突击队的成员大部分为35岁以下的青年男女工匠，他们奋战在歼击机零部件生产、部装、总装、检测等技术攻关第一线，哪里任务急难险重，哪里就有他们汗流浃背的身影。他们以罗阳为榜样，以实际行动践行"航空报国""航空强国"的誓言，完成了一个又一个看起来不可能完成的任务。其中受表彰的"罗阳青年突击队"达277支，总人次达3.7万多。"少年强则中国强"，少年强则沈飞强。这一批批"航空小将"紧紧围绕沈飞科研、生产、经营和管理，在各自岗位上发挥突击队作用，凝心聚力，集智攻关，用实际行动促进沈飞的科研生产顺利完成。

沈飞根据歼击机设计试制任务不同阶段的各个节点组建"罗阳青年突击队"攻关，并非权宜之计，而是具有深远战略眼光的重要创举。因为，沈飞的未来是青年人的，青年人是沈飞文化的继承者。培养和造就一大批各条生产战线上的青年精英队伍，事关沈飞乃至我国航空工业的百年大计、千年大计。参加过"罗阳青年突击队"的3.7万人次的少年沈飞人，也一次次用实战成果证明了他们"初生牛犊不怕虎"、堪担重任的大无畏精神。

新机装配试制中心预总装工区青年团队负责中机身前后段对合与大部件对合，承担拦阻钩梁安装、外翼精加工、整体进气道对合、壁板与蒙皮间隙修合、对合段阶差保证、新型标准件装配等工作。在全面推进生产任务时，拦阻钩梁安装、外翼精加工、整体进气道对合这些工作成为团队面临的重点和难点，其中拦阻钩梁安装时，因工作区域空间狭小，不易下手，同时零件多，任务重，突击队员赵旭、王德利、李嘉良等勇于挑战困难，主动承担拦阻钩梁安装任务，立志要拿出突击者的态度，在期限内保质保量完成任务。

外翼精加工的生产任务同样艰巨，精加工讲究严慎细实，精益求精。且精加工换刀频繁，周期漫长。突击队员曾令奇、李博不辞辛劳，积极响应动员，迅速进入工作状态；他们坚忍不拔，始终坚守岗位，严格按照文件执行，遵守工艺纪律。在连续工作一个昼夜后，圆满完成了外翼精加工的生产任务。

整体进气道对合时，钛合金进气道的打磨修合又成为青年队员前进道路上的拦路虎，钛合金进气道不仅打磨困难，且体积大，需打磨区域多，每次上下对合台工装异常费力，刘硕、黄文龙、王凯、王林山等主动承担生产任务，在不知道多少次的上下对合台工装后，终于按照工艺要求完成了对合任务。

2020年四季度，由于空军机型产品任务量大，而且与海军的一个科研飞机产品在时间上冲突，三十七厂的"罗阳青年突击队"顶着压力，克服了外部电缆故障频发、文件实施存在不确定性、生产计划提前、交付时间紧张等诸多困难，终于高质量地完成了大批量产品顺利交付工作……

岁末，天寒地冻。新冠肺炎疫情又给鏖战中的"罗阳青年突击队"增添了意想不到的困难。但，在沈飞——中国歼击机的红色摇篮里成长起来的青年突击团队，一定会不辱使命，逆向前行，在为国防建设提供飞得更高、战斗力更强的歼击机攻坚战中大显身手。

沈飞的未来可期，中国航空工业的未来可期！

行文至此，耳边突然又响起飞机的巨大轰鸣声。我习惯性地向窗外望去，楼外蓝天白云，北陵方向连飞鸟都没有，并无飞机经过。原来，声音是我家电脑的音箱中传出的：显示屏上正播放"海客新闻报道"。画面是北部战区海军航空兵某部执行"全军2021年开训令"，正在开展冬训。一架架沈飞的"飞鲨"歼-15歼击机，在零下24摄氏度的严寒中，呼啸着腾空而起，直冲蓝天……

黎明巡礼

◎ 邱长发

每一轮太阳的升起，都送来一个新的黎明。

清晨，阳光辉映着黎明公司广场上空飘扬的五星红旗，还有那橘红色的横幅玉碑上赫然入目的八个金色大字"不忘初心　牢记使命"。

中国航发沈阳黎明航空发动机有限责任公司的员工，每天从广场前匆匆走过，这是又一个新的一天的开始。

航空发动机是飞机的心脏，没有好的发动机，不可能有先进的飞机。黎明人自称中国飞机"铸心"人，那翱翔在碧空蓝天的战鹰上就有他们铸造的"中国心"。每天都有他们创造的新的"中国心"源源不断地从这里发出。

战鹰呼啸，雷鸣般轰响。人们不由得抬头注目望向蓝天白云，眺望着战鹰闪电般穿云破雾凌空翱翔。那飞机的轰鸣声就是这里的"铸心"人最喜欢的、最壮丽的、最雄伟的交响乐，让这些"中国心"的制造者无比亢奋。

一、抚今追昔话黎明

1954年3月31日，这一天，新中国第一座航空涡轮喷气发动机制造厂，也就是当时的国营四一〇厂正式成立。8883名干部、工程技术人员和技术工人，响应党的号召，从祖国的四面八方汇聚沈阳，至此，新中国拥有了一支为战鹰笑傲蓝天，提供动力的产业大军。

到了1957年的时候，410工厂被赋予了一个充满希望的新名字：黎明。

20世纪50年代初，黎明厂是"一五"期间国家156个重点建设项目之一，新中国第一个航空涡轮喷气发动机制造厂，使我国成为世界上第七个能够制造喷气式发动机的国家。至今，这里仍然是我国航空发动机的科研生产基地。

在黎明公司档案室里，保存着一张非常有价值的照片。那是1958年2月12日，毛泽东主席视察四一〇厂，总工程师程华明向毛泽东主席汇报发动机涡轮转子生产情况，照片上的毛泽东主席十分专注地观看着航空发动机涡轮转子叶片。总工程师程华明，有幸得以陪同毛泽东主席视察并汇报工作。这是他也是全厂员工最大的幸福和荣光。

41年后的1999年，在毛泽东主席视察过的总装车间门前耸立起一座大理石纪念碑，让黎明人永远铭记这光荣的历史，铭记黎明历史上的一个个非凡瞬间：

——1950年9月25日至10月2日，在北京举行全国工农兵劳动模范代表会议，会议代表464人，马德有被授予全国劳动模范称号。这是新中国成立以来，头一次召开这样的会议，大会在中南海怀仁堂开幕，中央人民政府主席毛泽东，副主席朱德、李济深、张澜出席。朱德主持开幕式，政务院副总理陈云致开幕词，毛泽东致祝词。

——1956年4月30日至5月10日，在北京举行全国先进生产者代表会议，杨憧、陈田田、马世英、杨筱甫被评为全国先进生产者。

——1959年10月25日至11月8日，在北京举行全国工业、交通运输、基本建设、财贸方面社会主义建设先进集体和先进生产者代表大会，张明云、关国栋、牛书林被评为全国先进生产者。

——1977年4月20日至5月14日，先后在大庆油田和北京举行全国工业学大庆会议，郭锡维被评为全国先进生产者。4月20日会议在大庆油田开幕，中共中央主席、国务院总理华国锋主持开幕式，国务院副总理李先念致开幕词，大庆市委书记宋振明介绍大庆的基本经验。4月27日，大会在北京继续进行。

——1978年3月18日至31日，在北京举行全国科学大会，阎德义被评为全国先进科技工作者。

——1979年9月28日，在北京人民大会堂举行工业交通、基本建设战线全国先进企业和全国劳动模范大会，阎德义被评为全国劳动模范。

——1995年4月29日，在北京人民大会堂举行全国劳动模范和全国先进工作者表彰大会，张景奎被评为全国劳动模范。

——2000年4月29日，在北京人民大会堂举行全国劳动模范和先进工作者表彰大会，郭维林被评为全国劳动模范。

——2005年4月30日，在北京人民大会堂举行全国劳动模范和先进工作者表彰大会，孟宪新被评为全国劳动模范。

——2010年4月27日在北京人民大会堂举行全国劳动模范和先进

工作者表彰大会，王欣被评为全国劳动模范。

——2015年4月28日，庆祝五一国际劳动节暨表彰全国劳动模范和先进生产者大会在北京人民大会堂举行，李志强被评为全国劳动模范。

——2020年11月24日，在北京人民大会堂召开全国劳动模范和先进工作者表彰大会。习近平总书记在大会上讲话。在表彰大会的颁奖仪式中，洪家光作为辽宁省的代表登台领奖。更加令人振奋的是，洪家光作为这次授奖大会的全体先进模范的代表，登台宣读倡议书。这是何等的荣耀。闻此喜讯，公司的员工都为之欢欣鼓舞。

二、100多个第一

黎明图书馆里，一部深红色的"众智丛书"《独占鳌头》，详细记录了100多个"黎明第一"：

第一任厂长——莫文祥。1923年10月25日出生于山东贫农之家。1938年2月参加八路军。同年7月，加入中国共产党。1943年在延安大生产运动中被评为劳动模范。1948年11月，沈阳解放后调入五三兵工厂任总监委。1951年被评为沈阳市劳动模范。1954年，再次被评为沈阳市劳动模范。

莫文祥穿着十分简朴，走到哪里检查工作，总是把戴着的狗皮帽子往臀下一垫，坐下来就与人谈心唠嗑儿，商讨事宜，研究工作。当时，厂里只有一台"华沙"小轿车，还是苏联顾问送给莫文祥个人的。但他个人很少乘坐，上下班依然是步行，这台车多半用于接送有病的干部和职工。他对待下级干部和工人群众非常和蔼，逢年过节都要走访困难职工。发动机试制期间，夜班工人很辛苦，加工零件时常顾不上吃饭，他就亲手把热面条送到机床旁边，工人们很受感动。

莫文祥只有小学文化程度，他主动申请到高等学府深造。经组织批准进入北京航空学院特训班学习。毕业后，于1961年2月被任命为一一二厂厂长；1962年8月调到沈阳市任第二工业部部长、市委书记处书记；1978年4月3日任航空工业部副部长，1981年9月任航空工业部部长、党组书记，并当选为中共中央委员。

第一任总工程师许锡缵。他是专家型领导干部，熟悉航空发动机的制造技术，是难得的科技人才。他为创建新中国航空喷气发动机制造技术的摇篮做出巨大贡献。1955年调北京航空学院工作，后又调到航空工业部任外事局副局长。许锡缵曾经是我党的地下工作者，在国民党国防部由蒋介石"钦定"要职。解放战争时，我军百万雄师过大江，他曾提供重要情报。

第一位航空金奖获得者程华明。1956年调入新建的四一〇厂任总工程师。几十年间，经历了几十种型号发动机的试制、改进改型和自行研制阶段，制造上万台各型发动机，为歼-5、歼-6、歼-7、歼-8和强-5飞机提供了可靠的动力装置，为空军和国防建设做出重大贡献。在他的主持下，全厂工程技术人员分小组攻关，突破了许多技术难关，试制成功了涡喷6发动机，用这种发动机装备的歼-6飞机打下了侵犯中国东南沿海地区的美国无人驾驶的U-2高空侦察机，为保卫祖国领空立下战功。程华明多次被评为沈阳市劳动模范、航空工业部先进工作者、先进离休干部，被授予航空工业部"有突出贡献专家"称号。1991年他获得国家航空金奖，这是他一生的最高荣誉。

第一位全国劳动模范马德有。他用多年积累的生产技术和实践经验，先后研制出5种发动机修理的专用模具、卡具和试验设备，不仅提高了效率，而且保证了修理质量。马德有被评为沈阳市和全国劳动模范，光荣地出席全国群英会，受到毛泽东主席的接见。

黎明第一位享誉全国的"焊接大王"阎德义。1976年，毛泽东主席逝世后，党中央决定修建毛主席纪念堂。在工程建设中遇到了焊接难题，工程指挥部想到了"焊接大王"阎德义，于是他到北京参加了毛主席纪念堂的工程会战，担任焊接方面的技术顾问，解决了用特殊不锈钢板焊接而成的水冷壁板结构的裂璺、变形的关键问题，一显"焊接大王"的身手。

第一个以全国劳模名字命名的班组——郭维林班。郭维林是黎明公司钣焊加工厂的氩弧焊班班长。他们担负着航空发动机关键的火焰筒、机匣、外套等焊接任务。

郭维林是阎德义的徒弟，也是厂内外驰名的"焊接大王"。2002年，公司命名班组为"郭维林班"，成为享誉厂内外的金牌班组。郭维林被称为走在时间前面的人。他每天上班来得最早，走得最晚，平均每天都干12个小时以上，为了抢任务，几乎没有休息过星期天和节假日。在40多年的工作实践中，他学习了焊接工艺学、金属材料学等几十本专业理论书籍，获得了美国法国权威焊接机构颁发的焊接许可证书，荣获了劳动部颁发的高级技术等级证书。"郭维林班"总是把难点当成班组技术攻关的重点，在攻关中学习，在学习中攻关，每个人都有一手绝活儿。在黎明公司首届岗位技术操作技能大会上，"郭维林班"的参赛选手囊括焊工大赛前三名。"郭维林班"坚守一个信念："丢掉质量就丢掉了饭碗！"他们对每一件产品都有跟踪、有考核，产品质量上做到了"我完成的产品我保证质量"的承诺。

第一座厂房。四一〇厂的新厂建设工程，自1954年6月1日破土动工起，至1956年9月底止。历时两年零四个月，安装设备7300多台，提前一年零三个月完成建筑工程任务，提前两年零六个月完成设备安装任务。12月19日，国家验收委员会对四一〇厂建设工程进行验收，建筑安装工程达到设计标准，满足使用要求，总评为优。这一成绩是振奋人心的，不但上级领导和全体职工感到满意，也使当时的苏联专家赞叹不已，航空工业局的基建顾问谢苗诺夫就感慨地说："中国四一〇厂的建设速度和劳动热情，在我一生的经历中是很少见到的，使我终生难忘。"

第一届全厂党员代表大会。会议于1956年4月21日开幕至27日结束。这届党的委员会由25名委员组成，在第一次全委会上选举周洪恩为书记，王焕然、李德崇为副书记，并选出首届党委监察委员会。

首届党员代表大会的召开，极大地调动了全体党员和职工群众的积极性。在试制成功涡喷5发动机的同时，工厂提前一年零四个月制造成功了中国第一批喷气发动机，成功安装于中国自制的歼-5飞机上，使我国成为世界上能够制造喷气发动机的第七个国家，为我国的国防建设做出了重大贡献……

篇幅所限，黎明的"100个第一"在这里无法一一列举。需要提及的是，"众智丛书"《独占鳌头》是黎明公司众多离退休同志花费大量精力，付出辛勤劳动记录下来的文字，还有许许多多珍贵的记忆像这些文字一样，至今仍流淌在黎明的历史长河里……

三、中国航空发动机之父

10年前，潇湘电影集团与中国航空工业集团公司联合拍摄了一部电影《吴大观》。吴大观何许人也？世人知之甚少。但在黎明公司，在中国航空界，吴大观赫赫有名，被称为"中国航空发动机之父"。他的奋斗历程续写了黎明的"100个第一"：领导研制了我国第一型喷气发动机；参与创建了我国第一个发动机设计研究所；创建了我国第一个航空发动机试验基地；主持编制了我国第一部航空发动机研制通用规范……他用拳拳爱党爱国的不渝之心，铸就了护卫祖国蓝天的"中国心"。

早在1956年10月，组织上把吴大观从航空工业局调到沈阳四一〇厂任发动机设计室主任。组建发动机设计室的初衷就是要设计研制中国自己的发动机。

1957年3月，设计工作全面铺开，从四一〇厂设计科、航空工业局、哈尔滨航空发动机厂和南京航空工业专科学校的毕业生中共选调来100人左右。后来还从北京航空学院求援了20多人，投入喷发-1A发动机设计，解了燃眉之急。这是他在沈阳黎明（四一〇厂）组建的第一支技术研制人员队伍。

1976年至1978年，"厂所结合"，吴大观主抓厂所协调和新机研制，特别是对我国涡扇6发动机的自行研制付出了大量心血。

吴老为解决我国自行研制发动机的技术问题，经常与工程技术人员吃住在一起，有时为了某项技术攻关或解决一些技术难题经常工作到深夜。他曾经说过这样一句话："看不到我国自行研制的发动机，我死不瞑目！"在他的积极推动和支持下，四一〇厂和六〇六所广大科技人员艰苦奋斗，解决了涡扇6发动机设计加工中的许多难题，包括喘振、过热、振动三大设计技术关键，实现了发动机在高转速下长时间稳定运转。在吴大观93年的生命历程中，68年的时间都贡献给了他挚爱的航空事业，用自己的一生践行爱党爱国的誓言。阅览他的人生业绩，震撼心灵，催人泪下！

1955年，吴大观拿到的工资是273元。那时候普通工人的工资就二三十元，一个车间主任就拿六七十元，后来到100多元。厂长莫文祥是个老革命了，才拿不到200元钱。他一个发动机设计室主任比厂长挣得还多。他就打报告说自己的工资太高，太脱离群众了，要把工资减一减。组织上不同意：你把工作做好就行了，减工资没有这个规定。

"文化大革命",他进了牛棚,只有生活费没有工资了,交纳党费也就停止了。后来组织上把被封存的工资还给他,当时给他补发了6000元,他拿出4000元交了党费,又开始按每月100元交党费了。

为救济农村贫困地区失学儿童,他向希望工程捐款6000元。他向大学、中学母校捐款的总数超过10万元。他很喜欢这样一段话:知足常乐、自得其乐、助人为乐、为善最乐。

2009年1月24日,吴老的身体已经很不好,他在笔记中写到了自己的身体状况"胃反酸、胃虚,失眠四肢无力",这一天,他学习笔记的内容是:2008年12月的《航空动力技术》。

2009年1月25日是除夕,就在这一晚他也没有放松学习,阅读了《中国航空报》"中国航空工业新战舰昂首起航"的文章,并写下学习笔记。

2009年2月10日,他写道:仍有精神学习。这一天他学习的内容为《中国航空报》刊载的《放手一搏,迎势而上,再造中国航空工业魂魄》,笔记的中间写着"病发停"三个字。

2009年2月18日,他住进了中国航空工业中心医院。在医院里他诚恳地带有歉意对来探视的人们一次又一次说的是:对我们国家的航空事业,我做得很不够。我们的发动机还没有赶上去,与先进水平还有很大差距,我感到问心有愧。我们应该少走许多弯路,应该能发展得更快一些,但我没有能够做到,甚至还有做错的地方。

病重期间,他一再叮嘱家人:不要再为我浪费医药费了。我的后事一切从简,你们一定不能向组织提任何要求。要记住,为我交最后一次10万元党费。

在弥留之际,他凝聚着最后的精力,对前来探视的刘大响院士说:"航空发动机太难了,一定要吸取历史教训,按科学规律办事!一定要加强预先研究!一定要讲真话,不要怕!一定要落实科学发展观，把我国的发动机搞上去！"

来看望的人们都落泪了，大家劝慰老人：你已经做得够好的了，现在你需要安心养病。吴老说："我已经就要去见马克思了。看着窗外的蓝天白云，我就想，天空多美，多迷人哪！我是看不到我们自己的大飞机装着我们自己的发动机飞向祖国的天空了。但是我相信总有那么一天……"

2009年3月18日上午，中国航空工业中心医院明亮的病房里，吴大观老人安详地走完了自己93年的人生。不幸的消息传到黎明公司，众人为之悲痛！大家十分怀念吴大观在黎明工作的那段日子。吴大观忘我的工作精神、乐于助人的情怀、对党忠诚的信念，在黎明人的心中将成为永恒。

为中国的战鹰装上一颗"中国心"，这个目标就像穿越一个世纪的火焰，燃烧了吴大观全部的生命。可是，他为自己的小家留下了什么呢？新华社高级记者张严平永远也忘不了第一眼看到吴大观的家时内心的震撼：刷着半截白灰半截油漆的老墙，吊着一根老式日光灯的天花板，一张可以折叠的简陋饭桌，磨白了皮的破沙发，一排用包装箱打的衣柜，衣柜里有一件穿了40多年的涤卡中山装……

2009年7月，中共中央组织部做出决定，追授吴大观同志"全国优秀共产党员"称号，号召广大共产党员向吴大观同志学习。

2009年8月12日，吴大观同志先进事迹报告会在北京人民大会堂举行。报告会开始前，时任中共中央政治局常委、中央书记处书记、国家副主席习近平会见报告团成员并在会上讲话。

2009年9月10日，在中央宣传部、中央组织部、解放军原总政治部等11个部门联合组织的"100位为新中国成立做出突出贡献的英雄模范人物和100位新中国成立以来感动中国人物"评选活动中，吴大观被评为"感动中国人物"。

四、共度时艰破云雾

翻开黎明的历史，黎明在航空业界的贡献是显而易见的，还大力支援三线建设。当年的建设者用"献了青春献终身，献了终身献子孙"的精神成就了黎明光辉历史的延伸！

在改革开放初期，在国民经济调整、军品陡降的形势下，黎明公司在全行业又竖起了"军转民"的大旗。如果说老一辈经历的是改天换地的历史性转折，而后来者却接受了从计划经济向市场经济转变过程中国企转身的种种艰难，许多事情总是难忘的，特别是扭亏脱困那些年的那些人、那些事、那些刻骨铭心的记忆。

1997年，公司召开职工代表大会，主席团联席会议专题讨论工资一项，鉴于企业经济困难现状，职工要与企业共渡难关，如果公司在年内欠薪不超过两个月，职工应予以认可或视为正常状态。它既体现了职工与公司患难与共的情感，也从侧面反映了公司当时所处的窘境。

1998年11月，林左鸣任黎明公司总经理。公司发布了施政纲领。头一年，公司打通了产品大修生产线，完成销售收入6.2亿元，实现利润65万元，甩掉了亏损的帽子。

第二年，明确产品发展方向，把定位放在发展透平机械制造产品这个核心专长上，把航空发动机、燃气轮机、汽车增压器等产品作为发展目标。重塑员工队伍，改善管理举措，全年销售收入首次突破10亿元大关，实现利润237万元。

第三年，通过强化企业文化建设，促进观念转变，转换企业经营机制，全面提升企业管理水平，促进黎明公司圆满实现"一年打基础、两年见成效、三年上台阶"的发展战略。这一年，黎明公司销售收入13.6亿元，实现利润679万元。

黎明公司走出了20世纪90年代企业改革深水区所遭遇的困境，步入了跨越式发展的新阶段。

五、群星家园的荣光

在2015年全国两会期间，政府工作报告首次将"航空发动机、燃气轮机"列入国家战略新兴产业中。实施"两机"专项，推动创新驱动，对于加快实施我国先进航空发动机、燃气轮机从测绘仿制到自主创新发展的战略转变，化解我国先进航空发动机、燃气轮机长期受制于人的安全风险，带动相关学科和高新技术产业发展，加快建设国防强国、制造强国、科技强国，都具有重大的现实意义和深远的历史意义。

2016年8月28日，中国航空发动机集团公司在北京成立，组建中国航发，是实施"两机"专项的重大举措，将创新发展航空发动机上升为国家意志，是从富国强军战略高度出发，对深化国有企业改革、推进航空工业体制改革所采取的重大举措，也激励着一批批航发人勇往直前。

2020年11月27日傍晚，沈阳市总工会副主席王勤一行，在黎明公司工会的陪同下，一同来到沈阳北站，迎接参加全国劳动模范和先进工作者表彰大会的代表洪家光归来。同来欢迎的还有洪家光的爱人。场面极其热烈。听说是全国劳模从北京光荣归来，过往旅客投来敬羡的目光。

工会是温暖的职工之家，是造星的熔炉。从1950年9月，黎明首位全国劳动模范马德有开始，公司全国劳动模范先进工作者已经有16位、17人次，省（部）级劳动模范66人次，市级劳动模范174人次。

还有众多的厂级劳模，先进工作者数不胜数，可谓星光灿烂。

连续三届获得公司技能大赛第一名的全国劳模王欣，1987年入厂，先后攻克了发动机重点攻关项目，即"某新机机匣类整体浇铸蜡膜""某新机斜支板承力框架蜡模"等数百项攻关任务。王欣练成了"一听、一看、一把尺、三量尺"的绝活。同样一个零件，别人不敢采用的转速、吃刀量，在王欣手里却运用自如。王欣是公司首位连续三届技能大赛第一名，公司重奖轿车一台。王欣曾两次被派到法国学习培训和验收设备，凭借多年来练就的绝活，发现机床主轴轴承出现了问题，却遭到对方的刁难。他亲手操作，验证机床问题。在事实面前，法方无条件进行了更换。更换一个轴承需要20万元，他不仅给公司挽回了损失，也赢得了法方技术人员的尊重。

劳动创造了丰厚的社会财富，同时也创造了一个特殊的社会群体——劳动模范。劳动模范是广大劳动者的先锋，是受人民尊敬的社会群体。他们犹如无数面旗帜引领着新时代的建设者，在现代化建设的道路上前进。在黎明公司发展的历程中，各个时期的劳动模范始终发挥着中坚骨干作用。黎明公司就是劳模群星的家园，培养打造灿烂的星群，是他们的宗旨，也是他们的光荣。

黎明公司工会为营造崇尚先进，尊重劳动，发挥着巨大作用。60余年的历程，工会主要领导先后出席了5次中国工会全国代表大会。黎明公司工会助推公司荣获全国厂务公开先进单位、全国合理化建议先进单位、全国劳动争议调解工作先进单位、全国"安康杯"竞赛优胜企业、全国五一劳动奖状等荣誉；在围绕和谐企业建设方面工会的各项工作助推公司获全国模范劳动关系和谐企业、全国先进基层工会等荣誉；在职工体育工作方面，获全国职工群体工作先进集体称号，并成为全国职工体育示范单位；在团队及班组建设方面，获全国工人先锋号、全国职工创新示范岗、全国安康杯竞赛优胜班组、全国职工职业道德建设百佳班组、全总首批命名"全国劳动模范创新工作室"称号,历史记载着黎明公司工会的光荣篇章。

从20世纪80年代起,黎明公司工会获全总首批"全国模范职工之家"、"全国模范职工之家红旗单位"称号,基层工会多次荣获"全国模范职工小家",职工之家彰显了家的风尚、家的温暖、家的幸福和快乐。

六、凝神"铸心"笃定前行

2020年12月4日,在黎明文化宫隆重召开"弘扬劳模精神主题宣讲大会"。钣焊加工厂全国劳模原"郭维林班"班长郭维林、工装制造厂原五十车间车工班班长孟宪新、盘轴加工厂王欣、发动机装配厂李志强、工装制造厂洪家光等劳模代表应邀出席会议。参加这次大会的还有公司领导班子成员,各部门主要领导、职工群众代表。

会上,全体与会人员共同观看了展现劳模精神的专题片《群星》。新当选的全国劳动模范洪家光,回顾了这次参加全国劳动模范和先进工作者表彰大会的盛况,重温习近平总书记重要讲话,传达会议精神,讲述了领奖时的感受,表达了争做奋斗者、建功新征程的强烈愿望和志向。

劳动模范代表郭维林和公司青年职工代表姜华,分别代表老一代劳模群体和新时代优秀青年工作者进行发言。公司领导对洪家光获得全国劳动模范表示祝贺,向以郭维林、李志强、洪家光等为代表的劳模群体致以崇高的敬意,向公司全体劳动者表示诚挚的问候。

会议回顾了黎明公司劳模历史,1954年建厂以来,几代人前赴后继,为新中国航空发动机事业的发展付出了心血和汗水,经历了挫折与成功。在发展的各个时期,劳动模范都发挥了示范引领的作用。

20世纪50年代，以劳模马德有为代表的广大职工，凭着高度的政治热情，在废墟中建起了工厂，将新中国第一台航空涡轮喷气发动机送上蓝天。60年代，以劳模阎德义、张明云为代表的广大职工，靠高度的政治觉悟，工厂生产制造能力得到迅速提升。在八九十年代的困难时期，以全国劳模张景奎、郭维林、孟宪新为代表的广大职工，放弃商品经济社会的种种诱惑，一心留守黎明，"择一事，终一生"，他们用民品反哺军品，坚守住军品生产线，表现出对航空事业的忠诚情怀。21世纪以来，以全国劳模王欣、李志强、洪家光等为代表的劳模群体，接过师傅传承的使命责任和经验，坚持用知识武装头脑，用技术创新书写发展篇章，努力在各自领域提升技术能力、占据行业高点，表现出勤奋好学、敬业创新、技艺精湛、责任人生的魅力品格。正是这一批批具有崇高精神和时代特色的劳动模范，在黎明公司内创造并形成了良好的劳动光荣氛围，进一步凝聚了共识、增进了团结，引领激励着几代黎明职工为航空发动机事业的发展持之以恒地不懈奋斗。

召开弘扬劳模精神主题宣讲大会，就是要更深入地学习习近平总书记重要讲话精神，大力弘扬劳模精神、劳动精神、工匠精神，坚定信心和决心，凝聚起加快实现航空发动机自主研制进程的强大精神力量，是对劳模精神又一次新的弘扬、传承与发动。

黎明公司党委积极推进落实集团党建"铸心"工作体系，既铸航空装备之"心"，也铸理想信念之"心"、干事创业之"心"，真正将党建工作做到科研生产主战场。坚持党的领导，加强党的建设，是国有企业的根和魂，公司党委把方向、管大局、保落实，确保企业沿着正确的方向不断改革发展，书写更加辉煌的黎明。

航空发动机是"大国重器"，是中国从大国走向强国的重要标志。对于航空发动机事业而言,至今都受到党、国家和人民的重视和关注。习近平总书记对航发集团成立做出重要指示,提出了希望、要求、目标;社会各界也在时刻关注国产航空发动机,每一次航空发动机研制进展的重大消息,都牵动着国人神经,激发着国人热血。黎明发动机制造承载了太多祖国的重托和人民的期盼。黎明人在自主创新的路上大力弘扬劳模精神、劳动精神、工匠精神,将之转化为"动力强军,科技报国"的驱动力,转化为扎实走好航空发动机自主研制新长征路的坚实步伐,转化为攻坚克难的智慧和力量。

2021年伊始。阳光明媚,公司广场上空三面旗帜高高飘扬,身着蓝色工装的员工一如既往地匆匆而过,心中充满了对新的一年的憧憬。心怀美好梦想,每一位了不起的黎明人,以奋斗的姿态风雨兼程,笃定前行。

黎明人精心铸造的"中国心",将助力中国战鹰笑傲蓝天,护卫祖国与世界的和平、安宁与繁荣。

新光的"东风"时代

——我国首台导弹发动机探秘

◎ 赵秉新

北京，中国人民革命军事博物馆。

一进入庄严的展厅大门，一枚高傲矗立的银灰色导弹，映入所有参观者眼帘。这，就是20世纪60年代，由老一辈党和国家领导人擘画、指挥，海外归国与本土知识分子共同规划设计，成千上万国防战线干部职工用汗水和生命所铸就的国之重器——"东风一号"导弹。

2020年岁末，笔者走进沈阳航天新光集团有限公司，采访干部职工。一幅波澜壮阔的我国国防工业人开天辟地、筚路蓝缕、历尽艰

辛、感天动地的战斗画卷徐徐展开。让我们闪回至历史的几个关键节点，聚焦几位历史和现实的人物，由此回望新光人当年研制东风导弹发动机的辉煌历程。

检验科科长牛正文

2020年12月24日，沈阳东塔附近保存着一片沈阳这个现代化大都市中少见的三层红砖小楼，这就是新光厂年代最悠久的职工宿舍。楼群之中一间位于二层的小套间里，93岁的牛正文老人在女儿陪伴下颐养天年。

这位老人是为数不多尚健在的东风导弹发动机制造的参与者之一。他回忆说，自己1953年从鞍山来到沈阳，先前在东北铁工厂做检验工，后被安排到新光厂四十四车间（东风导弹火箭发动机制造的车间）做检验科科长。最早造导弹发动机用的是苏联的样品图纸，做了数不清多少次的试验，终于试制出了成品。1961年冬天，他与另外一位车间同事，伴随着本厂制造的东风火箭发动机，来到京郊的导弹总装厂，参加"东风一号"导弹总装。总装完成后，又坐了两天一宿的火车，开进戈壁大漠深处的内蒙古自治区额济纳旗（现酒泉卫星发射中心）的发射场，担任新光厂制造的火箭发动机技术保障，随时准备排除可能出现的各种故障。

老人还清晰地记得，在总装和发射现场，他见到过聂荣臻、钱学森、王震、张爱萍等"大领导"。那年初冬的一天（11月5日），我国首次"东风一号"导弹试射大获成功。讲述到这里，他那双已经浑浊的眼睛，倏地闪过亮光。这双眼睛看着导弹呼啸腾空、直刺苍穹的场景，已经深深镌刻在老人脑海，固化为终生难忘的记忆。

"两弹"元勋钱学森

为什么正好在那个时刻，新中国选择了制造世界上最先进的武器——导弹？20世纪60年代诞生的"东风"导弹命名，有哪些趣味和史实？前无古人的东风导弹发动机制造的历史重任，怎么就落到新光厂身上？这一切，都得从"两弹"元勋钱学森说起。

1935年，江南才子钱学森从上海交通大学机械工程系毕业，考取了清华大学公费留学生，赴美国麻省理工学院攻读硕士。1936年10月转入加利福尼亚理工学院攻读博士，成为著名力学家冯·卡门的学生。获博士学位后，钱学森留在冯·卡门领导的古根海姆实验室工作。在冯·卡门教授的影响下，钱学森参加了火箭研究小组，并在1942年与他人合作完成研究报告《远程火箭的评论与初步分析》，提出了几种火箭研究的设想。同时，参加了美军"下士"导弹的设计工作，在军方的喷气技术训练班讲授火箭推进技术课程，为美国早期发展地地导弹和探空火箭奠定了理论和技术基础。1949年5月，钱学森在得知祖国召唤他回国服务后，便加紧做回国的准备工作。但这时的美国麦卡锡主义横行，对他归国百般阻挠。经过中国政府的营救，1955年9月钱学森终于冲破藩篱，全家启程回国。

钱学森归国后，在党和国家领导人的支持下，积极参与我国火箭和空间事业的规划和组建工作。1956年，钱学森提出《建立我国国防航空工业的意见书》，主持编制了《1956至1967年科学技术发展远景规划纲要》中的《喷气和火箭技术的建立》方案。同年，钱学森受命组建中国第一个火箭、导弹研究机构——国防部第五研究院并担任首任院长，开始组织科研队伍，开展火箭技术的研究工作。同年，在

《建立我国国防航空工业的意见书》中，钱学森提出我国航空工业组织的规划："领导机构，这是一个全面规划及安排的机构，应该包括科学、工程、军事、政治方面人员，这个领导机构设在国防部内。生产工厂，这是航空制造的一系列工厂，它包括航空设计院的新型设计，大量生产等单位。它们中包括金属及非金属原料工厂，各种零件制造厂。"

设想提出后，钱学森客观分析了我国百废待兴的航空工业现状："我国现在航空工业是十分薄弱的，我们在最近才从飞机修理阶段转入飞机生产阶段，有了飞机工厂和喷射式推进机厂。但是这两个工厂现在完全依靠苏联供给的图纸，自己还不能够设计新型飞机，更不能做出为设计用的工程及科学资料。至于飞弹火箭，我们是完全没有。说到航空用的材料，我们的情况也是一样的薄弱，现在只有一个年产2万吨的铝厂。我们所必需的航空特殊金属还是要由国外进口。电子器材厂也是正在开始，还不能完全生产各种类型的零件。"

据权威资料记载，中央采纳了钱学森的计划。1962年10月，中央专委成立，共有15人，专委主任是国务院总理周恩来，其余的14人有7位是副总理，7位是各工业部的部长。在中央专委成立前，1958年，在争取到有限的援助之后，钱学森协助聂荣臻元帅主持和部署了第一枚近程导弹的仿制工作。这正是沈阳新光厂仿制"东风一号"导弹之缘起。

1960年11月5日，在钱学森的领导和组织下，我国发射成功第一枚仿制的近程地对地导弹"东风一号"，搭载的正是沈阳新光厂制造的发动机，这成为中国新兴导弹事业的转折点。深深镌刻在牛正文老人脑海中的壮丽画面，也就成了中国国防军工制造由"空"转"天"的永久记忆。

方舟与梁纯有

新光公司厂史办的王彪同志已经退休数年。毕业于哈尔滨工业大学的他，退休后在厂办潜心编写新光厂史，对新光厂发展历程如数家珍。

他为笔者提供的厂史中记载：为加速国防工业的建设，1958年11月3日，第一机械工业部第四局做出加速四二〇厂建设和811号机试制工作的指示。这意味着钱学森的中国导弹起飞计划，即将在东北、沈阳、东塔这片沃土上，获得它的心脏——导弹发动机。新光厂史记载：1959年5月1日正式启用"新光机械厂"作为厂名，成为一个航空发动机的设计、研究、试验和试制的基地，同时成批生产液体火箭发动机。1959年11月23日，根据航天部指示，做出了"关于加速仿制液体火箭发动机"的决议，把"东风一号"发动机的仿制任务列为工厂首要任务之一，并决定五分厂仿制和小批生产。边复制、边设计、边试制，逐步进入改进、定型、优质过关阶段。1960年正值国家经济困难时期，8月，工厂内苏联专家又全部撤走。仿制液体火箭发动机难度高，加之新光厂援建其他单位后技术力量非常薄弱。

20世纪中后叶，中国与苏联由亲密合作到分道扬镳的大历史，也渗入东风导弹发动机制造的图纸与焊缝当中。新光厂史记载：1958年7月，根据部、局指示，工厂已转入试制液体火箭发动机的新阶段。这个项目，正是苏联援助我国的重点项目之一。1960年下半年，苏联撤走了专家，使刚刚开始的尖端产品的研制面临极大困境。

在党委的领导下，没有伸手等待，而是毅然决然地依靠自身的力量突破难关。他们因陋就简利用现有的条件进行改造，终于建成了一个专门生产橡胶零件和焊条的车间。在刻苦钻研、反复试验中摸索生产规律，攻克技术上的堡垒，不断创新、不断实践，终于生产出了合格的橡胶件和焊条。后来，在"东风二号"发动机的研制过程中，他们又对橡胶件的结构和材料做了进一步的改进，使活门的技术关键终于得到了彻底的解决。

然而，他们并不满足已取得的成绩，为提高产品质量，还在焊接实践中不断革新，采用最新的药皮配方，有力地配合了焊工不断提高焊接质量，为液体火箭发动机的生产做出贡献。

难能可贵的是，新光厂史中还记录下了活生生的人物群像：攻关不畏难。1960年的春节来到了，这是亲人团聚、合家欢乐的日子，担任攻关组组长的副总工程师方舟却紧锁眉头在试验台旁踱来踱去，一连几个星期没有休息了，涡轮泵迎来一个接一个的技术关键。当产品装在试验台上时，测功装置发生了故障。试验台上的测功装置在静止情况下扭转角刻度可以看得清，当试验台以每分钟5000转的速度旋转时，扭力计刻度就一片模糊。如果不攻下这一难关，就会严重影响涡轮泵的试验，以致影响整个仿制的进度。在这心急如焚的时刻，苏联专家却上北京度假去了。方舟毅然决定，一刻不能停顿，坚决攻下这一关键，他和技术员、工人一起把行李搬到了车间，一次一次地试验起来。他们一致表示，不攻下测扭距关，决不回家！

除夕晚上，厂领导在食堂一起包好饺子，送到试验台旁，这更鼓舞了攻关小组的士气。大家集思广益，经过认真研究认为，试验台震动有一定影响，而且震动是不可避免的。老工人苏世成提出，将原来固定在台架上的垂直计改为固定在房梁上，采取这个措施收到了一定的效果。接着，又解决了光源焦距问题。在试验中，他们还发现调节灯泡到双凸透镜的距离达到一定数值时效果最佳，当调整好焦距，从垂高计的观察镜里出现了清晰的刻度值时，人们激动得跳了起来：

"成功了！成功了！"一个重大的技术关键，在春节一片欢笑的鞭炮声中解决了。这是一个装着中国人民志气的最响亮的"礼炮"！

春节过后，当苏联专家拉布克回厂看到关键难题被攻破后，感到非常惊讶，他跷起大拇指对方舟说："好，你们中国人真了不起。"

"东风一号"发动机具有结构复杂、加工精度高、工艺难度大、新材料多、检测技术严等特点。由于第一次仿制，国内又无直接经验可以借鉴，技术上有很大差距，遇到了很多难关。这些技术关键牵涉面最广的、影响最深的、威胁最大的是"焊接技术关键"和"测试技术关键"。焊接工艺技术是液体火箭发动机制造中最突出的问题。焊接工艺方法之多、工作量之大、质量要求之高，是其他发动机不能相比的。原三机部部长孙志远到厂检查工作时指出："焊接是致命问题，要采取致命的措施解决。"根据孙志远部长的指示，工厂一直把焊接问题当作生产的中心环节来抓。

根据生产任务的需要，1958年11月，工厂调来11名焊接技术员、11名焊工和15名徒工。以王瑞生（厂仅有的一位大专技术员）和六级焊工梁纯有为骨干组成了一支焊接队伍。技术人员的学习是以自学、互学、专家答疑和实际工作锻炼来进行，并进行了6项训练和考核。在"稳、净、精、高、培"五字上下功夫，使焊接条件逐步改善，管理制度逐步健全，质量逐步提高。重大的技术关键，领导干部组织制订攻关的措施计划，组成"三结合"攻关突击队，齐心协力献计献策，日夜奋战，经过了数十次乃至数百次的试验，才突破了"东风一号"燃烧室头部和"东风二号"预燃室的两项重大焊接关键。预燃室的氢弧焊，经过36次试验，焊了150多个试验件，才摸出经验，取得成功。在5月份补焊的4台"270"都是一次成功，质量合格率达100%。1963年7月6日，由于梁纯有一贯遵守工艺纪律，确保产品质量，受到通报嘉奖。在极其艰苦的物质和技术条件下，梁纯有和他的焊接班，克服了种种困难，终于在1960年9月成功焊接出我国第一代地对地液体导弹发动机6台，热试车和发射试验效果良好。他们用智慧和汗水献出了心中对祖国的一片忠诚。

新光厂史记录了一组关键数据：1958年以来，为了"东风一号"仿制，国家陆续给工厂增添了170余台各种机械设备、焊接设备和高压空气车等，补充了600多名职工，新建和改建了6个车间，基本形成了一个液体火箭发动机生产线。工厂为"东风一号"发动机制造了非标设备近200套，其中大型焊接设备6台，各种测试设备70余台，制造工夹量刃模具共3400余套，其中涡轮泵的制造用工夹具1000余项，燃烧室焊接装配用工夹具400余项，大型冲压模具60余套，最大模具重量达14吨。为符合"东风一号"橡胶件动作灵活、高度密封的要求，工厂成立了专门生产橡胶零件和焊条车间。根据产品表面处理工艺复杂（多达18种）、储存期长的特点，工厂又专门建立了一条生产线，严格控制工艺流程，在短时期就掌握了这项复杂工艺，使燃烧室一次合格率达到90%以上。为保证发动机的性能，工作可靠，据不完全统计，整台发动机的测试次数多达200多次。在制造时，主要的零部件都按一定的数量组成批次，按批组织投产、制造、检验、测试和交付。

1960年3月8日，第一台发动机仿制出来了。但由于很多技术关键没有突破，没按照程序和批次性原则组织生产和做批次抽检，所以，第一台只能作为工艺性的发动机。在苏联专家的帮助下，严格按照技术条件规定，重新组织零部件的批次生产，并于1960年9月底，才顺利仿制出第一台合格的液体火箭发动机。"东风一号"火箭发动机的仿制，历时一年零八个月后进入小批生产。后来，"东风二号"的研制是在"东风一号"基础上，由七机部一院设计改进的，主要是燃烧室有了较大改进，增大了流量，增大了推力，用了不到一年的时间即研制成功。从 1960 年仿制成功"东风一号"液体火箭发动机至 1967 年"东风二号"火箭发动机停产止，在七年里，新光厂共生产了"东风一号"发动机 49 台（其中教练机 16 台），"东风二号"发动机 178 套。

在党中央的关怀和工厂党委的直接领导下，全厂职工发扬自力更生精神，战胜了三年国民经济困难和苏联专家撤走所造成的困难，激流勇进，不仅仿制成功"东风一号"导弹发动机，还配合设计单位研制成功了我国第一个改型设计的"东风二号"导弹发动机，为我国的国防建设做出了突出贡献。两型发动机的试制成功也标志着工厂进入了向科学尖端技术进军的新阶段。

毛臻的回忆录

王海军，退休前在新光厂宣传部、质量部工作。目前，他在新光公司厂史办工作。他在几个月前，刚刚参与编纂完成一本厚厚的"记录体"新光厂史——《岁月情怀》。他特地推荐笔者参阅新光厂原总工程师毛臻的回忆录。这篇写于 2001 年的回忆录《在为航天事业创业的日子里》，记录了新光人制造东风火箭发动机的艰难历程。

1958 年，国家把我国第一代地地型近程导弹发动机"东风一号"的仿制任务交给我厂。从此，我国的导弹发动机技术发展进入了一个新领域。当时新光厂的条件比较差。因为党和政府考虑到尽快壮大我国的国防工业。1959 年，工厂党委做出决议，加速仿制"东风一号"并作为工厂的首要任务。厂党委带领全厂职工发扬自力更生、艰苦奋斗的精神，斗严寒、战酷暑。睡在厂房里，吃在机床旁，日夜奋战在车间和试验室。三十七车间一位老工人师傅为攻克涡轮叶片装配关键，在车间奋战了两个昼夜没回家。第三天，言乃昌厂长到车间强制命令他休息。当时他离开了现场，跑到车间盖设备的一个篷布下藏起来，厂长一走，他又接着干，直到把关键问题攻下来才回家休息。轮泵试验台测试装置的扭力计看不清数值，成了全厂的大难题，如不解决将拖延"东风一号"总体进度。这时党委决定由副总工程师方舟担当攻关组长，亲临现场，召集技术员、老工人一起分析原因，研究对策。一连几个星期未休息，采取一些措施仍不见效，大家陷入一筹莫展的状态之中。刚好1960年春节已到，怎么办？停下来，还是继续干？方舟决定不能停，他和大家把行李搬到车间，日夜不停攻关。经过大家集思广益，针对找出的问题采取了三条措施。中国传统的大年三十，各家都在家里团聚。而方舟带领的攻关小组却奋战在试验室。功夫不负有心人，春节过后，涡轮泵试验台的关键得到了解决，受到当时在厂的苏联专家好评，同时也保证了总体进度。

1961年上级又把我国自行设计的"东风二号"导弹发动机生产制造任务交给新光厂试制。它在性能上比"东风一号"更先进一些，结构上有许多改进，因此生产和工艺有一定的难度。但是我们有了仿制"东风一号"的经验，工厂还进行了技术改造，充实了人员力量，只用不到两年的时间完成了这些部件的制造，并交付总装厂。

在这篇珍贵的回忆录中，再次出现了钱学森的"影像"：我们的方案节省了大量的科研费用，而且，争取了时间，会上立即引起了反响。其他兄弟厂也表示以同样的态度，尽快交付配套产品。钱学森听了汇报高兴地说："我们工厂的同志有经验，相信导弹是可以很快拿出来的。原来的老皇历是1969年开始试验，现在是1966年，提前了三年，好极了。"

张爱萍与于海深

　　阅读完史料，王彪和新光公司离退休职工管理办公室主任张江陪同笔者拜访了一位叫于海深的退休干部。于海深生于1938年，1958年毕业于沈阳航空学校（今沈阳航空航天大学）。当年，100来名同学都分配到新光厂做技术员。他回忆说："1958年，苏联给了制造P2导弹即'东风一号'导弹所需设备的大量图纸。我和孙殿吉、胡友谅等8人分配到四十四保密车间，描图；我负责火箭发动机燃烧室部分设备描图。100来人描了一个多月才描完。"

　　于老的讲述，正是记者阅读新光厂史的"活注解"，新光厂史记载：1958年7月，"东风一号"发动机的技术资料和样机陆续到厂。工厂立即组织部分干部、技术人员和工人进行学习。同时成立四十四车间，第一任车间主任杜保光和8名翻译及10多名技术人员在老五院设计员的帮助下，边学习边开始了资料复制工作。由于时间紧、任务急，领导干部和大家一起干。党支部书记张庆余深入群众，一边做思想工作，一边替同志们削铅笔。上下拧成一股绳，经过100多个日夜的勤奋工作，共复制工艺资料7637份。

　　于海深老人回忆："由北京来的专家讲课，一开始听不清、看不懂，我们就废寝忘食地学习领会，终于都弄懂弄通。中央派张爱萍将军主抓这项工作，1959年的一天，张爱萍将军来到新光厂，下到四十四车间，指导车间地面怎么平、怎么弄。他鼓励大家'抓紧干，马上要投入生产'。记得当时水泥地不干，用热吹风机吹干，特别着急。1959年下半年开始正式生产，四十四车间主要干火箭燃烧室焊接和整个发动机装配。大家干劲很足，1960年春节不放假。燃烧室喷嘴帽子质量不过关，我们就攻关，一个星期终于过关了。燃烧室里面得装重铬酸钾，就是红矾，毒性最大，它主要是能检验喷出的液膜是否均匀。"

告别于海深老人，记者又见到新光集团工会主席王军，他深情回忆了张爱萍将军为新光工厂新厂门题字的一段佳话：新光的老厂门位于公司办公楼（大白楼）对面，厂门显得比较窄小和陈旧。公司决定建设一个新厂门。1993年破土动工，全部工程计划当年10月1日前竣工，并作为新光人献给新中国成立44周年的一份厚礼。选择谁为工厂新大门题字是大家讨论的一个重点议题。应该充分考虑到题字人的身份与新光这个共和国国防建设的功勋企业地位相匹配。最后大家一致认为，请张爱萍将军为厂门题字最合适。第一，张爱萍将军是共和国国防建设的主要领导人，曾任国务院副总理、国防部长。第二，张爱萍将军的书法飘逸刚劲，其书法作品曾经作为国礼送给外国领导人。第三，张爱萍将军对工厂的成长十分关心，曾经来厂视察指导工作，并为《新光报》题写过报头。方案确定后，我起草了一封请张爱萍将军题写厂名的信函，由时任公司党委书记周家康同志用毛笔小楷书写成信。我带着这封信去北京，找到原航天部政治部主任马云涛，因为马主任与张爱萍将军的妻子李又兰女士是老战友，所以马主任出面联系好后，由我将此信转交到张爱萍将军的秘书手中。大约一个月以后，令人兴奋的消息传来，张爱萍将军在百忙中欣然接受了工厂的请求，亲笔为工厂题写"沈阳新光动力机械公司"的厂名。拿到题字大家高兴地传看，都备感关怀和鼓舞。我带着张爱萍将军的题字，找到沈阳市最好的制作厂家将题字制作成铜字，同时将张爱萍将军的题字手迹永久地存放在了公司档案馆。

李军与"东风"

历史车轮滚滚,"东风"护国佑民。20世纪60年代至今,国际格局、国家实力无不巨变,但不变的是国民对东风导弹的仰赖与尊崇。

2017年7月30日,在庆祝中国人民解放军成立90周年的大型阅兵式上,缓缓开过的东风-31AG蔚为壮观。"东风"一时成了国之利剑的代名词。护卫中华儿女60余年,它业已成为目前世界上唯一的覆盖了各种类型弹道导弹的陆基弹道导弹系列导弹。那么,当年为什么要给这款导弹命名为"东风"呢?

中国航天科工集团加V认证的公众号表述,当年装备运输保障人员李军回忆:我的第一件工作是分配到长辛店二炮前身的导弹训练大队四大队去学习"1059"导弹。当时国防部五院已开始仿制"1059"导弹,作战研究处的任务是提出型号战术技术任务书,以指导设计部门的工作。我被分工到搞前沿部分,首先绘制一个亚洲敌情设想图。关于设想图的名字,大家七嘴八舌地进行讨论,最后想到毛泽东主席引用《红楼梦》中的一句话"不是东风压倒西风,就是西风压倒东风",便决定起名为"东风一号设想图"。后来给设计部门下达的战术技术任务书中就使用了这个名字,我国生产的地地型号导弹也一直沿用了"东风"这个名字。另外,当时这句"不是东风压倒西风,就是西风压倒东风"也就是说,当时的国际形势是社会主义的力量对于帝国主义的力量占了压倒的优势。此后便就有了东风-1、东风-2、东风-3等型号,一直到现在的东风-41。

"东风一号"已经成为中国航天史上珍贵的历史文物,它为我国战略武器奠定了坚实的技术基础,因为它的诞生,才有了后来我国航天事业长征系列运载火箭,载人航天工程,探月、探火工程的飞跃发展。

孙建通与彭岩

笔者在新光公司展览室了解到，自建厂以来，党和国家领导人毛泽东、刘少奇、朱德、董必武、邓小平、江泽民等曾到新光厂视察，这业已成为新光人永久的骄傲与精神动力。在东风精神激励下，新一代新光人接过前辈的理想信念，弘扬大国工匠精神，在航天火箭研制、探月工程攻关中再立新功。

在新光公司技术部，笔者见到部长助理孙建通。出生于1988年的他，2015年从北京工业大学毕业入厂。他告诉笔者："目前公司产品制造分为工艺设计、生产策划、质量管控、生产制造及试验几大部分。产品覆盖包括武器装备和火箭发动机，以及探火、探月工程等多个领域产品。我从入厂开始，就有幸参与这些国之重器的研发、制造。这要求我们产品的制造精度极高，飞得更远、打得更准，得从每个部件做起。新光是历史悠久、老牌的军工企业，质量管控极其严格，拥有一支成熟的设计、管控、生产紧密结合的队伍。此外，还得打破既有的路径依赖、陈旧思想，融入新的技术，要跟任务整体做好无缝对接，我们所有产品实行终身负责制。

"2016年，我参加了"长征5"重型火箭重点产品复查，节点紧、任务重、要求细，最终交给总体三份复查报告，保证了火箭发射成功，内心有一种自豪的感觉。2017年6月，"长征5"发射失利，晚上9点得到消息，我们马上来到单位，当晚大家一宿都没睡觉，后来整整复查了半个多月，每天没有晚上10点之前走的，更没有周六周日。首先对自己产品是否有质量问题进行排除，结论是我们的产品没有问题。这是对我们新光队伍的肯定。2018年12月27日，"长征5"复飞，这距离上次失利已经两年，这两年所有参与设计、制造的单位整体压力都很大；复飞成功了，所有参与的工程技术人员都扬眉吐气。"

告别孙建通，笔者又采访了沈阳市五一劳动奖章获得者、技术"大拿"彭岩。他一身工装、言语不多，倒是徒弟陈孝能说爱唠。彭岩不是一个人在战斗，他是一个以他名字命名的、20多人的劳模创新工作室的领衔人。工作室创建于2013年5月，其中高级技师6人，主要开展公司军品装配和试验技术的基础性创新工作，公司此举旨在发挥劳模在公司转型升级和健康发展中的示范引领作用，打造公司军品科研生产的领军团队样板。彭岩说："几年来，工作室积极开展工作，先后在火箭发动机、系列涡轮泵、神舟飞船火工机构锁、气动力系统附件等型号产品上提出了20余项改进措施，完成了10余项技术攻关，有力保障了产品质量和交付进度，受到了总体单位和军方的好评，为公司完成科研生产任务做出了突出贡献。"新光公司工会副主席籍昌向记者介绍，彭岩工作室先后获得"沈阳市国防及中省直企业工会优秀创新工作室""辽宁省国防科技工业系统劳模（职工）创新工作室"和"辽宁省优秀班组"等荣誉称号。

彭岩的徒弟陈孝说："我们跟师傅装配的东风系列涡轮泵，是导弹发动机的核心，装配它可跟汽车发动机大不一样，转子每分钟十几万转，精度的要求比民品高出十几倍。师傅多年搞技术革新，提升了型号产品质量和效率，老一辈新光人传下来的东风精神，师傅教会我们都继承下来了。"

采访结束之际，笔者见到了新光公司党委书记、董事长胡河海。他对新光百年历史和辉煌未来做了回顾和展望。他说："新光为国防而生，为民族复兴而强；历经沧桑，风雨兼程自强不息，百折不挠。新光是一片神奇的土地，20世纪20年代初，张作霖父子为增强实力，成立东三省航空处，开启了发展民族工业征程。虽然豪情满怀，但落

得壮志未酬的结局。九一八事变后,日寇的铁蹄践踏东北,国破家亡,民不聊生,满洲飞行机制造株式会社成为屠杀中国人民的工具。新中国成立后,给新光带来了新的生机和活力,中央人民政府确定了第一个五年计划156个重点项目,发展祖国的航空工业,汇集了四面八方的仁人志士,团结奋战,忍辱负重,支援抗美援朝,奠定了共和国国防建设的坚实基础。从'落后就要挨打'的教训中,新光又担负起发展航天事业的重任,从东风导弹到东方红卫星,从神舟飞船到探月工程都凝结了新光人奋斗的成果。新光被誉为共和国航空航天动力装置的摇篮,新光的发展历程就是国家兴衰、民族振兴的缩影。一切伟大成就都是接续奋斗的结果,一切伟大事业都需要在继往开来中推进,实现'两个一百年'奋斗目标,实现中华民族伟大复兴的中国梦,历史地落在我们这一代的肩上。站在新的历史节点,我们铭记风云激荡的刹那,也坚定刻骨铭心的承诺,更不忘用奋斗交出未来征程优异的答卷。百年是一个里程碑,更是一个起航点,历史照亮未来,征程未有穷期。转型升级,二次创业,新光确定了:加速推进公司从传统制造企业向科研生产联合体转型,建成高质量发展的具有综合竞争力的一流航天企业的宏伟目标。我们将以习近平新时代中国特色社会主义思想为指导,增强'四个意识',坚定'四个自信',做到'两个维护'。以'国家利益高于一切'为使命。履行强军首责,聚焦做优做强主业,继续发扬'一体同心、一丝不苟、一往无前'的精神,众志成城,全力以赴,共克时艰,创造新光更加美好的明天。"

航天器的"制锁"工匠

——记全国劳动模范 王 阳

◎ 崔博淳

仰望无边天际，宇宙是个没有尽头的空间。人类早在起源时期，就对宇宙充满无限遐想。

《水调歌头·明月几时有》中有言："明月几时有？把酒问青天。不知天上宫阙，今夕是何年。"在古代，月亮既代表思乡之情，也代表纯洁无瑕的感情，尽管没有一个人能说出月亮的本质是什么，但是在各种神话传说中，月亮已成为一处仙境，上面不仅有嫦娥仙子和玉兔，还有琼楼玉宇和桂树。然而，阿姆斯特朗开启了世人对月亮的全新向往。

1972年尼克松访华，为交下中国这个朋友，美国于6年后赠送了

中国1克月壤,虽然看起来不多,但是能开展的相关研究却有不少。不过,当时中国的航天技术远没有现在先进,就算月壤中蕴含再多的矿物,也只能望洋兴叹。时光飞逝,一眨眼进入了21世纪,中国也成为世界上仅有的几个能实现载人航天的国家之一,而我国对月球的探索,也随着"神舟系列"的启动而全面展开。

在沈阳航天新光集团有限公司(以下简称"航天新光")车工班,有一名大国工匠与"神舟"结下了不解之缘,他就是车工班班长王阳。

初冬的沈城早已寒气逼人,位于沈阳东塔附近的航天新光上下班时段仍然人流涌动,虽是新时代,但有着百年历史的老厂仍然有职工习惯骑自行车上下班。

天刚蒙蒙亮,王阳就从家出发,骑着自行车,一路呼着白气骑到厂门外,掏出工作证,进入厂区,前方是初升的朝阳,身后是即将消失的月亮。王阳裹紧大衣,走进嘈杂的厂房里。这条路,王阳已经骑了36年,他常说:"我闭着眼睛都能找进厂里。"

时代随岁月更迭,厂外的生活早已斗转星移,厂内却如同按下"暂停键",王阳36年坚守在车床前,初心不改,仰望浩瀚星河,踏实做好连接天地的"制锁匠"。

厂里揽个"大活儿"

佝偻着腰猫在车床旁,昏黄的灯光,护目镜里戴着一副老花镜,新年第一天,王阳早早来到单位,擦拭干净车床后,开始了一天的工作。"航天人没有节假日,我们就是随叫随到。"说话间,王阳已经启动床子,铁屑飞溅。

时间回到20世纪90年代,那个连变速自行车都是奢侈品的年代。

航天器的"制锁"工匠

"听说没？咱国家要造飞船，去月亮上。"

"不能，那月亮离着十万八千里呢，咋去？"

"信我的，咱厂子还得接个大活儿。"

车工休息室里，师兄弟们端着大茶缸子唠着家常，王阳从不多言多语，可这次聊天，他上心了。

不久后，航天新光将神舟飞船的"连接分离机构"这个活儿揽来，时任公司主要领导方向明深感这项任务的分量。他当即果敢地拍板把它定了下来，并表示：对这一高科技产品，我们一定要百分之百地把它干好，绝不能有半点闪失，只准成功，不能失败！

"神舟"号飞船，这一国家重点工程项目，每一个部件都事关重大。"连接分离机构"虽小，但在飞船各种各样的部件中，它的作用却举足轻重，关联着飞船试验的成与败。在飞船轨道舱、返回舱和推进舱中，"连接锁"就承担着飞船三个舱段之间连接和分离的重任。就是这个小得如茶杯大小的零件，在火箭上升时，要承受重达数吨的载荷，保证舱间紧密连接；而在飞船返回时，又必须根据指令，保证轨道舱和返回舱准确分离，而且两舱间"连接分离机构"必须同时开锁，"连接分离机构"犹如飞船收放自如的臂膀。

匠人与专家

接受任务后，航天新光立即成立"神舟项目组"，组织科技人员进行攻关。在没有任何现成资料和模式可供借鉴与参考的情况下，为研制和生产这一"只许成功、不许失败"的产品，为使这一高安全性、高可靠性、低冲击、无污染的关键技术能在"神舟"号上应用，新光人在高科技的领域中开始了艰难的跋涉。

"那时候，技术室的灯没灭过，大家不分白天黑夜地进行材质实验,大家每天都神色紧张。"王阳回忆道。

在设计师每天紧锣密鼓的设计时,公司领导也在物色首件试制的人选,当时王阳进厂仅有11年,他能入选项目组吗?

1985年,王阳从部队复员,分配到航天新光,底子薄、基础差,他动摇过。有的战友被分配到铁路、有的被分配到烟厂,干的是轻快的活儿:"看看我,每天灰头土脸,手指甲里的油泥,都得靠鞋刷子刷。"王阳迷茫了,每天周而复始的工作让他看不到希望。

王阳的心思被师傅戚建国看在眼里,一天吃完午饭,戚建国叫王阳陪他去溜达溜达,爷儿俩走在厂区里,戚建国说:"车工是机床之母,学好车工就能混碗好饭吃……我现在就是劳模,各种待遇都很好,党和国家会记住咱们。"听着师傅的话,看着师傅把一个个铁疙瘩变成工艺品,王阳的心沉下来。

他从给师傅递刀具开始学习。"师傅领进门,修行在个人。学技术得自己悟。"上班时思考、下班后琢磨,一年半王阳就出徒了,而一般的学徒要三年才能出师。"聪明能干、悟性好、能吃苦。"这是戚建国对王阳的评价。

"二十出头,大家都迷茫,我只能靠自己。"王阳说。王阳从头开始学习,刻苦钻研,凭着一股韧劲,硬是啃下了金属加工工艺、车工工艺、数控加工工艺等技术理论。还利用业余时间在公司工会的支持下,完成了机械加工专业大专班的课程,使自己很快成为公司的技术骨干,机械加工领域的行家里手。

那时候,王阳在厂里已经小有名气,但这么重要的活儿,能交给他吗?

"能!"全国五一劳动奖章获得者戚建国斩钉截铁地说,"这小子有股钻劲儿,所以让他进行首件试制。"

王阳开始跟着设计小组一起,解决工艺难点,反复试验产品。温度循环、湿热、力学、环境、高低温试验，一连串的多学科、多领域的交叉试验，成百上千次的摸索与攻关。

"没有资料、经验可参考借鉴。图纸一来，满脑子就想着怎么加工。"王阳说。

面对形状、尺寸要求极其苛刻的零件，面对材质极其特殊的材料，王阳没有退缩，用王阳的话说，加工零件时，比考工人技师时的考级考试都费劲。为加工出合格的产品，王阳对刀具的选择、加工的角度、电加工的尺寸等都进行了精确的计算。有时加工遇到困难，他就趴在工具箱上计算，各种公式列了几十张纸，一算就是一宿，算好后又接着干，最长的时候，王阳连续工作了两天两宿，更是一个多月没回家。

误差不超头发丝的 1/3

咔嗒……嘭嘭……早上7点刚过，王阳紧盯操作台，在普通车床前研磨刀具，为加工产品做足准备。一旁，数控车床的轰鸣声，夹杂着刺耳的金属撞击声，回荡在厂房里。

1996年至今，从"神一"到"神十一"，始终参与生产神舟飞船连接分离机构的王阳见证着团队的成长、工艺的提高、企业的转型、航天事业的发展和国家的强大。"每加工一个产品，既要保证产品质量，也要保证进度。"王阳说，作为航天人，责任和压力并存。一旦看到自身成果完美展现，压力就变成自豪感，"觉得没白干"。

"这个合格，那个不合格。加工中不允许变形。"王阳拿着两个外观看起来一样的产品，给笔者讲着其中的"门道"，"这个产品的宽度是30道厚度，我们最多只能允许加减两道公差，28道到32道厚度都算合格。"这两道公差的粗细——"大概是头发丝的1/3"。

不合格产品一旦安装在航天产品上，微小的差距就可能引发大问题。辽宁省五一劳动奖章获得者魏忠华说，王阳操作普通车床加工时基本靠手工，且其设备已多年未换，还能保证精度，"非常厉害"。

王阳的手也因为长时间摩挲零件，指纹基本磨平。虽说现代技术越来越发达，但终究没有感觉来得准确。很多人都说，王阳的手，比那测量仪都准确。

挑战不止于此。航天产品各式各样，加工方式、加工手段各不相同。王阳说，有些新研制的火箭动力产品，其零部件从形状到精度的要求都与之前不同，加工的工艺和夹具都得重新研制。这样的环境"逼迫"王阳勤动脑、巧用功。"每次接到图纸，我都会先观察，琢磨先加工哪里、后削哪里，才能做出适合的零件。"

"王阳工作法"，25年零废品

在36年的工作中，王阳创造了连续25年零废品的纪录。这得益于王阳摸索总结出的一套加工操作方法：一看，认真消化图纸，详细了解技术要求；二选，按工艺规程，选合适的工装；三找，找出合理的切削参数；四细，细心操作、细心加工；五严，严格质量标准、严格检验制度。

这些方法确保了军品加工件的质量，确保了每项产品100%的加工合格率。

1996年起，航天新光承担神舟飞船十大关键部件之一的连接分离机构的研制和生产任务。王阳作为神舟项目组主要成员之一，担负了连接机构关键件锁块的加工任务。

"那是我感到最困难的一段时间，我们要干的是前人没有干过的活儿。"王阳回忆起那段最难的岁月，动情地说道。

经过反复摸索，多次验证，终于攻克了难关，加工出合格的样件。

随后，他又马不停蹄地投入正式产品的加工中，圆满完成了首批加工任务，确保了连接分离机构的研制成功，为我国神舟一号飞船成功发射做出突出贡献。

从"神一"到"神十一"，从不载人飞行到实现载人飞行，王阳交付的产品合格率达到100%，创造了国内机械加工行业的一次次加工之最。尤其，神舟飞船十大关键部件之一连接分离机构、探月工程关键装置的研制批产任务，都是首次制造，没有经验可循，要做到零废品其难度可想而知。

"航天无小事，成败在毫厘。"35年的职业生涯，王阳早已练就在声音嘈杂的车间里，通过聆听机床转动，刀具切削和加工振动的声音，观察铁屑颜色、形状变化、工件表面光亮痕迹，就能准确判断出刀具的磨损程度和切削状态正常与否，以便提前发现异常情况，避免刀具损伤和零件变形等问题，以此保证产品质量稳定可靠。

王阳"闷得住"的性格在艰巨的任务面前凸显了优势。遇到困难不着急，耐下性子钻研。他经常查阅大量资料，认真消化图纸，在加工过程中自制专用车刀和夹具，选择合理的加工参数，把加工过程化繁为简，制定了加工路线和步骤。王阳有着"独到"的加工思路，"遵顺序、听声音、看铁屑、勤测量、凭手感"是他多年操作经验的积累，也是确保零件一次交验合格率100%的"绝活"。

10 年干了别人 20 年的活儿

在机械加工中，经常会碰到一些棘手的活儿，王阳就主动站出来攻关。在加工某型号关键件时，他连续奋战十余天，经常通宵达旦，最终提前五天完成任务，确保了产品按期交付。

仅 2009 年，他共完成工时 8848 小时，一年干了 4 年的活。2000 年到 2010 年，他完成工时 48512 小时，相当于 10 年干了 20 年的活，被誉为走在时间前面的人。

2004 年正月，王阳的父亲王甫宝病重，正在攻坚的王阳仍然坚守在岗位上，接到家人电话赶到医院，父亲已离世。

"这些年，我亏欠家人的很多，主要是没有时间陪他们。"说到未能见父亲最后一面，王阳眼含热泪。

航天新光工会主席王军对王阳的评价是"好人"。作为车工班班长，王阳每天分活儿时，都把脏活儿、累活儿留给自己。他这份爱岗敬业精神，带动影响了一大批人，成为企业发展的重要支撑。

2011 年，"王阳劳模创新工作室"成立。航天新光工会张银华说，工会就是要帮助工作室更好发挥作用，弘扬劳模精神和工匠精神。

2013 年 10 月和 2015 年 3 月，工作室成为中国航天科工三院首批命名的 4 个技能大师工作室和沈阳市首批劳模创新工作室之一。目前，工作室以强化技能人才培养、强化技能特长交流为目标，创新工作方式，服务国家重点型号科研生产。

"都说师傅要'留一手'，但我们的师傅毫无保留。"3 月，23 岁的衣禹鑫、李勤原一同来到航天新光，师从王阳。"师傅经常讲研磨刀具的技巧，车工的工艺，讲如何合理车削工件，如何省刀具磨损……我们感觉很受用。"王阳就像一位亲切的老大哥，总是给予身边的人正能量。

近年来，王阳在车间重点培养年轻人。"工匠是手艺的传承人，我有责任将这门手艺传承好。"王阳说，离退休还有几年，现在就想多带徒弟，把手艺传给他们。

回顾自己的职业生涯，王阳说："加工好产品，传承好手艺，这就是我为祖国航天事业贡献的点滴力量。"

"器物有魂魄，匠人自谦恭。"身怀匠心的王阳总是在不断给自己设立一个又一个"小目标"，在我们看不到的地方，为实现目标付出着艰辛的努力。

每年的4月24日，中国航天日，王阳都会换上一身崭新的工装，早早地来到公司，静静坐在车床旁，感受时间的流逝。他说，每当这时，习近平总书记说的，中国人探索太空的脚步会迈得更大、更远总是回荡在耳畔。作为一名航天人，作为一名全国劳模，王阳肩上的担子从未如此沉甸甸。

回望过去，1992年9月21日，中央做出实施载人航天工程的战略决策。这是有史以来国家科技含量最高、综合性最强、风险也最大的跨世纪工程。1999年11月20日，神舟一号试验飞船首次发射成功，并于次日安全返回；2003年，神舟五号实现载人首飞。在这么短的时间，圆了中华民族的飞天梦想，靠的又是什么？靠的就是"特别能吃苦、特别能战斗、特别能攻关、特别能奉献"的载人航天精神。这种精神影响着一代又一代的航天人，他们如星星之火，最终"燎原"太空。

砥砺前行　剑指苍穹

——记中国兵器辽沈工业集团有限公司末敏弹研发团队

◎王宏伟　赵秉新

2002年，中国兵器辽沈工业集团有限公司，这个有着红色基因的公司，开始研发一种高科技智能弹药——末敏弹。我国的末敏弹研发虽然起步较晚，但是，辽沈工业集团末敏弹研发团队在项目专家贺玉民的带领下，经过近20年的努力，取得了令人瞩目的成果，项目规划发展纳入了兵器行业和国防科技工业战略层面，也受到中国末敏弹总设计师杨绍卿的表扬。正是这个优秀的团队以强军报国之志和剑指苍穹之锐，使我国的强军利剑末敏弹发展登上了一个新的台阶。

中坚聚成

20世纪60年代，美国率先研制出一种新型弹药。它的出现引起世界的注意，并揭开一个弹药新纪元——成为当今世界最尖端的军事科技，这就是末端敏感弹药。

末端敏感弹药简称末敏弹，是一种能够在弹道末段探测出目标的存在，并使战斗部朝着目标方向爆炸的现代弹药，研制最初的主要作用是用于自主攻击装甲车辆的顶装甲，它在21世纪信息化战场上具有传统弹药不可比拟的众多优点。特别是近年来，末敏弹向着体系化、精准化的方向纵深发展。

2002年，中国兵器辽沈工业集团有限公司获批与中国兵器三院开展远火末敏弹的合作，这是一项严肃的政治任务，涉及在世界新军事革命环境下加快我国国防能力的提升，成立末敏弹研发团队势在必行。由于末敏弹研发是一个崭新的课题，必须推选一位技术全面、政治过硬的优秀军工专家来组建研发团队。时任辽沈集团研发中心设计一所所长贺玉民担当此项重任。

经过近20年的努力拼搏，贺玉民带领的末敏弹研发团队终于将我国末敏弹实物质量推到了世界领先的高度，这个研发团队也无疑成为一流武器弹药研发团队。

世纪之交，中央军委提出，我国综合考虑威胁国家安全的各种因素，着眼于最困难、最复杂的情况做好防卫作战准备。人民解放军实施科技强军战略，加快国防科研和武器装备发展。为此，辽沈工业集团清醒地认识到：作为国防军工企业单位，加快传统弹药转型升级，承担强军使命责无旁贷，要坚持科技创新、科技引领，加强产、学、研有机结合，推进国防科技成果转化为现实生产力。

2002年7月，辽沈工业集团成立以贺玉民为首的末敏弹专项办公室，并将其列为全公司的"一号工程"。末敏弹研发需要的是全方位的人才。末敏弹由母弹和发射装药组成。母弹包括弹体、时间引信、抛射结构、末敏子弹等。末敏子弹由减速减旋与稳态扫描系统、敏感器系统、中央控制器、EFP战斗部、电源和子弹体等组成。由于它的先进性和特殊性，涉及的技术面广，必须寻找各方面的精英才能搭建最好的团队。辽沈工业集团担当此项国防重任，选出最优秀的专家贺玉民领队，组建研发队伍，参与研制远火末敏弹。这是我国第一代末敏弹，开末敏弹研发之先河。贺玉民经过认真考量，挑选出最优秀的人员组建了末敏弹研发团队。

贺玉民1962年出生在抚顺市清原县城，中学时代就表现出对科学的热爱、物理方面的天分，高考时取得了物理97分的好成绩。当时，刚刚恢复高考不久，这个成绩不仅是在清原，就是在全国而言，也是名列前茅。他怀着报效祖国国防事业的凌云壮志，考取了北京工业学院导弹总体设计专业。学好专业课之外，他作为大学班级的政治课代表，对哲学也产生了深厚的兴趣，尤其是矛盾无时不在、无处不有，主要和次要矛盾，矛盾的对立统一，物质从量变到质变，透过现象看本质等哲学观点深深地印在脑海里，这对他形成正确的世界观、人生观、价值观，以及后来较好地完成总设计师工作起到非常大的作用，有效地将科学与哲学有机地结合在了一起。

正是有了这样的经历，贺玉民利用哲学理论处理繁杂的末敏弹药研制工作，在短时间内，将研发团队凝聚成了一个睿智汇聚、协同作战的整体。

帅智将勇

时年 40 岁的贺玉民开始在全厂范围内寻找研发末敏弹方面的人才，此时的贺玉民更是一位伯乐。

他第一个选择了关军。

关军与贺玉民同是北京理工大学高才生，贺玉民对他比较了解。关军，1976 年出生，以优异的成绩毕业于弹道战斗部专业，末敏弹研发正需要这个专业的人才。此时，关军已经工作四年，有了一定的实践经验。贺玉民根据他的专业方向，认为他适合担任末敏子弹战斗部的工艺设计工作，便大胆起用了这位年轻的助理工程师，并将其视为主力。

陈文震，和关军同年入厂，经历相似，沈阳理工大学高才生，主修机械设计与制造专业，与末敏弹的子母战斗部研究设计正对应。贺玉民找到陈文震进行了一次长谈。这个面目青涩的小伙子，对末敏弹根本就没有概念，贺玉民耐心地对他讲述末敏弹的"前世今生"和在国防建设中的重要性，他感到陈文震很有灵性，如果悟进了末敏弹研究，肯定是一把好刀。公司更是珍惜这样的人才，后来派他远赴南京理工大学进修。贺玉民慧眼识才，陈文震不负众望，不论在产品的研制过程中，还是产品成功批量生产装备部队后，陈文震都是大家心目中的"大师兄"，是末敏弹项目中的"总调度师"。

贺玉民在与陈文震的谈话中，得知他的校友石海城也是位人才。在人才面前，贺玉民总是迫不及待，立即建议公司将石海城调入研制小组。毕业于南京理工大学的王岩，有着一股精灵古怪、性情活泼的气息，他的灵气也入了贺玉民的"法眼"。贺玉民有意将而立之年的四位少壮派，培养成末敏弹项目的中流砥柱，不久，关、陈、石、王构成了末敏弹项目中枢的"中生代"。

2003年夏,80后踏着"小虎队"的节奏,给研发团队带来了欢声笑语和新生力量,加快了研制步伐。辛敏艳和牛胜军分别毕业于南京理工大学和燕山大学,二人都是主修测控技术。贺玉民在观察中认为,这是一种具有潜质的力量,会给研发工作增加朝气和活力,于是,立即建议公司派二人前往西北工业大学进修导航专业。不负重托,不久,辛敏艳和牛胜军真正成为末敏弹项目组的"小虎队"。二人负责的遥感技术、弹载计算机、电器系统的设计、工艺、制造、测控,不可或缺地成为核心技术的重要组成。

研制末敏弹之初,辽沈工业集团的智能弹药研制基础比较薄弱。"桃李不言,下自成蹊"。贺玉民一边带队研发,一边培养新生力量,做着长远规划。同时,他更重视提高政治站位,不断加强对团队成员的初心使命教育。正如《2002年中国的国防》白皮书所言:"中国国防科技工业优先发展高新技术武器装备,努力提高现代化水平。加快能力、结构和布局调整,加强高新技术武器装备科研生产能力,精干军工队伍,优化产业布局,逐步建立国防科技工业新体系。进一步加强国防科技建设,促进科技进步,集中力量突破一批关键技术,提高国防科技工业自主创新能力和持续发展能力,努力实现技术发展的跨越。"在这个总体战略指导下,贺玉民带领的辽沈工业集团末敏弹研制团队拼搏奋斗,托举起了中国国防工业的大国重器。

当时,除中国之外,美国、俄罗斯、瑞典等5个国家对末敏弹进行了更深入的研究。为了祖国早日进入智能化弹药时代,贺玉民回忆了当时的情景——

"当时,兵器工业部的西安研究院负责总体设计,所有的承制、试制、试验都在我们这里。那年我正好40岁,还算年轻,虽然只是一个普通的设计工程师,但还算敢想敢干。我早些年在七二四厂研发'红箭73'反坦克导弹时，就参加总装总调，对反坦克武器比较熟悉，搞这个末敏弹对口。末敏弹和传统炮弹比较，截然不同，末敏弹是典型的'打了不用管'，自己就能搜索目标、扫描、探测、识别，精准打击。"或许，这句话更形象地诠释了"剑指苍穹"的深意。

在末敏弹研制任务分工中，研发团队负责子母战斗部和子弹部分，贺玉民在做好这部分研制工作的同时，充分利用各种机会密切关注整个武器系统的其他部分，比如与子母战斗部相接的控制舱和火箭部、全弹的总装总调、火箭炮、气象车和指挥车的工作流程等。同时，他对整个武器系统有了全面了解之后，对子母战斗部和子弹问题的处理就更有全局性，提出的解决方案就更容易被各研制方理解和接受。另外，影响飞行稳定性的因素很多，如成形弹丸、药形罩、药柱、战斗部、相邻的零部件、发射装置的对称性等，如果细细列出有近百个影响因素，而这些因素又是相互交织起作用的。——这就是一位舵手优秀与平庸的思想理论体现，正如伟人所言"哲学的高度决定科学的高度"。

舍我其谁

研发团队的人才有了。贺玉民决定稳扎稳打，长远规划末敏弹研发，从基础做起，首先研发火箭平台末敏弹——这是辽沈工业集团第一代末敏弹研发。值得骄傲的是，他们在五年里便完成了第一代末敏弹的研发工作，在这五年间，贺玉民及其团队精英又经历了生与死的考验，建立了不可磨灭的功勋！

2005年底的一天，寒风凛冽，贺玉民要带队去拆解未爆弹。"你是总设计师，你怎么能做这么危险的事情呢？"很多人都在关心贺玉民。作为团队核心，去拆解未爆弹，万一出了问题，谁来带这个队伍？谁来领导末敏弹的设计工作？贺玉民相信自己的动手能力，更深刻地认识到，这是自己亲手设计的末敏弹，自己不在第一现场很难找到症结所在。如果重新设计肯定会耽误时间，影响兵器装备发展进程。自己的生命不重要，重要的是祖国国门安全！这不仅是勇敢，更是壮怀激烈的爱国之心。

原来，2005年底，此型末敏弹在某基地进行定型试验时，连续出现子弹瞎火，致使瞎火率逼近上限。如果再继续进行下去，定型试验将面临失败的风险；中断试验，又面临退场、复场等一系列问题，从而导致研制进度拖期的严重后果。在巨大的压力面前，莫名出现的若干未爆弹，让大家无从下手，唯一能解决问题，查出子弹未爆原因的措施就是拆解未爆弹。可是拆解的危险性不言自明，一旦发生意外，人弹全将毁亡。但如果不对未爆弹进行拆解，就不能掌握第一手数据，无法对故障进行分析，更无法进行后续试验。定型试验不能如期完成是小事，此型弹药将退出试验场，面临重新加工，再重新进行试验。时间紧、任务重、责任大，贺玉民作为总设计师，当即决定拆解，并且是亲手拆解未爆弹！此时，动人的一刻出现了，陈文震坚定地对贺玉民说："师傅！我和你一起去！"王岩也请缨前往。——这是何等勇敢的一代祖国国防科技精英！

凛冽寒风中，他们的双手没有因为害怕而发抖，面对随时可能意外爆炸的弹药，他们没有选择退缩，而是以大无畏精神冲了上去。拆解成功后，经过分析查找确定了故障原因，找到了问题所在。这一发现在末敏弹研发方面起着决定性的推进作用：为末敏弹发展争取了时间，为提升末敏弹质量提供了助力。贺玉民的设计指挥，大大加快了该弹药的研制进程。

壁立千仞

2007年，在贺玉民的带领下，辽沈工业集团末敏弹研发团队进入一个新的阶段，那就是自主研发第二代末敏弹。这种末敏弹以火炮炮弹为载体进行炮射。与第一代相比，第二代末敏弹的性能大大提高了。原有的红外线探测之外，又增加了二维测距激光、感知目标材质的毫米波功能，这是最先进的智能技术。贺玉民认为，只有将最先进的科技成果融入研发当中，才能更好地提高祖国国防科技力量。第二代末敏弹是智能科技的体现，如同弹体里长出了眼睛，装配了智能大脑，让"火眼金睛"成为现实，让弹体有了智能思考，数弹齐发、精准打击都将成为现实。通俗地说，以往武器攻击的是坦克前后及侧翼，导致坦克制造在这几个部位加厚装甲，就可以防御地面火力。但是贺玉民团队的第二代末敏弹可以精准打击装甲薄弱的坦克顶部，名副其实成为"坦克克星"。贺玉民这种超前思维不仅使辽沈工业集团领导非常满意，大力支持贺玉民末敏弹研发团队，同时，也决定了他领导的团队在国际上的技术水平。

根据时代的需求，中央军委对智能国防科技提出更高的要求。增强战略意识，扩大思维格局。贺玉民在率队进行子弹自动线工艺总方案设计的时候，遇到了棘手的问题——之前的操作是，子弹装配完全基于手工操作，对于自动化装配是否可行，谁也无法判定。正在贺玉民百思不得其解之时，他获得了去法国参加防务展的机会。在展会上看到德国SMART末敏弹一段生产录像，有全弹和降落伞自动装配的环节，他本着求真务实的态度，当时就与SMART参展人员进行详细沟通，了解到末敏弹可以自动装配。回国后，他又对国内几个刚刚建成的自动线进行调研，发现各有侧重，设计理念均不相同。正是他这种向兄弟单位学习、向优秀的国际私营大厂学习的精神，让他的思维更加开阔。经过学习研究，结合我国制造能力现状，他主持设计出国内第一条末敏子弹数字化装配检测生产线。

正是在这种务实的科研实践中，他更加注重总结、记录、归纳和分析，并且创造出一套方法。在实际工作中，这套方法起到很好的作用。同时，他将自己的这套方法传给年轻一代，视同师傅传徒弟的传统，这就是新时代的祖国国防科技精神传承。

为此，团队成员称之为"这是师傅的招法"。辛敏艳感慨地说："记得好像是2010年年末，我只是一个项目小组的组长，在项目组中也是年龄小的，但师傅把全年大项目技术总结编写任务交给我，我当时很'蒙'，但是我静下心，按师傅教我的'招儿'：求教各组组长，从产品图样、工艺、原材料、历次试验报告、异常问题处理记录……逐项梳理，花了整整一个月，我完成两万余字的报告材料，充满信心地交给他，那心情自豪得很。然而过了两天，我收到了师傅对我材料的批注，那批注能有2000字。但他还是充分肯定了我的态度——竟然一个错别字都没有，也不容易。那一次我研究着师傅给我的修改批注，学到了很多。"刚刚加入的小师弟王洪彬渐渐地成熟了，洞悉了师兄们的心得。他这个80后小伙子，毕业于辽宁科技大学，此时的他已经在公司工作两年，表现突出，被末敏弹研发团队选中，目前是团队中最年轻的精英。

贺玉民认为科学永远是在谦虚中前进。特别是一个团队，成员对具体问题的看法、角度、出发点不尽相同，只有在这种讨论当中，末敏弹研发才能前进。正是在这种精神引领下，他在末敏弹发展的道路上远远超过了同行，但他从未停下前进的步伐。这些年来，贺玉民以企业末敏弹总设计师的身份，先后完成了6个型号末敏弹产品的研制工作。

据《2010—2011学科发展报告》披露，中国继自主研制成世界一流的火箭末敏弹武器之后，又取得炮射末敏弹关键技术的重大突破和跨越。——贺玉民早在2007年就已经带领团队，超前向着这个方向挺进了，他们为国着想，走在了前面，是祖国国防的马前卒。2007年12月，《远程多管火箭炮末敏弹EFP战斗部》项目被中国兵器工业集团公司评为科学技术进步二等奖，这不仅是对贺玉民项目研究方向正确性的认可，更是对整个团队研发成果的认可。但是，这样的成绩才是刚刚开始。

2013年，贺玉民被聘为中国兵器集团公司科技带头人，辽沈集团级首席专家，研究员级高级工程师。他从事系列化末敏弹药装药及装配工艺研究十余年间，创建了多个型号末敏弹产品的制造工艺规程，首次系统化地建立了我国末敏弹药的核心工艺制造体系。2013年8月编著《末敏弹制造技术》填补了我国末敏弹药工艺研究领域的空白；2014年4月经中国兵工学会批准，聘为中国兵工学会咨询专家库入库专家；2014年10月《×××产品序号化管理的创新与实践》质量管理创新项目被中国兵器工业集团公司评为二等奖；2014年11月《弹性件离心载荷测试系统》项目被中国兵器工业集团公司评为科学技术进步三等奖。

再接再厉

2014年初，他们为了祖国的末敏弹事业完成了第二次未爆弹拆解的壮举。这是海拔4500米的高原，风雪之中，贺玉民带领两名项目核心成员——辛敏艳和王洪彬，向着未爆弹的方向走去，步伐是那么的坚定，铮铮铁骨，丝毫没有犹豫地前行。这是一次责任与危险同样重大的拆解，关涉半年后的一次重大试验。他们再次承担这个重任，与总师单位两名设计师一起，在制订了详细的拆除方案与安全措施后，为了祖国的国防事业，在风雪中完成未爆弹的拆解。

无疑，这又是一次成功！不久，这种共产党员的带头作用，不怕牺牲、一切为了祖国的精神，确保了其关联的试验成功！

贺玉民清晰地记得——

那天，正值炎炎夏日，团队研发的两型末敏弹正在青海省某地高原试验。此刻，正是公司两型末敏子弹项目进行到了设计定型之前的关键。

辽沈工业集团相关人员与总师单位、配套单位成员组成高原试验团队，正在齐心协力配合基地展开试验。

这里是高原，缺氧是家常便饭，气短、胸闷、呼吸困难、头痛、肠胃不适等不良反应袭扰着每一个人。他们很多人出现了雪盲症状，在强烈的紫外线照射下，脸部、身体多处皮肤被灼伤……这里白天，艳阳高照，灼伤；晚上，雨雪冰雹，冻伤。就是这样的艰苦环境，他们咬紧牙关，忍着疼痛，坚持在荒原无人区作业！他们，凌晨两三点钟就出发，在崎岖的山路上颠簸六个小时，午餐只有凉馒头、冷面包、生黄瓜、咸菜条……他们为了什么？他们在响亮地回答——

为了祖国的国防事业！

为了兵工战士的强军使命……

有这样的兵工战士、辽沈先锋，有这样的"毛主席的好工人"尉凤英的接班人，有这样的共产党员，有这样传承人民兵工红色基因和具有新时代劳模精神、工匠精神的科研团队……辽沈人无比骄傲和自豪。辽沈工业集团领导了解这个情况后，马上前往高原参加试验，他们要和最可爱的员工们在一起，为了祖国国防，并肩作战。公司领导到达驻地后，顾不上疲劳，直接来到海拔4500米的试验场地看望试验团队；有的领导因高原气候出现严重不适，但是仍未休息，一直坚守在前线……团队人员看到年长的公司领导不辞辛劳，来到一线，给每个成员巨大的鼓舞，更加坚定了战胜困难、坚决完成试验任务的决心和信心。试验即将结束的时候，辽沈工业集团工会领导带来了公司全体员工的问候，为他们打气，为他们祈福，预祝他们圆满成功，给他们送去最温暖的关怀和亲切的慰问。

经过20多天的试验工作，他们不负众望，此次末敏弹高原试验圆满成功！他们因此被称为"末敏弹高原行团队"，"缺氧不缺精神、艰苦不怕吃苦"，都是他们最真实的写照。

不负韶华

贺玉民带领的末敏弹研发团队成功完成了两代末敏弹研发，但是他们不满足于此，时代在发展，科技在腾飞，为了祖国的末敏弹赶超世界，末敏弹团队着手进行了更加智能的末敏弹研发。

辽沈工业集团领导在参观一次科技展会后，向贺玉民团队提出设想——我国的末敏子弹是否能够实现自动化装配呢？那将是工艺技术方面的重大变革！但是，太难了，一是当时我国关于"智能制造2025"的行动尚未启动实施，特别是兵器行业，数字化生产线的基础几乎为零；二是末敏子弹产品结构过于复杂，产品研制过程中尚未考虑如何与自动化工艺相适应；三是团队中并没有数字化生产线设计的专业人才，而且大家都在忙着产品的设计攻关。在大家看来这只能是个设想，然而这个设想激发了贺玉民无限的激情和探索欲望。用他的话说："不怕底子薄，就怕不认真，咱们脑子里天天想这件事，天天学天天研究，就一定能干成！"于是，在他的带领下，成立专项研究小组，四处调研学习，充分开展技术论证，每次都组织研讨。讨论总体方案时，他不仅看到眼前的产品，还立足长远规划，使生产线具有"柔性化"特点；讨论详细方案时，一个工位一个工位地研究，为了设计精准，甚至拿来零部件样品亲手操作，研究如何做到良好的人机交互；因为涉及弹药火工危险作业，他思维严谨，细致到每一个机器动作环节的设计都要反复研究，如果出现异常情况怎么办？如果突然停电怎么办？如果有人误操作怎么办……最终，历经两年的技术论证和设计，一年多的建设实施，末敏子弹数字化装配检测生产线建设成功，实现了末敏弹药装配从手工操作向自动化操作的工艺变革，填补了国内空白。

我国研制成功的第一个末敏弹武器系统，在大量实战条件下的试验表明，其主要性能达国际最好水平，命中率与国际水平相比提高25%。我国拥有该装备的核心自主知识产权，该装备是我军远距离反装甲最有效、最具威慑力的武器之一，在我军精确打击弹药中占有重要地位。该武器系统为我军开辟了智能弹药装备的新领域，使我军常规弹药向智能化发展迈出了具有里程碑意义的一步，标志着我国在末敏弹技术领域已跨入世界先进行列。2019年该成果荣获国家科技进步奖一等奖。

取得这样的成绩，王岩回忆起团队创立之初，由衷感慨——当初，我、陈文震、石海城从外地进修回来后，立即投入研发工作中去，与大家一起，六张办公桌拼到一起，在贺玉民的带领下，铺上总装图纸，时而各自研究、时而共同讨论，为争分夺秒地研发末敏弹，几乎没有了抽烟时间，吃饭时间控制在十分钟之内，一切都是为了祖国国防……

正是因为有这样的人，正是因为有这样为国献身的精神，我国末敏弹的研制，在总体设计、抗高过载、小型化、稳态扫描、多模复合探测等方面拥有了一批具有自主知识产权的核心技术，研制成功的多模复合探测识别系统在探测识别、抗干扰、环境适应、瞄准定位等性能方面均达到较高水平。"岁月不负有心人"，所有的疑虑和问题在今天来看，无不体现的是一个智者卓有远见的谋划，继远火末敏弹之后，他们陆续参与了一系列末敏弹药的研制，先后完成了5个新产品的定型，末敏弹药由单一产品不断朝着系列化的方向迈进，并率先成为实现产业化的智能化弹药产品。贺玉民带领他的团队在末敏弹药工程化方面不断发展完善，推动了第一型火箭末敏弹、第一型加榴炮末敏弹、第一型迫榴炮末敏弹的顺利工程化，加快了我国末敏弹从技术引进到仿研再到自主创新的跨越式发展历程。

众所周知，只有将科研成果实现订货批产，转化为现实生产力才是对祖国国防最大的贡献。贺玉民根据公司和国家的实际情况，经过无数个不眠之夜，经过反复权衡，最后选定了最有效的生产方式。他带领团队在这10多年间从未停止过记录、总结、归纳、分析，直至应用反馈的再完善，逐步建立了我国最全面的末敏弹药工艺体系。在此基础上，公司交付的末敏弹药产品质量稳步提升，某型炮射末敏弹产品更是在国际实弹表演中取得100%命中的优异成绩，由他编著的《末敏弹制造技术》一书填补了我国末敏弹药工艺研究领域的空白。2015年9月，贺玉民被国家国防科技工业局聘为兵器行业标准化技术委员会委员。2015年11月"多维度可调式EFP战斗部实验装置"项目被中国兵器工业集团公司评为科学技术进步奖三等奖。

继往开来

2018年经国务院批准，辽沈工业集团"大口径加榴炮末敏弹系列"项目分别获国防科学技术进步奖特等奖、中国兵器工业集团有限公司科学技术奖励进步奖特等奖；"大口径加榴炮末敏弹末敏子弹"项目分别获国防科学技术进步奖三等奖、中国兵器工业集团有限公司科学技术奖励进步奖一等奖；"加榴炮末敏弹稳定平台系统"项目获中国兵器工业集团有限公司科学技术奖励进步奖三等奖；"加榴炮末敏弹EFP战斗部"项目获中国兵器工业集团有限公司科学技术奖励进步奖三等奖……

天道酬勤。2018年,当中国工程院院士杨绍卿亲手将象征国防事业最高荣誉的"国防科学技术进步奖特等奖"获奖证书授予贺玉民的那一刻,贺玉民心潮澎湃,他将生命中最珍贵最美丽的一段奉献给了祖国末敏弹事业,这一路上默默地耕耘、开拓,走到今天的他已能够很从容地面对一切,他已有充分的底气,带领团队把公司杨万林董事长提出的辽沈工业集团"1521"装备研发体系相关任务真正落实落地。

20年过去了,弹指一挥间。如今贺玉民身兼中国兵器工业集团有限公司科技带头人、末敏弹首席专家。当年"中生代"的关军、陈文震、石海城、王岩,早已兼任科研、生产部门、项目负责人,石海城还荣获沈阳五一劳动奖章。辛敏艳、牛胜军也在集团公司身担科研重任。

2019年底,国务院为辽沈工业集团"大口径加榴炮末敏弹系列"颁发国家科学技术进步奖一等奖证书,这不仅是末敏弹研发团队的殊荣,更是对全公司几代干部、员工、科研人员的最高规格的肯定和鼓励。

2020年底,末敏弹设计团队迈出更新的一步,正着手研制具有"蜂群效应"的末敏弹集群产品。通俗地讲,这种末敏弹发射出去之后,弹体不再像原来那样单兵作战,互不联系,而是通过智能手段,形成层级分明、功能互补、递进打击的"蜂群末敏弹"。

"为什么我的眼里常含泪水?因为我对这土地爱得深沉",这是诗人艾青曾经写下的一句诗,也是贺玉民和他的团队最喜欢的现代诗之一。也许他们在历史的轨迹上微不足道,可是辽沈工业集团和我国兵器工业的明天必然会因为他们今天的努力变得更加美好。让理想照进现实,用奋斗成就梦想,在实现中国梦、强军梦的伟大征途上,辽沈兵工人将继续乘风破浪,勇往直前!

御风而行

——中国航空工业空气动力研究院FL-62风洞建设团队

◎ 华 勇　郑佳丽

【人物名片】

崔晓春，男，1975年1月出生，汉族，空气动力学博士，中共党员，中国航空工业空气动力研究院总工程师、副院长、研究员。中国航空学会会员，中国空气动力学会常务理事，航空科技高速高雷诺数重点实验室主任，国防某局领域组专家。沈阳五一劳动奖章获得者、沈阳市劳动模范。

一

2020年，公历上，国际的说法，它是21世纪20年代的开局之年；农历上，它叫庚子年，中国传统生肖纪年十二年一轮的打头一年。

然而，这个头它是着实没带好，开年便给世人来了一个措手不及——新冠肺炎疫情暴发。随后它的一系列魔幻演绎，让许多人的期许、愿景甚至命运因此发生偏离甚至改变。

见证过2020年的人们，无论种族，无论国别，无论职业，无论信仰，心中的感受都难离那两个字：难忘！尽管"难忘"的各有不同。

而"难忘"2020年，对一个叫崔晓春的人来说，不仅是与全国人民一道艰难战"疫"的经历，更因为一件"大功"的告成令他无比开怀。因为在这一年春暖花开的时节，他与自己带领的团队历经8年磨砺，终于伴着战"疫"取得阶段性胜利的消息修成"风雷正果"。

在中国航空工业空气动力研究院的简报上，这样记录着他们的"登顶"时刻：

2020年5月，随着最后一次流场噪声测量试验结束，国之重器FL-62风洞顺利完成流场校测以及标准模型试验。风洞的流场品质和标模测力试验数据，全部达到国际先进指标。

随后，FL-62风洞首次承接某型号试验，FL-62风洞建设项目现场总指挥袁立院长、常务副总设计师崔晓春副院长到达试验现场，指导试验人员按计划开展工作。上午10时20分，随着袁立院长一声令下，FL-62风洞成功起车，获得首次型号试验数据。经客户确认，风洞流场稳定，数据满足要求。本次试验的成功，标志着FL-62风洞已具备承接型号试验的能力，大国重器随时准备为国家各类飞行器研制贡献力量。

在这份数媒版简报配发的试验现场照片上，崔晓春面带微笑地与试验现场的领导和同事一起，注视着电脑屏幕上显示的一组组试验数据。这微笑，抑制着兴奋，透露着自信；洋溢着喜悦，展示着自豪……

继1960年研制成功中国第一座工业生产用风洞，中国航空工业空气动力研究院又创造了一座具有国际一流水平的国内大型实验风洞。而这座风洞的建成，出自崔晓春和他的团队之手。

8年，近3000个夜与昼，此时都化作了一个日子：昨天。那些曾经的奋斗场景，瞬间奔涌着闯进他的脑海……

二

风洞，英文名 wind tunnel，全称风洞实验设备，地道的"舶来品"。

"科普中国"科学百科词条编写与应用工作项目对它的权威解释是：以人工方式产生并且控制气流，用来模拟飞行器或实体周围气体的流动情况，并可量度气流对实体的作用效果以及观察物理现象的一种管道状实验设备。它是进行空气动力实验最常用、最有效的工具之一。

设计新的飞行器，风洞试验是一个不可缺少的关键组成部分，具有非常重要的主导作用。专家甚至形象地把风洞称作飞行器研制的摇篮，称没有先进的风洞试验设备，就不可能研制出先进的航空飞行器。军迷津津乐道的美国F-22猛禽战斗机，号称当今世界"最强战机"。但许多人不知道的是，它的研制历经了整整10年的风洞试验过程。其间，它的23种模型先后在15座不同类型的风洞进行了75项、合计约4.4万小时的高低速风洞试验，才最终确定了它最完美的气动外形，也因此奠定了它傲视群"鹰"的绝对优势。正因如此，风洞设施的数量和质量已经成为当今世界衡量一个国家航空航天基础技术水平的重要标志。

资料显示，风洞是英国工业革命数以千计的发明之一。世界公认的第一个风洞是由英国人韦纳姆于1869—1871年建成的，主要用于测量物体与空气相对运动时受到的阻力。它是一个两端开口的木箱，截面45.7厘米×45.7厘米，长305厘米。

20世纪初，美国的莱特兄弟成功地进行了世界上第一次动力飞行。之前，他们于1900年建造了一个风洞，截面40.6厘米×40.6厘米，长180厘米，气流速度40~56.3千米/小时。第二年，兄弟俩又建造了风速12米/秒的风洞，为他们的飞机研制进行相关试验测试。

到20世纪中叶，风洞实验室在一些发达国家大量出现。它们广泛用于研究空气动力学的基本规律，验证和发展有关理论，并直接为各种飞行器的研制服务，以此来确定飞行器的气动布局和评估其气动性能。20世纪50年代美国B-52型轰炸机研制过程中，曾进行了约一万小时的风洞试验。而现代飞行器的设计要求对风洞的依赖性更大。1981年4月12日，世界上第一架实用航天飞机"哥伦比亚"号首次升空，两天的飞行主要验证其安全发射和降落的能力，开创了人类航天的一个新时代，而其在研制过程中至少进行了10万小时的风洞试验。

风洞中的气流有不同的流速和不同的密度，甚至不同的温度，才能模拟各种飞行器在自然界的真实飞行状态。风洞中的气流速度通常用实验气流的马赫数（M数）来衡量，所以风洞一般根据流速的范围分类：$M<0.3$ 的风洞称为低速风洞，这时气流中的空气密度几乎无变化；在 $0.3<M<0.8$ 范围内的风洞称为亚声速风洞，这时气流的密度在流动中已有所变化；$0.8<M<1.5$ 范围内的风洞称为跨声速风洞；

1.5<M<5 范围内的风洞称为超声速风洞；M≥5 的风洞称为高超声速风洞。同时，风洞也可按用途、结构形式、实验时间等分类，如低密度风洞、激波风洞、热冲风洞、立式风洞等。

因为风洞的控制性佳，可重复性高，且实验结果与现地风场的观测结果相近，现今风洞还广泛用于汽车空气动力学和风工程的测试，如结构物的风力荷载和振动、建筑物通风、空气污染、风力发电、环境风场、复杂地形中的流况、防风设施的功效等。科研人员利用几何相似原理，将地形、地物以缩尺模型放置于风洞中，再以仪器量测模型所受之风力或风速。

据统计，今天全世界的风洞总数已达千余座，最大的低速风洞是美国国家航空航天局艾姆斯中心的国家全尺寸设备（NFSF），实验段尺寸达 24.4 米×36.6 米，足以实验一架完整的真飞机；表征流体流动情况的雷诺数最高的大型跨声速风洞美国兰利中心的国家跨声速设备（NTF），是一座实验段尺寸为 2.5 米×2.5 米的低温风洞，采用喷注液氮技术，以降低实验气体温度，从而使风洞实验的雷诺数达到或接近飞行器的实际飞行值。

而现代最大的高马赫数、高雷诺数气体活塞式风洞还配有先进的测量显示仪器和数据采集处理系统。未来风洞的发展趋势是，进一步增强风洞的模拟能力和提高流场品质，消除跨声速下的洞壁干扰，发展自修正风洞。

三

从沈阳著名的北陵公园出发，驱车 40 分钟便到了位于沈北新区的中国航空工业空气动力研究院的新院区，FL-62 风洞就坐落在新院区一幢专为其修建的硕大的现代化实验室中。

一走进这座实验室，FL-62 风洞庞大的蓝色躯体便极具冲击力地映入观者的眼帘，洞体上大大的院标和"航空工业空气动力研究院 FL-62 风洞"字样格外醒目。工作人员介绍说，它的研制难度不亚于任何一个飞机型号。

说是新院区，实际上崔晓春带领他的团队为这个"大国重器"的研制，已经在这个方圆几里连个小超市都见不着的沈城北郊一隅奋战了 8 年——从一片杂草丛生的荒地到现代化 FL-62 风洞实验室拔地而起。至今，这里的职工食堂还在当年建的那个简易钢板房里。

如果为 FL-62 风洞建设历程的每一年确定一个重要节点的话，那么它的节奏是这样的：

2012 年 9 月，项目可研报告通过国家某局组织评审。

2013 年 12 月，完成项目总体方案设计及评审，随即开始详细设计。

2014 年 11 月，项目动力系统供应商确定。

2015 年 9 月，完成项目基础建设，洞体部段开始安装。

2016 年 12 月，完成项目基本建设，风洞洞体实现合龙。

2017 年 11 月，风洞整体厂房完成暖封闭。

2018 年 12 月，完成风洞主压缩机性能测试，达到项目设计指标。

2019 年 5 月，完成压缩机现场安装，风洞具备压力试验条件。

2020 年 2 月，电力系统实现供电，风洞正式转入联合调试阶段。

对崔晓春和他的研制团队来说，8 年的艰辛探索、实践不是轻轻几行文字所能道尽的。

在项目可研报告通过国防某局评审后，2013 年，航空工业集团公司正式任命崔晓春担任 FL-62 风洞建设项目常务副总设计师，全面主持 FL-62 风洞的研制工作。

据统计，在各型号战斗机研制过程中，70%左右的试验需要在风洞中进行，风洞对飞机研制的重要意义可见一斑。因此谋划建设大尺寸连续式风洞是几代航空人的梦想。经过多年论证，2012年8月，该风洞正式立项，被列为国防某局重点建设项目。这个待建风洞被定义为：我国航空工业发展至关重要的基础性、战略性设施，对补齐我国大尺寸高水平风洞设施短板、保障型号风洞试验自主可控、提升先进飞行器研发与创新能力、促进国防技术进步和国民经济发展具有重要战略意义。建设这一"国之重器"是我国由航空大国迈向航空强国的必经之路。

这座新风洞被序列命名为FL-62风洞，气动院以"百年工程""精品工程"的标准开展设计与建设。

为把FL-62风洞建设得好用、管用，在梳理、对标国际先进跨声速风洞技术指标体系的同时，崔晓春将风洞的全生命周期成本、可靠性与可维护性等装备六项设计要求纳入FL-62风洞总体设计指标体系。

"我们必须向国际看齐，甚至要领先于国际，这样才能体现出建设这座风洞的意义。"在FL-62风洞总体设计过程中，崔晓春不止一次这样激励自己和团队成员。

风洞设计与建设跨多学科、多专业，技术要求十分苛刻，涉及空气动力、机械结构、自动控制、土建工程等专业以及机械制造、压缩机研制、现场施工等多项目、多环节协同，在设计技术、施工技术和技术管理上更是高度复杂。

为提高风洞设计质量和效率，崔晓春带领团队将计算流体力学、结构有限元分析、控制系统仿真、三维设计等现代设计技术与传统风洞设计相结合，大大提高了设计的精密性、可控性。通过理论分析和模拟仿真，团队将技术指标分解到风洞总体气动、洞体结构、测控系统、动力系统、辅助系统、试验技术等各分系统设计中，有效缩短了设计周期，降低了建设成本。

为降低风洞回路气流分离和压力损失，提高风洞流场水平，崔晓春对风洞总体气动布局进行了更深入的优化设计。为达到风洞大型承压壳体刚度、强度指标和使用寿命要求，他和团队利用先进分析技术，对风洞各个单元进行反复分析和优化，并研究了预防自然灾害对风洞洞体结构致损影响的因素。

为实现风洞核心设备自主可控，崔晓春组织国内压缩机、电机、变频器领域的优势力量，对风洞数万千瓦大功率驱动系统进行集智攻关，历时5年先后突破了压缩机、大功率电机和变频器等关键技术，填补了国内行业技术空白，联合机械运转和性能试验指标全部达到国际先进水平。

为提高风洞流场控制水平，崔晓春带领团队对风洞部段、辅助系统进行流动建模，通过硬件和软件仿真的方法，研究并优化风洞流场控制模型，创新研制了多项风洞试验核心测试设备，风洞试验测试精度达到国际先进水平。

为摸清关键技术，确保降低技术风险，在总体技术方案确定的基础上，崔晓春带领团队用两年半设计建设了引导风洞。引导风洞堪称FL-62风洞的微缩版，参照FL-62风洞所有设计技术指标建造。通过在引导风洞开展系统的技术研究与验证工作，团队成功攻克了风洞气动型面优化设计等多项技术难题，保障了设计质量。经过反复的流场测量，引导风洞所有技术参数均达到国际最先进风洞——ETW风洞技术水平，也实现了我国跨声速风洞流场指标从合格指标到先进指标的跨越，为FL-62风洞的建设奠定了坚实的技术基础。

时间进入2015年，FL-62风洞安装正式开始。

"必须把好质量关！"此后几年，这句话就挂在崔晓春嘴边。

他严格审查施工组织设计，对施工方案进行评审，对施工人员进行资质审查，把关建设开局；组织带领设计团队定期按需跟产，对风洞建设用材质量与力学性能、零件加工精度、部件装备尺寸、焊缝检验记录等重要制造环节进行检查，并严格审查设计变更，做好过程管控；严格执行部件等级检查、出厂验收、现场调试验收三级验收制度，守住出口底线。同时，他组织总质量师系统制订质量工作方案和年度质量控制计划，并与分系统供应商质量管理对接，定期反馈研制质量问题，推动质量问题整改。在数万千瓦电机转子锻造过程中，他们先后两次对不合格产品做了报废处理。

为加强管控质量风险，崔晓春推行大型系统联合试验和转阶段审查制度。以大型轴流压缩机系统为例，其中的压缩机、电机、变频器均为国内首台套设备，为降低风洞调试风险，在这些设备出厂前，崔晓春都要组织开展联合运转和性能试验，充分暴露这些设备在设计与制造过程中的质量和技术问题并加以纠正。

这种工作态度和严苛精神，崔晓春带领团队把它贯穿了 FL-62 风洞设计、建设、调试的全过程。每到风洞建设的重要阶段转接期，崔晓春都要严格组织团队对前期工作、后期安排进行系统审查，确保转阶段工作平稳有序。也正是这种工作态度和严苛精神，让 FL-62 风洞这一"国之重器"最终步入了国际先进水平之列。FL-62 风洞的研制成功，充分体现了奋战在我国航空事业一线的大国工匠的责任与担当。

四

说起来，崔晓春担起 FL-62 风洞项目负责人这一重任多少有些"偶然"。

2012年8月，FL-62风洞获得立项批复后，紧接着要做的就是项目可研报告，国防某局的要求是，一个月内必须完成。时间紧急！可就在这个当口，当时的项目技术负责人突患重疾，以致无法继续工作。

说到这里，我们不妨按下暂停键，来认识认识FL-62风洞原项目技术负责人，也从他身上感受一下气动院几代人矢志航空报国的使命传承。

作为FL-62风洞研制工作不可不提的人，1964年出生的许雪峰，时任气动院院长助理兼副总工程师、研究员。20世纪80年代末毕业于西北工业大学的他，参与了在我国第三代飞机研制中发挥了重要作用的FL-2风洞建设的全过程。其间，他充分发挥自己飞机设计专业的特长，与项目组成员大胆创新，解决了许多关键性技术问题，填补了我国大型生产型风洞的技术空白。他享受国务院政府特殊津贴，先后获国家科技进步奖二等奖一次，部级科技进步奖一等奖三次、二等奖三次，航空报国优秀贡献奖，国防科技工业有突出贡献中青年专家称号，2010年沈阳市劳动模范称号。凭借在空气动力试验与研究上积累的丰富经验和扎实的理论基础，他承担了FL-62风洞的立项论证工作。作为项目技术负责人，面对国内技术要求最复杂、设计难度最大的跨声速风洞建设论证，他全身心投入，积极组织进行项目前期关键技术协同攻关，历经五载终获国防某局立项批复。

然而，病魔突袭，让他无法按下自己梦寐以求的那个项目启动键了！

时间不等人，崔晓春临阵受命！作为FL-62风洞论证阶段的主要参与者，崔晓春毅然承担了项目可研报告的编制与技术汇报任务。

为赶时间，在这一个月里，崔晓春经常乘末班飞机往返于京沈两地，连夜协调可研报告编写工作；为确保可研报告切实可行，他针对压缩机、喷管等关键技术问题，火速组织开展技术风险评估与技术成熟度评定，制定风险防范措施……

一个月后，在国防某局组织召开的项目可行性评审会议上，到场的专家学者对崔晓春宣读的项目可研报告给予充分肯定。我国著名飞机设计专家、"歼-8之父"顾诵芬院士在高度评价崔晓春的汇报后，不禁称赞："这个小伙子工作做得不错！"

尽管接任FL-62风洞项目技术负责人，对崔晓春来说的确是个"意外"，但他很快便进入了角色，因为他对自己在空气动力学试验与研究领域摸爬滚打多年所积累的实践经验和扎实的理论功底充满了自信。同时，他清楚地知道，科研工作的代际传承是科技发展的自然规律。气动院几代人辛勤耕耘硕果累累，接力棒终究要传给他们这一代中坚力量，他们也有责任不负重托把它更好地传下去。使命在肩，舍我其谁？！

回望来时路，崔晓春觉得自己的每一个脚印都是扎实的，未负韶华！

1998年，从南京航空航天大学空气动力学专业毕业的崔晓春，意气风发地来到沈阳空气动力研究所（2000年与哈尔滨空气动力研究所合并，更名为中国航空工业空气动力研究院）——中国航空工业唯一的专业空气动力学研究机构。风雨兼程二十余载，他从一个满腔热情的学子，凭借所学专长，在工作中刻苦钻研、勇挑重担，逐步成长为空气动力学试验与研究领域的青年专家。

26岁那年，崔晓春承担了进入气动院后的第一个重点研究项目——飞行器部件非定常运动影响研究，是当时气动院最年轻的课题组负责人。他却表现出这个年龄段科研人员少有的成熟，以独特的思路和视点，解决了超紧凑空间的灵巧运动机构设计、非定常气动力精细化测量等诸多风洞试验技术难题，受到专家组的一致好评，多项课题研究获得中国航空工业科技成果奖三等奖。

凭借扎实的学识和不断地充实自己，20多年来，崔晓春承担了多项复杂重点课题研究，解决了许多气动领域的难点问题，一些课题甚至是当时国际气动领域的研究热点，涉及气动声学、边界层流动、流动控制等基础前沿问题。课题成果和研究论文多次获得中航工业科技成果奖、国防科技成果奖。

2007年，崔晓春承担了某项重点试验任务。该试验是研究飞机外挂物的分离安全性，采用了一套全新的试验技术设备，试验技术复杂，涉及专业多，难度很大。崔晓春迎难而上，通过对关键技术和关键环节的分析，采用数值模拟、分离场景虚拟等技术手段，在地面对关键技术进行演示验证，保证了该项目风洞试验的顺利进行，同时填补了航空工业在该试验领域的技术空白。

2008年4月，崔晓春度过了一段难熬的日子。当时，他领导的试验项目组要在3周内利用3种型号飞机、5种型号导弹，完成数百次风洞试验任务，每天需要工作18个小时。而课题组人手少，能够独立倒班的只有他一人。那段时间，他经常吃睡在试验室，有时几天不回家。那时，他的女儿还不到3岁，正患感冒，只能靠同在气动院工作的妻子一个人忙前跑后。由于长时间过度劳累，他本人也得了重感冒，嗓子嘶哑说话费力。他的敬业精神不仅打动了试验客户，也感染着项目组的同事，大家齐心协力，最终圆满地完成了试验任务，受到客户好评。

2009年，已是气动发展部部长的崔晓春，牵头负责型号试验技术工作。为提高试验客户的真实满意度，他归纳试验客户提出的技术问题和建议加以仔细分析，设立了"风洞试验技术提升"课题，在本部门以开放互动形式，将客户关注的问题逐一列入课题研究，制订计划逐步解决并投入应用。此举使本部门在重点型号试验上取得突出业绩，他因此受到航空工业集团公司嘉奖。

这些年，崔晓春先后承担数座风洞的设计、调试和改造任务。为确保风洞设计的先进性，他在充分借鉴国内外成功经验的基础上，利用CFD手段进行精细化设计，为提高千分之一量级的流场精度指标孜孜以求。

某特种亚声速风洞是国内第一座连续式特种试验设备，也是崔晓春参与为客户设计的第一座风洞，主要负责气动设计。客户的设计指标要求很高，既要模拟速度，也要模拟高度、温度和湿度。没有现成的经验可以参考，他就自己开发程序，对风洞各部段的损失进行充分优化，保证了该风洞在复杂流场条件下的流动均匀性指标，取得良好效果，客户十分满意。

勤于思考，勇于创新，是崔晓春的一贯风格。在风洞设计上，他既不拘泥于传统方法，也不盲目照搬国外经验，每一个重大方案他都要经过详细的理论分析、数值计算、试验验证后才应用到工程设计，既体现了工程设计的严谨性，也保证了项目方案的先进性。

光荣终究属于那些勇于攀登的人。作为空气动力学试验与研究领域的青年专家，崔晓春先后获得中航工业集团公司"十一五"预研课题三等功、2008年中国一航青年岗位能手、2010年中航工业集团公司副总经理重点型号试验二等奖、2011年沈阳市知识型职工先进个人、2011年沈阳市优秀共产党员、2013年沈阳市五一劳动奖章、2014年沈阳市劳动模范等荣誉。

荣誉，实至名归！

五

2020年2月，气动院按照上级关于应对疫情防控和推进单位复工复产的部署要求全面复工，在确保疫情防控和抓好科研生产两条战线同步推进。此时，历时5年前期论证、8年设计建设的FL-62风洞，正式全面转入现场联合调试阶段。

面对疫情防控和风洞调试"双线"作战，崔晓春带领团队克服部分供应商因疫情不能及时到达现场、备件不能及时发货等困难，采用远程会议、远程调试等现代科技手段有效开展工作。其间，调试团队实行"997"工作制，连续加班加点开展工作。崔晓春与调试团队吃住在风洞建设现场，及时组织研究处理调试中遇到的各类技术问题，确保风洞调试工作有序进行。

3月中旬，调试团队完成FL-62风洞数万千瓦主驱动轴流压缩机机械运转和性能试验；5月初，完成风洞流场校测试验；5月下旬，完成标准模型试验。结果显示，风洞设备运行可靠，风洞流场水平、试验数据精度均达到国际先进水平，风洞标准模型试验数据质量与国际领先水平风洞（欧洲ETW风洞）一致。

5月底，FL-62风洞完成首次型号试验任务，标志着FL-62风洞初步形成试验能力，我国风洞建设实现由"暂冲式"向"连续式"的跨越发展，跻身世界前列！

然而，如果把FL-62风洞的成功仅看作在一个专业领域的巨大突破，那未免有点小格局了。放眼中国航空事业的未来，FL-62风洞对实现中国航空武器装备自主研制将起到不可替代的支持作用。正因如此，航空工业气动院将FL-62风洞项目建设成果纳入推荐国家科技进步奖一等奖评选规划之中。

这个高度，意义堪比"功勋风洞"FL-1风洞——我国第一座工业生产型风洞的建设。

第一个五年计划后期，我国航空工业开始由仿制走向自行设计。为此，1958年，一一二厂领导开会研究有关风洞建设问题，决定仿建当时苏联中央流体力学研究院的AT-1跨超声速风洞。该风洞是一座技术很成熟的工业生产型风洞，曾荣获苏联国家科技一等奖。仿建的风洞后来编号为FL-1风洞（"FL"是"风雷"的汉语拼音缩写）。

1958年7月，一一二厂通过中共沈阳市委报请中央批准，组建沈阳空气动力研究院，时任沈阳市委第一书记焦若愚兼任第一任院长。这是我国第一个航空空气动力研究机构，主要为我国自行设计的飞机进行气动力试验研究工作，当时隶属于一一二厂，对外称六二六所。

FL-1风洞建设从1958年9月拉开大幕，到1960年2月正式投入使用，历时一年零五个月，总投资数百万元。

值得一提的是，在FL-1风洞建设期间及建成后，罗荣桓、叶剑英、贺龙三位元帅先后到风洞现场视察、参观；1962年，周恩来总理更是在焦若愚的陪同下，专程参观了运行中的FL-1风洞。足见FL-1风洞在新中国领导人心中的分量。

FL-1风洞建成后，先后承担了我国航空工业自行设计和改型的各种型号飞机的高速空气动力试验，以及导弹、火箭等型号研制的高速空气动力试验，完成吹风试验任务十几万次，国防某委副主任曾称赞FL-1风洞是"功勋风洞"。

如今，在航空工业气动院沈阳老院区一间实验室内，FL-1风洞"老骥伏枥，志在千里"，仍在为我国国防工业默默坚守、奉献着。

星移斗转，白驹过隙；风雷激荡，永不停歇！

半个多世纪过去了，在改革开放澎湃激流的催动下，我国的科技水平、研发能力日新月异，在许多领域特别是一些高端制造领域已经逼近甚至领先国际水平。从1958年5月至2020年5月，从FL-1风洞的建设到FL-62风洞的自行研制成功，62年过去，科技的进步早已不可同日而语，但气动人航空报国、航空强国，为国防献身的精神与执着、勇气与担当历经几代未曾改变。他们坚信："社会主义是干出来的，新时代是奋斗出来的。"正是因为有像崔晓春这样千千万万个科研人员和亿万劳动者一道，在实现中国梦伟大进程中拼搏奋斗、争创一流、勇攀高峰，新时代中国才一路高歌，综合实力跃升世界前列。

光荣属于劳动者，幸福属于劳动者。崔晓春是幸福的，也是幸运的。这个从辽西朝阳走出的农家子弟，在早年的求学路上怎么也不会想到，自己的未来会和祖国的航空事业如此紧密地联系在一起，并因为献出的智慧和付出的汗水成为令祖国骄傲的一分子。

那时的懵懂少年，想得最多的是"知识改变命运"。高二时，崔晓春对未来的志向尚不清晰，偶然间听一个亲戚家年龄稍长的孩子提到南京航空航天大学，并说起20世纪伟大的冯·卡门以及郭永怀等以前他从未听说过的那些大科学家，偏爱理工的他顿时心向往之，尽管那时高冷的空气动力学对他来说如谜之存在。

然而，这门专业不仅高冷还枯燥，未来就业也有很大不确定性，以致很多学生心生乏味。崔晓春说，当时全班32名同学，毕业时竟有六七名同学没有拿到学位。至今，大学同学中只有六七位和他一样在气动研发一线执着坚守，初心不改。

这种坚守，崔晓春乐此不疲。然而，对事业的执着进取，对不断获取成功的强烈渴望，让他时感"电力不足"。为应对"本领危机"，追赶空气动力学领域快速发展的脚步，在紧张的科研工作之余，他全力"充电"。2002年，他重返母校，读研三年；2014年至2020年苦攻六载，又拿下北京航空航天大学的博士学位。终生式学习，让他在自己所从事的专业领域实力"满血"，并向相关多学科扩展，研发能力如鱼得水，研究成果纷至沓来。

如今，崔晓春也正以前辈曾经的目光审视、关注着新一代气动人的崛起。这些"后浪"的身影，让他看到了年轻时的自己，只是他们知识更前沿、观念更新颖、视野更宽广、行动更果决。在FL-62风洞设计建设中，他们在崔晓春的带领下，既展示才智又踏实肯干，把气动人传承几十年的精神风骨完美地演绎在自己这场青春出击之中。

硕士研究生毕业于北京航空研究院流体力学专业的张刃，1985年2月出生，是气动院气动研究与试验二部气动分析室主任、高级工程师，2017年沈阳五一劳动奖章获得者。作为气动院首位80后风洞建设骨干，在FL-62风洞设计建设中，他担职项目气动系统副总设计师和调试系统副总设计师。其间，出色攻克多项技术难题，完成技术创新4项、技术改进2项，战绩不俗。

气动院气动研究与试验二部分会主席王浩然是个充满激情、任劳任怨的80后，2012年一入职便参与FL-62风洞的设计与建设。FL-62风洞进入联合调试阶段后，需要各系统协调调试时间，要求机械部门10天内排查解决所有机械系统问题。王浩然按要求迅速组织制订了"FL-62风洞机械系统攻坚战计划"。在计划执行的10天里，他几乎天天待在现场，协调各系统同步开展工作。最终，他以"瘦6斤"的代价，完成了几乎不可能完成的任务。

这样的"后浪"在FL-62风洞研制中竞相涌现、力争上游。60后、70后、80后，在历时8年的"国之重器"铸造中，崔晓春团队为气动院风洞人才的培养实现了承前启后的精准链接。

2020年11月24日，习近平总书记在全国劳动模范和先进工作者表彰大会上讲话指出：劳动模范是民族的精英、人民的楷模，是共和国的功臣。同时强调:"劳模精神、劳动精神、工匠精神是以爱国主义为核心的民族精神和以改革创新为核心的时代精神的生动体现,是鼓舞全党全国各族人民风雨无阻、勇敢前进的强大精神动力。"

时代造就英雄。在这个以"劳动光荣、知识崇高、人才宝贵、创造伟大"为社会风尚的新时代,崔晓春们身上生动展现了气动人的劳模气质、工匠精神。他们不负时代,他们无愧"大国工匠"之称!

苍穹浩渺,一望无际,一架战鹰穿云破雾振翅翱翔……那是气动人带给它的自信:我自风洞来,祖国有我,领空神圣!

《庄子·逍遥游》中说"夫列子御风而行,泠然善也",说的是:列子这个人哪,能驾驭风在天地间自由穿行,那样子真是冷帅冷帅的呀!

夫气动人,心无止疆;今之乐,唯御风耳!

中国民用航空工业的追梦人

——记中航沈飞民用飞机有限责任公司C919大飞机研制团队

◎ 王梅芳

2013年春节，在中航沈飞民用飞机有限责任公司（以下简称"沈飞民机"）工会组织的职工新春联欢会上，沈飞民机40厂涂胶班女职工周晓丹，与本单位职工演了一个小品《探班》。内容是丈夫爱岗敬业，在单位加班已经常态化，连续加班有30多天没回家了，孩子过生日，爸爸都缺席，孩子想爸爸，妈妈心里有委屈，吐槽丈夫把孩子和老妈扔给自己就不管了。但是，人家是一心扑在工作上，又没干别的，吐吐槽，妈妈还是带孩子到工厂的车间里，去探望这个以工作为生命里最重要之事的丈夫。

"探班"这个词儿,在大众的认知里,都是用给影视演员的,用在工人身上,还真有点新鲜。

周晓丹表演的这个小品,让参加晚会的人看得心酸,好多人都在台下抹眼泪。

晚会结束,大家围住周晓丹,有人说:"哎呀,周晓丹,知道你爱唱歌,会唱歌,年年上台唱歌,没想到你还这么有表演天赋哇,可以去中央电视台《星光大道》参加选秀节目哇!保准一举成名。"

周晓丹笑笑:"我不是演小品,我是把我自己的生活搬出来给大家看。演出来的这点事才哪到哪?这才是我生活的冰山一角。"

那么,周晓丹还原的生活原型是谁呢?她带孩子探班探的丈夫是个什么样的人呢?

他,是沈飞民机35厂从一名普通工人成长起来的"大国工匠";

他,是辽宁五一劳动奖章获得者;

他,是沈阳五一劳动奖章获得者;

他,从事飞机装配28载,是航空工业特级技能专家;

他,是中航技能专家;

他,参与了中国首架自主知识产权的干线民用飞机C919的研制;

他,就是周晓丹的丈夫——王铁林。

C919,幸运之神

王铁林是C919项目的英雄,他一直在说:"是C919项目成全了我,没有C919项目就没有我的今天。"

那么C919是什么项目,能让王铁林从一个技术工人成为"大国工匠"呢?

2017年5月5日14时，一架白色大型飞机在上海浦东国际机场第四跑道，启动、滑行、机头昂起、直插云霄……

举世瞩目的国产大飞机C919成功首飞！

这一刻，起飞的不仅是C919飞机，还有中华民族的骄傲和自豪。作为中国首架具有完全自主知识产权的大型客机，从研制到首飞成功，凝聚着王铁林他们的汗水与付出。

C是China的首字母，也是中国商飞英文缩写COMAC的首字母，第一个"9"的寓意是天长地久，"19"代表的是中国首型中型客机最大载客量为190座。2017年5月5日14时，在上海浦东国际机场完成首飞的中国C919大型客机，是中国首款按照最新国际适航标准，具有完全自主知识产权的干线民用飞机，专为短程到中程的航线设计，于2008年开始研制，大飞机重大专项是党中央、国务院建设创新型国家、提高我国自主创新能力和增强国家核心竞争力的重大战略决策，是《国家中长期科学和技术发展规划纲要（2006—2020年）》确定的16个重大专项之一。

作为中国商飞的主要机体结构供应商，中航沈飞民用飞机有限责任公司（以下简称"沈飞民机"）承担C919飞机的发动机吊挂、垂直尾翼、后机身前段、后机身后段、APU舱门5个部段的研制任务。其他部段分别在"西飞""成飞""洪都"等公司研制生产，这些产自不同地方的部段，一起运送到中国商飞上海飞机制造有限公司（以下简称"上飞"），在上海完成最后的组装。

这时候，王铁林和工友也随着C919完成的部件一起来到"上飞"，完成后续装配工作，2017—2018年这两年，他每年有三分之一的时间是出差在上海。

此时，远在沈阳的王铁林所在的沈飞民机公司正组织大家收看C919首飞的电视转播，王铁林热泪盈眶。这架C919大飞机的身上，有5000多个零部件是经过王铁林和他的工友的手，一个一个认真地装上去的。大飞机首飞成功，有他的一份努力，证明了他们装配的后机身部件与机体对合没有任何问题，非常顺利。

王铁林喜极而泣！

国产大飞机的起飞，国人等了半个世纪！王铁林和工友加班加点，也是为了这一刻！

2020年，C919大飞机已经完成在高原、盆地、荒漠、海洋、高山等各种地形中、各种气候条件下的试飞。2021年，王铁林和工友开始正式生产上天飞行的真机了。

2022年，C919将正式载客运营，飞上蓝天，结束中国人使用大飞机只能依靠美国波音、欧洲空客的历史。

作为中国人，将第一次乘坐国产大型客机飞来飞去，那种民族自豪感和成就感，是无法用语言来表达的。

日前，C919飞机已经获得由中国民航上海审定中心签发的C919飞机首个型号检查核准书（TIA），意味着C919飞机正式进入局方审定试飞阶段，即将获得认证资格，为最终试飞奠定了基础。在此之前，C919客机已经凭借其出色的适航性得到市场认可，拥有28家客户，并斩获多达1000架的飞机订单。

以王铁林为代表的沈飞民机公司的员工，可能又将回到一个月不回家的生活常态了。

2013年，铆工出身的王铁林开始参与C919项目，他这位沈飞的"老革命"也遇到了新问题：他曾干过美国波音飞机、欧洲空客飞机的部段，以为再来干国产飞机，那是张飞吃豆芽——小菜一碟，可是，当他真正进入C919的工作时，才知道自己想得简单了。

C919工作包中后机身前段、后段，垂尾和APU门主体结构大量采用碳纤维复合料，而发动机吊挂则以钛合金和耐腐蚀钢材料为主，王铁林之前接触过的材料都是铝合金，现在天上飞的飞机，机身材料大部分是铝合金的，C919采用的碳纤维复合材料，属于全世界最先进的飞机制造材料，因其重量轻，会使飞机的总体重量下降，节省很多油，而碳纤维复合材料的硬度又是钢的七八倍，所以，这种新材料属于世界最先进的制造飞机的材料。

王铁林和工友要在这种新材料上制孔、打磨，其装配协调难度和加工难度都是史无前例的，且无成熟的经验参考，工艺设计难度非常大。

雨果在《巴黎圣母院》中写了一句话：哪里有困难，哪里就会有英雄。

英雄王铁林就是在中国第一次生产的大客机的过程中产生的。

王铁林是铆工，一个工作包里1000多个零部件，他们均要钻孔、安装。

他们干活的时候需要戴"猪嘴儿"，戴耳塞。铝合金材料钻孔，出来的是螺旋状的铝屑，但是碳纤维复合材料钻出来的是黑色的面儿，手一捻，面粉一样没有感觉，但是拿到显微镜下一看，这面粉一样的细面，竟然是一根根针状物，吸到肺里就出不来了。时间久了，肺就会纤维化。所以，王铁林他们就要戴着"猪嘴儿"干活，夏天憋闷得特别难受，实在太热了，穿上半袖干活，干完活洗了澡，才发现，这些针状的小东西不知道什么时候已经扎在胳膊上了，又红又痒——

除了对材料没有经验，还没有图纸，王铁林他们需要看电脑数模。这一群看惯了图纸的眼睛去看电脑数模，是看不懂的。看不懂怎么办？这些工作包还要在一定的工期内交付，用于测试发动机的吊挂试验件（以下简称"FTB"）需要按期运到美国，装在747飞机上做飞行试验。所以，他们需要一点点琢磨，又不能耽误工期。如果耽误工期，就耽误 C919 飞机的研制进度。这样的条件下，王铁林和工友只好加班加点，周六周日也不休息，王铁林说脑子里就是这些活儿，老想着干完。经常晚上干到 11 点左右，他们索性就住在厂里了。不然，还得花一个多小时回到北三台子的家里，耗时，不如在厂里多睡会儿。

就这样，王铁林和工友就不回家了。一连半个月或者一个月才能回家一趟，就想赶紧干好活儿。有一次，周六周日加班，把食堂里的食材都吃空了，王铁林便和工友到三里地之外的村子里的小卖店。在这买饺子的路上，是他们难得的一次休闲，也是难得的在白天出来。出现在桃仙镇的村子里的王铁林和工友，阳光下，一个个的小脸儿熬得煞白，把小卖店里的冻饺子都给买光了。

吃完速冻饺子，接着干活儿，王铁林说："质量意识在我们心中是第一位的，我们对质量的把控是精确到每一个螺丝钉上，每一个小部件都不出差错，最后的成品也不会出差错。"

那么，一个普通工人出身的王铁林，缘何因为参与国产大飞机的研制，就炼成了"大国工匠"的呢？

王家有儿初长成

王铁林，1973 年生在沈飞家属大院。父亲是新中国成立后的第一代沈飞人，是沈飞的钣金工，在王铁林的记忆里，爸爸整天就是工作，并不多说话，因为实干，多次被厂里评为先进工作者。

妈妈是饭店服务员，生了两个儿子，也先后进了沈飞集团。

王铁林的哥哥、嫂子都是沈飞人。

王铁林和他的爱人周晓丹也是沈飞人。

王铁林从小经常看着爸爸干活儿，就喜欢鼓捣爸爸的一些工具，对这些东西有一种天然的亲近感。他就是一个工匠的料！初中毕业后，王铁林直接考到沈飞技校，学习三年的铆接装配钳工专业。他心灵手巧，在学校里成绩优异，三年都拿到奖学金。1992年从沈飞技校毕业，直接入职沈飞公司，可谓天遂人愿。

王铁林入职沈飞公司后，最先分配的工作是在"波音757货舱门"项目工作。"757货舱门"项目就是大型民用客机波音757飞行20年左右，就会退出客运，更换机舱门，变为货机使用。王铁林说，刚上班的时候，师傅们都害怕他们这帮刚从校门里出来的愣小伙儿，怕他们把活儿给干坏了，因为沈飞公司干的都是飞机上的活儿，都是需要细致又细致，来不得一丝一毫的马虎。

师傅的不放心，激发了王铁林的学习劲头，也让他对飞机有了敬畏心。从此，王铁林更加潜心研究工作的每一个环节，仅达到质量标准不行，一定要做到完美无缺。就好比说达到标准是考试的及格60分，王铁林的完美一定是100分。

在这个学习过程中，王铁林又遇到一个人，对他日后的成长和拔尖儿，起到了根本性的铺垫作用。沈飞公司的波音757货舱门改装的工作包是美国的订单，那个驻沈飞的质检员也是一个对质量要求非常高的人，以至于当时王铁林的个别工友认为这个美国人是故意刁难人，严苛到鸡蛋里挑骨头的程度。如果有人在工作的时候，使用风钻等工具不小心把别的地方给碰了个小坑儿，这位美国人都拒收这个工作包，那么，一个团队几十天的劳动就泡汤了。

人生就是这样，很多能够成全人的机遇，都是出自看起来对你严苛的人之手。

过了这份"刁难"和"折磨"，你便成为"大国工匠"，过不去，你还是一个流水线上的普通工人。

这道坎，王铁林过去了。

王铁林不但过去了，而且，那个严苛的美国质检员仿佛附了他的体。当离开了这个项目，离开了这位质检员，到以色列地板梁、A320机翼前缘、ARJ21这些大项目上做主力的时候，他仍然和那位质检员在场一样，保持对飞机的敬畏心，对每一颗铆钉、每一个钻孔都极度认真。王铁林丰富的装配经验，使他轻松解决各种装配问题。百炼成钢，王铁林终成沈飞公司装配的中坚力量。

此时，提起这段往事，王铁林感慨地说："我有今天，与这个美国人的严苛有直接的关系。离开他，我不是觉得获得自由了，而是把他的习惯延续了下来，并以同样的严苛要求我的工友，现在，大家都习惯了，不觉得这样做有什么过分了。"

正是这个美国人，让王铁林在业务上不敢有半点马虎和松懈，日积月累，有积累就有突破。

757货舱门项目，王铁林干了10年，10年过去了，王铁林练就了一身过硬本领，利剑终于出鞘！在C919项目上零差错的表现，使他成了这个项目的英雄，成为大国工匠。

王铁林把认真、敬业的工作态度贯穿工作中的每一分钟、每一颗铆钉、每一个钻孔，最后成就了一个完美的自己，成为一个团队的优秀带头人。

跟随王铁林的脚步，现在沈飞民机的韩文强、曹哲等人，都是可以跟王铁林比肩的技术骨干。

肯干的人不吃亏

每当回顾C919飞机的研制之路，王铁林有几个跟C919飞机的辅材一样过硬的荣誉：辽宁省五一劳动奖章获得者、沈阳市五一劳动奖章获得者、沈阳市劳动模范、航空工业特级技能专家。

我问他："一个没有社会背景的技术工人，如何获得这么多的荣誉？"

王铁林说："我们公司从来不会让肯干的人吃亏！只要你把活儿干出来了，公司是知道的，也决不让你白干，不但给荣誉，也给奖金。所以，大家不管加班多晚，付出有多少，都没有怨言，都不计较，仍然脑子里只有一件事：那就是把活儿干好！干完美了。"

不愧"大国工匠"的称谓，王铁林的话是满满的正能量，满满的责任感和担当。这也证明了王铁林在工作中遇到了一个好的平台。不但消解了员工怀才不遇的顾虑，也消解了一切关系、后台的干扰。只要你能干、肯干，公司就公平、公正、公开地奖励你！

那么，公司是怎么看见他的付出？

原来，除了在公司成品合格率考核上成绩优异，在每年都举行的各项技能大赛，乃至省市级评优评先活动中，王铁林都脱颖而出，每次都拿到荣誉和奖励。这些年下来，他获奖无数，终于成为沈飞民机的中流砥柱，在各项生产任务中，都起到至关重要的作用。

在2014年、2015年王铁林曾两次被公司选派参加中航飞机公司的职业技能大赛，这两次比赛时间也正是C919大型客机生产任务最忙的时候，王铁林硬是在紧张工作中挤出时间认真准备，最终在两次比赛中都获得铆装钳工工种第四名的成绩。每次比赛回来后都没有休息，依然是投入C919大型客机紧张的装配生产任务中，保证了机身大部件按时交付。

国产大飞机的诞生

2008年起，沈飞民机公司开始承担C919项目的装配研制任务，抽调业务精干人员组成的研制团队中，就包含航空工业特级技能专家

王铁林。

C919 采用世界上最先进的复合材料，技术上达到国内、国际先进水平，所以，C919 的研制、装配，约等于从零开始、从小到大、从无到有，都在摸着石头过河。在这个过程中，王铁林发挥至关重要的作用。王铁林先后参与"C919 复合材料后机身装配技术应用研究""C919 垂直尾翼装配技术应用研究""复合材料及其铝合金夹层结构制孔技术研究"以及"C919 客机 IPS 吊挂盒段交点孔精加工及数控加工制孔技术研究"等攻关课题，通过他丰富的经验，使得国内复合材料飞机装配工艺突飞猛进，王铁林也因此成为国内复合材料飞机装配工艺的领军人物。

2013 年 FTB 吊挂研制的时候，如果飞行测试平台不能按期交付，GE 公司将推迟发动机试飞转而先飞其他型号发动机，这将对 C919 研制造成延期一年有余的严重影响。王铁林的装配团队迎难而上，想尽一切办法保证了试验件顺利交付。王铁林在装配研制期间长期坚守装配现场，最为关键紧张的时期，一个月几乎没有回家。那时候，他媳妇还在上班，孩子没有人照看，他没有办法，节假日只能把孩子带到公司一起加班。为缩短液压试验和气密试验配套工具的制造周期，他现场测绘管接头尺寸，使试验在装配完成后第一时间顺利完成。

2014 年在首架份后机身前段的研制中，正常的装配周期为两个月零二十天，而到 7 月底关键零件还没有交付。此时，虽然复材壁板已经制造完成，但由于零件检验工装尚未到位，无法进行相应的外形和长桁轴线检查。经项目协调，需要 35 厂承担在装配工装上进行外形和长桁位置测量的工作。

王铁林和班组工友接到任务后立即启动工作。从 8 月 2 日高温假第一天起安排加班进行定位测量。班组在整个高温假期间共加班 7

天。其中，有两天A04厂房工业电停电检修，厂房内风扇不能开，现场环境温度很高。王铁林带领班组成员没有因此而退缩，所有人坚守在各自的岗位，并为完成测量任务做到分秒必争。衣服被汗水湿透也没有任何怨言，用最短的时间，完成了4张壁板和1张球皮零件的测量和分析工作，为壁板和球皮交付及后续开工做出巨大努力。

由于关键零件质量问题处理意见迟迟未决，直到8月23日才具备装配开工条件，而这时离交付节点只剩一个月了。时间紧、任务重，班组成员分工合作、各司其职，绝不让装配任务在自己身上有丝毫耽搁。

王铁林根据零件交付条件调整班组生产作业计划，制订了24小时生产计划，将装配工作任务细化到每一天，细化到每小时和每道工序；现场出现装配问题时，马上与工艺员和跟产工程设计人员沟通协调，现场解决，将生产耽搁时间减到最少；因任务紧急，按常规方式根本无法完成任务，只能用时间换进度，用时间保任务。同时，为争取更多的有效时间，王铁林和班组成员吃住在现场，抓紧每分每秒，平均每天工作时间达到15个小时以上，随着交付节点的不断临近，工作结束时间也逐渐从夜间十一二点延长到凌晨三四点，交付前几天，王铁林带领班组员工甚至通宵未眠。

在这紧张的工作节拍中，为保证工作时间，王铁林两三周才能回家一次，即便回家大多也是晚上10点多了，能做的仅仅是换洗一下衣物，把照顾孩子和半身不遂母亲的重担全交给了爱人。过度的工作确实使大家身体疲惫，班组成员在短暂休息时间甚至都不吃饭，就是想小憩一会儿补一补精力。有时，大家相互之间开开玩笑，缓解一下绷紧的神经；班组工作虽然紧张，但不乏和谐的气氛，他们取长补短、互帮互助，淡化个体，在这种工作氛围下，班组成员心往一处想，力往一处使，真正把工作看作自己的事，把大飞机事业当成自己的事业，拿出重任在前舍我其谁的精神和沈飞民机其他员工一如既往的担当。

王铁林带领班组全体成员在重任面前，充分发挥沈飞民机35厂能打硬仗的一贯作风。目标一致、团结一心、分工协作、分秒必争、奋勇拼搏，誓保后机身部段交付节点；誓为沈飞民机争得荣誉，为国家大飞机早日飞上蓝天争得宝贵的时间。在首架吊挂研制过程中，王铁林带领的装配团队克服零件到厂时间晚、装配周期紧等一系列困难，积极组织加班、倒班赶工生产，工期紧张时，团队成员甚至吃住在A04现场。

　　2015年初，首架垂尾部段进入装配阶段，为挽回复合材料零件交付时间晚，造成首架飞机研制拖期的不利局面。35厂调动优势资源，成立垂尾装配团队，并安排两班工作制，每班时间超过十小时。

　　王铁林勇挑重担，鉴于首架复杂的现场情况，毅然主动提出上夜班的申请。他不辞辛苦，连续一个月上夜班。在指导现场操作，处理问题的同时带领夜班人员奋力抢工，力保每日装配节点。规定的夜班下班时间为早上6点，往往在工作吃紧的时候，他带领大家会坚持到工作完成才离开。每天早上7点，向主管人员汇报完夜班的情况后，他才能安心去休息。他记录的交接状态和问题清晰全面，确保夜班和白班有效交接。通过不懈的努力和坚持，装配团队成功守住了交付节点。这些成绩的背后，是王铁林以航空报国为核心价值观的伟大人格。

　　在装配自动化生产线的筹建工作，他和研制团队一起，与国外装备供应商进行反复的方案推敲和优化。突破了基于数字化结构飞机装配工艺设计、发动机吊挂盒段紧固件孔数控加工、复合材料机体结构装配协调方法、复合材料牺牲层精加工、复合材料零件贴合面间隙优化、复合材料垂直尾翼封铆、复合材料结构件自动钻铆等10余项装配关键技术。

2010年起，装配生产团队在班组长王铁林带领下，于2010年交付大型客机部段试验件后机身前段、压力框部段、吊挂盒段部段，2012年交付IPS吊挂盒段试验件，2013年交付FTB吊挂试验件，2015年交付尾椎试验件、FBO吊挂试验件以及复合材料许用值试片3000余片，从中积累了大量的实际生产经验，为研制生产练就了过硬的业务能力，并提供了成熟的技术支撑。

生产过程中他就像一台电脑，对现场所有零组件装配过程，以及研制期间所有发出的故障拒收报告的状态，都了如指掌，为研制问题返修分秒必争。正是凭着他不懈的努力和坚持，国内首个大型客机复合材料后机身前段在短短两个月内装配完成并成功交付。

能工巧匠铸大国重器

沈飞民机自2008年起承担C919项目的装配研制任务，王铁林作为业务精干人员被抽调到研制团队。在使用材料上，C919采用大量的先进复合材料，而当时国内复合材料装配应用技术起步晚、底子薄，研制团队只能在"黑暗中"摸索前行，王铁林发挥了至关重要的作用。他丰富的飞机装配经验，使得项目在技术上不断取得突破，并在实践中得到应用。

沈飞民机先后获得C919大型客机首飞先进集体，优秀供应商进步奖，优秀供应商银奖、铜奖，大型客机发动机IPS吊挂技术荣获中国航空工业集团公司科学技术二等奖，大型民用飞机复合材料机体部件装配自动化技术荣获中国航空工业集团公司科学技术三等奖。

随着项目的不断发展和成功，研制团队成员无不骄傲自豪。在王铁林精神的感召下，团队中的每一个人都在成长、进步。他们不忘航空报国初心，笃行航空强国使命，砥砺奋进，担当作为，艰苦奋斗，以为祖国航空事业拼搏奉献的精神，创造了一个又一个技术上的突破和研制的奇迹，为 C919 大型客机的腾飞保驾护航，共同谱写奋进新时代的华丽篇章！

在沈飞民机公司，C919 大型客机的成功，将王铁林推到了明星的位置，但他的心内仍然平静。他明白他是一个铆工，无论外界对他如何褒奖，他都在那里，把心安放在沈飞民机公司，孜孜不倦、加班加点地追逐航空工业的中国梦。

与王铁林一起逐梦的还有他的妻子周晓丹。

2014 年春天，即演完小品《探班》的第二年，周晓丹就从 40 厂辞职了。原因是王铁林的妈妈脑血栓病严重了，有一次，老人在家热饭时摔倒在地上，起不来了，固定电话在卧室里，她联系不上孩子们，就自己在厨房的地上坐了一下午。而那时候，雇一个保姆需要 4000 元，这钱夫妻俩承担不起。王铁林两口子的厂区，2008 年就搬到浑南的桃仙机场附近，距离他们在三台子沈飞的家近 50 公里。老太太自己在家里摔倒，他们打车赶回来也得一个多小时。家里还有一个正在上小学二年级的儿子，无人接送。两人在班上既担心老的，又担心小的。

商量来商量去，只能是周晓丹辞职，在家照顾老太太和儿子。"一头沉"的家庭结构，卸下了王铁林的家庭包袱，从此一门心思扑在工作上。

整整 6 个寒暑，王铁林在厂里全力为 C919 保驾护航，周晓丹在后方全力为王铁林保驾护航，夫妻二人在追梦的路上比翼齐飞……

致敬，王铁林！

致敬，周晓丹！

致敬，所有为 C919 腾飞拼搏的工匠和他们的亲人！

从无到有，从有到精

——记沈阳兴华航空电器有限责任公司"神七"
舱外航天服电源保护装置研制团队

◎ 佟思佳

2008年9月25日21时10分04秒988毫秒，神舟七号飞船发射升空。

两天后的9月27日16时39分，中国神舟七号载人飞船航天员翟志刚顺利出舱，实施中国首次空间出舱活动。

翟志刚出舱的实时播放画面，有两个坐在电视机前的人不约而同地握紧拳头，屏住了呼吸。

万众瞩目的这一刻，这两位并不比身穿航天服的翟志刚轻松多少。

这两位特殊的观众，正是翟志刚身穿的舱外航天服电源保护装置的设计者，航空工业沈阳兴华航空电器有限责任公司（以下简称"沈阳兴华航空电器有限责任公司"）的高级工程师李振柏和沈昊。

我见到两位工程师时，已经是"神七"升空的12年后了。

那天，沈阳刮着凛冽的北风，我驱车近一个小时，来到位于沈阳经济技术开发区的沈阳兴华航空电器有限责任公司。

和室外呼啸凛冽的北风相比，那个会议室温暖得让人可以长长地舒一口气。

阳光透过玻璃窗，将会议室照得通亮，在这里，我见到了参与"神七"舱外航天服电源保护装置设计制作的这两位工程师。

李振柏，今年已经81岁，老爷子声音洪亮，讲话条理清晰，岁月除了染白了他的头发，刻画了几许皱纹外，似乎便拿他没了办法。

梳着干练短发的女工程师沈昊，眼角眉梢带着让人如沐春风的善意，见了她，我便知道，今天的谈话将会非常顺利。

两位相差33岁的工程师，因为"神七"而成为搭档。

如今时隔12年，两位工程师回想起当年与"神七"之间的种种渊源，依旧历历在目。

航天员出舱成功的那一刻终于长长地呼出一口气

"尽管承受了很大的精神压力，但是能为'神七'出一份力，这一辈子算是值了。"如今，81岁的李振柏在说话时，皮肤的纹路会变得更加深刻，但神奇的是，他眼睛里的光，并没有随着岁月而消散。

时间回到 2008 年 9 月 27 日，李振柏正在成都出差，这一天，他有几个会要参加。

会议的内容已经记不真切，但是那日下午他匆忙从未开完的会议室里离开时的场景和心情，却一直无法忘记。

"会议进行了一半，我请假离开了一会儿。"

离开的这一会儿，他没有去别的地方，而是回到宾馆，打开电视机，目不转睛地盯着电视上航天员出舱的实时画面。

此时，两名航天员正在合力开舱门，下一秒，身穿航天服的翟志刚便从舱门中出来，飘浮在浩瀚的宇宙之中。

李振柏的心随着翟志刚出舱而提到了嗓子眼："害怕呀，就怕在这个节骨眼，我们设计的舱外航天服电源保护装置出什么问题。那时候，全世界的人都看着呢……"李振柏如今提起当时的那份心情，依旧记忆犹新。

同一时间，沈阳兴华航空电器有限责任公司也组织参与设计制作的人员集体观看"神七"的实时报道。

沈昊当时的心情与李振柏相同，为身穿他们参与设计的舱外航天服的翟志刚出舱捏了一把汗。

"其实，不是很担心，因为这个产品从无到有的每一步都是自己亲身参与的，每一个零件，每一个环节，每一次试验，从没落下。不过，毕竟是航天产品，谁也不能预料会不会突然出现那个万一。"沈昊说。

当时，航天员翟志刚在舱外足足待了半个小时，而李振柏和沈昊则在电视前目不转睛地看了半个小时，直到翟志刚安全返回舱内。

"成功了！"沈昊和李振柏两人悬着的心，在这一刻才终于落了地。

"长出一口气呀。"

回想当时的心情，李振柏用"如释重负"来形容。

"整个公司的人都非常高兴,客户马上给我们打来电话,庆祝'神七'太空行走的成功。"沈昊说这些时,语气轻松起来。

这一刻,所有参与研制的人员悬着的心才算彻底落地。

舱外航天服电源保护装置到底是个什么装置?

两位工程师设计研制的名叫"舱外航天服电源保护装置"的装置到底是个什么神秘的装置呢?

"它只有烟盒大小,全身金属质地。"对于外形,沈昊是这样形容的。

"这个装置是安装在航天员穿的舱外航天服上的,具体位置,是在航天员身体的后侧腰部附近。"李振柏说。

当时航天员穿着的航天服,分别是由中国制造的"飞天"航天服和俄罗斯制造的"海鹰"航天服,而两套航天服上的"舱外航天服电源保护装置",则都是沈阳兴华航空电器有限责任公司研制的。

这款"舱外航天服电源保护装置",是打开供电装置与舱外航天服工作设备之间连接的开关,是开启舱外航天服工作的第一步,也是守护设备安全和航天员生命的卫士,实时监测主回路电流变化,在意外发生时,及时切断电源,保证航天员的生命安全。

整个装置从零件形状到整体结构,既要满足机械运动要求,又要从热设计抗力学设计、抗电磁干扰设计、抗辐射设计等多方面、多角度考虑,综合各种环境因素,来确定产品的结构、材料及各种防护措施。

因为复杂,所以艰难。

因为责任重大,所以不敢有丝毫懈怠。

这个任务对沈昊和李振柏来说是一次从未有过的挑战。

接下任务的那一刻就告诉自己不可以失败

2005年7月，与往年相同的夏季，沈昊接到一份与以往不同的任务，为舱外航天服设计一款电源保护装置。

沈昊回想当年接任务时的情景，不由得笑了笑，给自己那时的状态总结了四个字"年轻气盛"。

沈昊那年33岁，还留着一头长发，心里有着那么一股独属于年轻人的冲劲儿。

"当年这个任务，客户最开始并没有找到我们。"沈昊说，"这个研制任务先是给了上海一家企业，但那家企业提供的样品体积是现产品的4倍，而且功耗太大。"

因此，沈昊在接到这个任务时，时间已经非常紧张。

"2008年9月'神七'升空，我们是2005年7月接到的任务。"

除了时间紧张以外，参考资料也非常少。

上级单位客户只提供产品的外形尺寸及功能要求，结构、原理都没有可以参考的实物及案例。而且在沈昊之前，中国并没有人设计研发出过这款装置。

既没有多少参考信息，也没有可以借鉴的产品，这对沈昊是一个挑战。

尽管这是一个她从来没有遇到的棘手任务；尽管在沈昊之前中国从来没有做过这个装置，也没有样件可以借鉴；尽管时间紧任务重……

但无论怎样，沈昊认真研究完客户拿来的产品参数和具体要求后，还是毅然决然地接下了这个任务。

有困难，战胜困难，这是每个科研人必须具备的精神。

"我大学学的就是电器专业，这个任务和我专业对口，而且根据客户提出的参数和技术要求，我觉得现有的产品没有办法做到符合要求，但是我当时想到了一个在文献上看见过的原理，把原理再重新组合一下，我认为差不多可以实现。"沈昊说这话时表情舒展，眉宇间似乎流露出当年她意气风发的样子。

见沈昊说有希望，公司领导便马上成立由沈昊等设计人员组成的舱外航天服电源保护装置项目研制组。

为保证"神七"的研发制作，公司党政工团齐动员，几乎是用整个公司的力量支持项目研制。

"2005年7月接到的任务，10月份我们就出了方案。2006年的1、2月份，便做出了很成型的原理样机。"沈昊说，"之所以原理样机出得快，是因为咱们公司本身基础条件好，再加上领导的大力支持，全公司各个部门都在积极配合这个项目，并且还用了当时还比较先进的3D打印技术。"

"正常研发一个产品只有研制组的成员全程参与，但是这个是为'神七'研制的产品，公司里的每个人都特别想为这件事做点什么，每个人都尽量去干自己力所能及的活儿。"李振柏说，"那时候，公司里的人都为能参与'神七'舱外航天服电源保护装置的制作而感到荣幸。"

从接下任务开始，沈昊便加班加点地投入工作当中。

她用了一个月，根据客户提出的外形尺寸和主机单位提供的模型主要的性能指标，做出了一个简易的原理样机模型。

"那时候就一个想法，我肯定能把这个设计做出来。我经常一动不动地坐在那里画图，画上八九个小时，不觉得累，也不觉得苦。"

这期间，项目研发人员不知道熬了多少个日夜，承受了多大的压力，舍弃了多少个人的生活，可以说是为了这个装置，全身心地投入。

"当时我们没有别的想法，就是一定要做出来，不能辜负上级单位的信任。"

因为有李师傅，整个装置才能这么成功

模型外部构造做完后，内部需要有电气相关的设计，沈昊马上想到了厂子里电气部分的专家李振柏。

"整个装置能做得这么成功，李师傅功不可没。"沈昊说这话时，坐在沈昊身边的李振柏摆摆手，说道："这没什么……"

2005年，沈昊找到李振柏一起做"舱外航天服电源保护装置"时，李振柏已经66岁。如果不是被公司返聘回工作岗位，此时的李振柏应该是退休在家，享受老年生活的时候。

李振柏出生于1939年，1964年毕业于西安军事电讯工程学院（今西安电子科技大学），毕业后留校当老师，1970年转业后来到沈阳兴华航空电器有限责任公司。

坐在我对面81岁的李振柏伸出手掌，那手上的纹路像刀刻的一般，青筋凸起，褶皱明显，他说："算上今年，我在这个公司干了50年喽。"

这就是当年沈昊在遇见电气方面的问题后，为什么会第一时间想到李振柏的原因。

"李师傅经验丰富，是我们厂里电气方面的大拿。"

当年李振柏经过反复推敲改良，用了一个很巧妙的办法，最后把电子模块部分的体积做得非常小。

"正是因为李师傅把电子模块部分的体积做得非常小，我们最终

的成品才能比客户要求的还要小。"沈昊又补充道,"它是要装在航空服上面的,所以对体积有硬性要求,一定要小。"

研制组根据俄方提供的模型和主要参数,制订了初样设计方案及电子样机,并通过了主机单位组织的方案评审。

在短短的两个月里,仅整体造型就做了四种方案,个体零件的结构变化反复设计修改。

整个方案除了原理模型以外,沈昊还画出三维模型,将整个装置的运行原理讲解得很清晰。

经过各方面的专家评审,方案最终一次通过。

"看到我们提交上去的方案时,对方很惊讶,因为比他们最初设想的要好。"沈昊骄傲地说,"他们非常满意。"

从无到有,从有到精,功夫不负有心人

在两年多的研制时间里,沈昊带领研制组成员进行大量艰苦细致的工作,共消化40多册标准,编制各种文件资料近200份,经过9次评审。

有道是功夫不负有心人,电源保护装置在俄罗斯和国内的各种环境试验过程中都实现一次通过。特别是原理样机与俄罗斯的航天服一次对接成功,得到了主机单位和俄罗斯专家的高度赞扬。

2007年10月,他们向主机单位交付"舱外航天服电源保护装置"正式样机。

"产品一直在试验中逐步完善,到最后一共是出了4代产品。"沈昊说。

"4"听着并不是一个多大的数字,但是从无到有,从有到精,这个过程是难以用语言形容出来的艰难。

"航天产品的试验是需要连续做的,五六天不能停,一次试验要做100多个小时。"

为了保证试验顺利进行,研制组成员轮班参与,当时沈昊体谅李振柏年纪大,特意没有安排他轮班。

这事被李振柏知道后,他马上找到沈昊,强调自己一定要参与,不要搞特殊。

"自己设计的东西,必须要亲力亲为,只有全程参与实验过程,才能在遇到问题时及时处理,这样心里才有底。"李振柏一直秉承亲力亲为的科研精神,他又补充说,"做科研的人都像我这样,追求严谨,不敢放松。"

大大小小的试验,李振柏一场不落地跟了下来,就像他自己说的,亲力亲为,心里才有底。

"舱外航天服电源保护装置"是航天服上的设备,航天产品在测试环节中需要的测试设备与平时沈昊他们做的设备不同。

例如在做环境测试时,就遇到过测试设备不匹配等状况。为解决测试上的问题,沈昊就带领团队改造测试设备。

经过几番研究改造,他们最后不只做了"舱外航天服电源保护装置",还做出一套相关的测试装置。

"我们做的这个是保护航天员生命安全的东西,事关重大,不敢有一丝放松。"

谁也不敢保证在太空会遇到什么突发状况,所以要有更加全面的考虑。

遇到低温怎么保证产品正常运行,遇到高温时又该怎么保证,如果遇到震动情况,抗震的效果怎么保证……

经过反复改良,反复试验,用了近两年的时间,这个只有烟盒大小的自主研发电源保护装置终于被设计出来。

虽然它的体积不大，但是它的内容却不少。

内里有集成机械和电子功能的100多个零件，实时监测电流变化，并在安全时间内断开故障电流。

在经历了各种环境试验考核后，这个小小的"舱外航天服电源保护装置"终于诞生。

沈阳兴华航空电器有限责任公司工会领导在介绍这款产品时，骄傲地说："当时这款装置拿到俄罗斯，受到俄罗斯专家的高度评价。"

沈阳兴华航空电器有限责任公司的初样10台产品接受多项试验考核，一次通过；一台产品经受20项鉴定级环境试验考核，一次成功通过。

正样机于2007年10月圆满完成验收试验与交付工作。

目前，该类产品只有美国、俄罗斯和中国能生产，沈阳兴华航空电器有限责任公司已经获得两项国家专利，更是填补了国内空白。

交付成品之后"终于能腾出时间来好好陪陪孩子"

交付成品之后，公司里所有参与项目的人紧绷的神经终于可以暂时放松下来。

沈昊说："终于能腾出时间来好好陪陪孩子。"

说起儿子，她露出一丝苦涩的笑："我一直认为自己对他（儿子）是有亏欠的。"

2005年沈昊接到为"神七"设计研发"舱外航天服电源保护装置"时，儿子才两岁半。

两岁半的孩子正是需要妈妈的时候，但是那段时间，沈昊天天都在单位加班加点地工作，常常半夜才能回家，第二天一大早她又要赶到单位继续工作。

"每次接到公司下发的新任务,都会加班加点地工作,这是科研人的常态。只是这次为'神七'研发产品的任务时间太紧张了,所以那段时间,基本上整个人和心都是放在工作上的,对孩子的关爱和陪伴就更加少了。多亏公公婆婆给力,一直帮我带着孩子,才让我有精力全身心投入工作。"

历时两年多,电源保护装置的研发终于结束,沈昊的儿子也从牙牙学语的幼儿成长为了小小男子汉。

"哎,错过了太多他成长中的珍贵回忆。"沈昊感叹道。

"她那个时候又是工作,又是孩子,确实很难兼顾。人的精力就这么多,事业上下功夫多,亲情方面就要牺牲一部分。这可能也是大部分成年人在工作当中都会遇到的一个问题。"李振柏说。

"那段时间正是公司的上升期,工作强度大,每个新项目都需要加班加点去做。"沈昊说,"孩子长大后埋怨过我,小时候对他的陪伴太少。但是又说,一想到妈妈为'神七'设计过产品,就觉得非常厉害。"

成品交付后只是暂时放松下来,因为谁都不能保证,产品后续不会有问题。

就在离"神七"原定发射时间只剩下两个月时,客户再次打来电话,交付的"舱外航天服电源保护装置"出问题了。

对这一插曲,沈昊和李振柏至今记忆犹新。

说起来,好像就发生在昨天,那一幕幕的情景、一个个出现的人、一件件接踵而来的事,就在眼前,不需要过多的思考,他们便能原原本本地将这件事娓娓道来。

对于那段时光,李振柏说:"虽然谁都不希望出问题,但既然发生了就想办法去解决它。那段时间的压力比研发产品时还大,但好在最后结果是好的,并且我还去了一趟酒泉卫星发射基地,也算是值了。"

他们的神经被拉成一条极细的弦,但是不能断

在得知产品出了问题后,公司领导马上召集参与设计的骨干开了大会。

分析问题、提出解决方案、进行方案整改,会一个接着一个开,大家针对问题提出自己的意见和见解,研发人员刚刚松下的神经又开始紧绷起来。

他们的神经已经被拉成一条极细的弦,但是不能断,不敢断,不会断。

"时间太紧张了……"如今回忆起来,沈昊还能感受到当时那份压在她身上的紧迫感和责任感。

"不分昼夜"这个短语成了沈昊带领的团队真实写照。

"白天在单位开会讨论整改方案,晚上开评审会,每天都忙到深夜一两点钟,第二日一早6点又来单位继续开会。"

"实际上,航天人的工作强度还是很高的。"沈昊这样说。

这种状态持续了整整三天,他们终于研究出了一套满意的解决方案。

方案一出,厂里不敢有丝毫耽搁,厂长带队,副厂长、总工程师、总质量师、沈昊和李振柏带着解决方案赶赴北京,与北京的科研人员再次进行一轮深度剖析论证,在北京又待了两天。

沈昊说:"原计划我不去酒泉,所以最后一晚我在酒店整理需要的资料文件,整理到后半夜2点。后来又临时通知我,需要我去酒泉。"

去酒泉的飞机是早上6点起飞,他们一早5点就从酒店出发,赶

到北京南苑机场。

沈昊在酒店只睡了两个小时，虽然睡眠严重不足，但当人的精神处于高度紧张状态时，睡眠就变得无足轻重了。

所以沈昊在四个小时的飞行时间中，也一丝睡意都没有。

当天上午10点到达酒泉机场，下了飞机后还有四个半小时的车程，才能到达酒泉基地。

"机场到基地的这一路，放眼望去尽是戈壁黄沙，偶尔出现的植物，只有没有叶子满身是刺的沙棘草。"李振柏提起当时的场景，历历在目，"一路上都是戈壁，一个人都没有。"

说到这里，沈昊抿嘴乐了，她说："我当时满脑子都是咱们这个装置的事，路上的风景是什么样，我一点都没注意到，李师傅的心理素质确实要比我好很多。"

"当时沈工年轻啊，毕竟我年纪也大了，很多事比较看得开。"李振柏军人出身，身体素质和心理素质都受过部队的锻炼。

下午3点左右到了基地后，沈昊一行人行李都没放到酒店，马上就和基地的工作人员交接。

几晚没有睡好，再加上精神上高度紧张，晚上5点草草吃了晚饭后，沈昊的身体终于不堪重负出了问题。

"呕吐，头晕……"沈昊说，"大夫说是高原反应，但是我知道，主要还是因为一直没有休息好的关系。"

即使身体的状态已经不适合继续工作，她还是坚持参与了晚上7点钟的组织会，因为事关产品问题，沈昊作为主要设计人员，不敢有一丝懈怠。

"但是这期间，我就只是旁听，不再负责记录的工作。"

整个会议一直持续到半夜12点才结束，第二天一早草草吃过早饭后又开了一场会，因为下午就是正式会议，所以上午开会再次确认一遍解决方案。

下午的正式会议很顺利，沈昊他们几日不眠不休的解决方案得到肯定。

沈昊说："那天晚上才算是真正的放松一下。"

国家的希望是什么？是年轻人

沈昊他们从酒泉回来的两个月后，"神七"按照原定时间，准时发射升空。

这一刻，沈昊和李振柏的血液都跟着"神七"上升而沸腾起来。

如今回想起来，李振柏声音都带着激动，他说："我们是赶上好时候了，让我们能做上这个高精尖的项目。如果国家不搞这个项目，我们也没办法为'神七'出一份力。"

李振柏喜欢看新闻，每次看到新闻上播放的科研项目，他都会特别感动。

除了为祖国越发强大而感动以外，还为一张张年轻的面孔而感动。

"国家的希望是什么？是年轻人。"李振柏说到激动处，声音都颤抖起来，他捶着胸口，说，"每次看见尖端项目的背后是一帮一帮的年轻人，我就知道我们的国家会越来越好。那些年轻人都不到40岁，他们就是希望啊。"

对于李振柏的话，沈昊也非常认同，她说："还是得年轻人，有那股心气，同时身体也能跟得上，他们敢去挑战新事物。"

说到这里，沈昊回想当时接下为舱外航天服研发电源保护装置时的一件事。

她说："当时我去采购零件时，同车的一个同事说，这个活儿太难了，不容易成功。可当时的我根本没想过不成功这件事，我觉得自己肯定能干成。当时就是年轻，有一种独属于年轻人的心气儿。"

"那时候，加工零件经常要半夜完事，我就成宿成宿地跟着，没考虑过自己，一心都扑在这件事上。"

1972年出生的沈昊比李振柏最小的儿子还小两岁，两人之间虽然在年龄上有着不小的差距，但是在对待问题的态度和对科研的热爱上却是相近的。

遗憾的是，两人对科研的这种爱，并没有传递给自己的孩子。

沈昊的儿子在报考大学时，选择了东北财经大学。

而李振柏的三个孩子，两个经商，另一个女儿也没有继承他的专业。

"搞科研这项工作太枯燥了，年轻人很难静下心来。"李振柏遗憾地说，"别说我的孩子了，就连孙子外孙女也没有做科研的。我外孙女现在是做广告设计，我孙子在踢足球。"

"虽然自己家的下一辈人没有做这行的，但是咱们这个公司里的年轻人却不少。"提到工作了50年的公司，李振柏如数家珍，"现在我们公司里80后都算大的，最小的都是00后的孩子们。"

"未来科技的发展，还得看他们。"

采访结束后，正是午饭时间。

陪着李振柏去食堂的一路上，遇到许多人来和他打招呼。

"我没有架子，和谁都不生气，更喜欢和年轻人探讨问题。原来我每天来上班的时候喜欢买小零食放在抽屉里，零食经常会被他们拿去吃。"说到这里，李振柏特别和善地笑了起来，"我喜欢搞科研的年轻人，他们是未来的希望。"

沈阳那天温度很低，北风呼啸，冷得让人不想在外面多一分停留，即便如此，也无法消减陆续来与李振柏打招呼的员工的热情。

我还听见有年轻人小声地问身边的同事:"这就是咱们厂子的李振柏老师?"

午饭后,送别李振柏,沈昊又回到自己的工作岗位上。

虽然寒风未退,但科研人的奉献忘我,却如暖阳,照得中国科技之路,蒸蒸日上。

后记

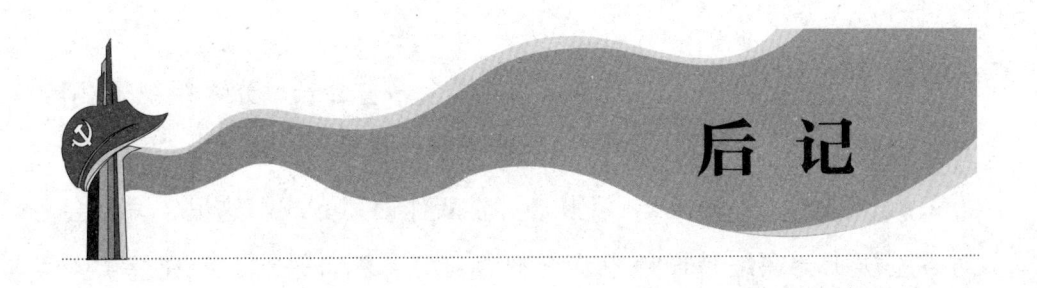

70多年来，沈阳国防工业人在党的领导下为建设强大的国防，发扬劳模精神、劳动精神、工匠精神，写下了一个个鲜活难忘的故事，他们无愧为共和国的脊梁。在庆祝中国共产党成立100周年前夕，我们沈阳市国防及中省直企业工会把这些故事用报告文学的形式记述下来，作为向这一盛大节日的献礼，对此我们感到无限欣慰与温暖。

从2020年国庆前夕开始策划，10月初召开启动会议，到本书即将付梓，在短短8个月的时间内一部近30万字的新书即将奉献给广大读者，这与沈阳市总工会领导的关怀、支持，与各基层工会的积极支持、配合，与参与创作的辽宁省传记文学学会的通力合作密不可分。在本书策划、酝酿阶段，市总工会领导就明确指示，要在本书编写中将习近平总书记所倡导的劳模精神、劳动精神、工匠精神作为核心题旨；在本书编委会第一次会议上，各基层工会主席就纷纷出谋划策，提出要在新书中凸显"国防、沈阳、工会"的特点，表示要在选择题材及作家创作过程中全力配合；应邀参与本书创作的辽宁省传记文学学会，由老作家、中国传记文学学会名誉会长徐光荣组织了20多位优秀作家、记者在疫情严重的背景下，冒着严寒深入到各单位进行采访、创作，才保证20篇报告文学新作如期完成。这里，编委会对各基层工会在编写过程中认真推荐典型、配合采访，并在提供素材、照片、审读原稿等方面进行的大量工作，表示由衷谢意；对省传记文学学会的作家、记者在短时间的深入采访，很快高质量地完成一批报告文学新作，特别是副主编关捷认真严谨地审编，老作家肖士庆对全部作品进行统稿、润色，表示深深的谢忱。

还要感谢春风文艺出版社社长、总编辑单英琪慨然表示要高速度、高质量出版这部新书，并报请中共辽宁省委宣传部批准将本书列入辽宁省向庆祝中国共产党成立100周年献礼图书，同时感谢本书责任编辑张玉虹、余丹严谨、认真的编排，使本书能如期在党的百年诞辰之前出版，实现了沈阳国防工业人向伟大的中国共产党献上一份真挚的厚爱。

谢谢所有为本书出版做出奉献的人们与阅读本书的广大读者。

《共和国脊梁》编委会

2021年5月10日